개혁자들

余の尊敬する人物(1940)
(続)余の尊敬する人物(1949)
矢内原忠雄

개혁자들
야나이하라 다다오 지음 | 홍순명 옮김

1판 1쇄 인쇄 2019. 4. 12. | **1판 1쇄 발행** 2019. 4. 19. | **발행처** 포이에마 | **발행인** 고세규 | **편집** 강영특 |
디자인 윤석진 | **등록번호** 제 300-2006-190호 | **등록일자** 2006. 10. 16. | 서울특별시 종로구 북촌로 63-3
우편번호 03052 | 마케팅부 02)3668-3260, 편집부 02)730-8648, 팩스 02)745-4827

값은 뒤표지에 있습니다. ISBN 979-11-5809-082-1 03230 | 독자의견 전화 02)730-8648 | 이메일
masterpiece@poiema.co.kr | 좋은 독자가 좋은 책을 만듭니다. | 포이에마는 독자 여러분의 의견에 항상 귀
를 기울이고 있습니다.

이 도서의 국립중앙도서관 출판시도서목록(CIP)은 서지정보유통지원시스템 홈페이지 (http://seoji.nl.go.kr)와
국가자료공동목록시스템(http://www.nl.go.kr/kolisnet)에서 이용하실 수 있습니다.(CIP제어번호 : CIP2019012917)

자유롭고
진실하게 살았던
일곱 사람

개혁자들

야나이하라
다다오

홍순명 옮김

포이에마
POIEMA

Abraham Lincoln

Oliver Cromwell

Isaiah

Paul

Jeremiah

Martin Luther

차례

일러두기

- 이 책은《내가 존경하는 인물余の尊敬する人物》(이와나미서점, 1940)《(속) 내가 존경하는 인물続余の尊敬する人物》(이와나미서점, 1949)을 편역한 것이다.《내가 존경하는 인물》에서는 예레미야, 니치렌, 에이브러햄 링컨, 니토베 이나조가,《(속) 내가 존경하는 인물》에서는 이사야, 사도 바울, 마르틴 루터, 올리버 크롬웰, 우치무라 간조가 다루어진다. 본 한국어판에서는 이 중 오늘의 한국 그리스도인들에게도 여전한 울림을 주는 일곱 명을 추려 한 권으로 엮었다. 한편 야나이하라 다다오의 강연 원고 〈무교회주의란 무엇인가〉를 추가했다. 이 책에서 저자가 소개하는 인물들의 삶과 사상과 상통하는 바가 있고, 저자의 신앙적 지향을 잘 보여주는 글이기 때문이다. 그리고 〈과학원〉(제2권 제3호, 아오야마서원青山書院, 1947년 3월)에 저자가 기고한 〈나의 인생관〉을 머리말에 앞서 수록했다.

추천의 말

저자 야나이하라 다다오는 일본의 무교회주의자 우치무라 간조의 제자로서 일제의 침략전쟁을 반대하다 도쿄대학 교수직에서 해직되었고, 2차 대전 후에는 그 대학 총장으로 존경받던 그리스도인이었다. 일본에서 《내가 존경하는 인물》이라는 제목으로 출판된 이 책에는 저자의 개혁적인 역사관이 잘 나타나 있으며, 신앙개혁의 종점에 무교회주의가 자리 잡게 되었다고 나름대로 설명하고 있다. 이 책은 신앙과 역사를 고민하는 그리스도인들이 개혁을 결단·실천하는 데 큰 도움을 줄 것이다.

이만열(숙명여대 명예교수, 전 국사편찬위원장, 《잊히지 않는 것과 잊을 수 없는 것》 저자)

이 책은 일곱 명의 위대한 신앙인들이 어떻게 스스로를 하나님 외에 아무것도 두려워하지 않는 자유롭고 독립된 인격으로 자립시켰는지, 그리고 그러한 자유를 가지고 하나님께 위임받은 이 세상을 어떻게 책임지고 사랑했는지, 또한 이러한 기독교 신앙의 책임적 사랑이 얼마나 강력한 현실 변혁의 기능을 가지고 있는지를 생생하게 보여준다. 오늘날 한국 교회에는 '좋은 사람'이자 '좋은 시민'이기를 포기하고 '참 좋은 신앙인'이 되기만을 고집하는 기독교인이 적지 않다. 그러나 이 책을 읽는 사람은 '참 좋은 신앙인'이 결코 '좋은 시민' 이하일 수는 없다는 점에 수긍하게 될 것이다.

양현혜(이화여대 교수, 《우치무라 간조》 저자)

　일본 제국주의를 비판했다는 이유로 1937년 도쿄제국대학 교수직에서 추방된 야나이하라 다다오는 제일고등학교 학생 시절부터 한국을 깊이 사랑한 기독교 신앙인이었다. 그는 일본의 언어 정책, 기독교 탄압, 동화 정책 등을 날카롭게 비판한, 일본의 대표적인 양심적 지식인이기도 하다. 이 책은 그가 깊이 존경한 루터, 바울, 이사야, 링컨, 크롬웰, 우치무라 간조 등에 대한 인물평전이다. 한국의 교회 현실에 절망한 그리스도인에게 야나이하라의 무교회주의는 새로운 돌파구를 보여준다. 특히 야나이하라의 스승인 우치무라 간조의 삶과 사상은 큰 울림을 준다. 우치무라는 김교신, 함석헌의 스승이기도 하다. 신앙을 교회 안에 가둬두지 않고, 민족과 사회를 향해 예언자의 목소리를 높이 외친 위대한 개혁자들의 다양한 모습을 이 책을 통해 확인하기 바란다.

박상익(우석대 교수, 《밀턴 평전》 저자)

나의 인생관

어느 해, 새 조교들의 환영회 때 어느 노교수가 "나는 정년도 가깝고 달리 아무 희망도 없지만, 만일 될 수 있으면 다시 한 번 제군같이 젊은 조교 시절로 돌아가 공부를 새로 하고 싶다"고 말했습니다.

그러나 나는 전혀 그런 소원을 갖지 않습니다. 내가 원하는 것은 오히려 내게 정해진 인생의 경기를 빨리 경주하고 하늘에 불려가는 것입니다. 설령 다시 청년 시절로 돌아가는 것이 허락된다 해도, 실수 없이 인생을 잘 살 자신이 없습니다. 또 내가 지금까지 겪어온 인생의 슬픔이나 괴로움, 또는 그보다 더 큰 슬픔이나 괴로움이 나의 새 인생에 닥치지 않으리란 보장도 없습니다. 게다가 나는 인생에서 배워야 할 최대의 진리를 이미 배웠고, 인생에서 구하여 얻을 최대의 보물을 이미 얻었으므로, 이를 구하기 위하여 인생을 다시 살 필요를 느끼지 않습니다. 나의 인생의 상은 하늘에 간직되어 있습니다. 나는 거기 가서 그것을 얻으면 됩니다. 나의 사랑하는 사람들은 이미 하늘에서, 내가 용감하게 인생의 경기장을 달려 그곳에 도착하기를 기다리고 있습니다. 나의 인생의 노고는 모두 그때 위로받고 갚음을 얻을 것입니다. 늙어갈수록 내 인생은 더 큰 희열과 희망으로 채워지며, 목표를 향한 전진 비약이 있을 뿐입니다.

그러면 내가 이미 얻은 인생의 진리와 보배는 무엇이겠습니까? 그것은 그리스도교의 진리입니다. 더 정확히 말하면, 예수 그리스도 그 사람입니다. 그리스도교라 하면 종교의 하나로, 신학의 체계와 그에 관한 논쟁이 있고, 교회의 조직과 그에 따르는 제도나 의식이 있고, 많은 교파와 교직자가 있습니다. 그러나 나는 그런 문제에는 그다지 흥미가 없을 뿐 아니라, 그 가운데서 인생의 기쁨을 발견하지도 않았습니다. 이른바 종교나 종교가나 종교 생활이나, 종교 냄새가 나는 것, 종교적인 것은 내 마음을 끌지 않습니다.

내가 좋아하는 것은 종교적 진리가 아니고, 진리 그 자체입니다. 그리고 인생의 기쁨이 되는 진리는 인격성을 가진 것이 아니면 안 됩니다. 인간의 기쁨은 인격적인 것입니다. 아무리 맛있는 음식이라도 한없는 기쁨은 될 수 없습니다. 아무리 정밀한 법칙이라도 인생의 환희는 되지 않습니다. 사람을 기쁘게 하는 것은 인격뿐입니다. 인격과 인격 간의 기쁨은 사랑입니다. 그러므로 인생의 환희는 사랑이라고 말할 수 있습니다.

인생의 보배는 사랑입니다. 그렇지만 인간의 사랑은 결코 완전하다고 말할 수 없습니다. 오해도 있고, 배신도 있고, 무력武力도 있고, 질투도 있습니다. 사람은 절실히 사랑을 원하지만, 올바로 사랑할 줄 모르고, 또 사랑하는 힘도 없습니다. 따라서 사람의 사랑에는 실망이 따릅니다. 그러나 그리스도가 보이신 사랑은 절대적이어서, 참으로 사람의 생명을 살아나게 합니다. 내가 슬퍼할 때 그리스도는 내 옆에 다가와, "너는 행복하다. 지금 우는 사람에게 하나님의 나라가 주어지니까"라고 말해줍니다. 그리고 그 말씀의 진실이 내 영혼에 와닿으면, 슬픔과 고난과 모순과 실패에 찬 나의 인생에도 희열과 희망이 솟아납니다. 그것은 결코 나 자신의 노력이라든가 깨달음, 명지明智 같은 것이 아니고, 그리스도의 사랑이 부어진 결과입니다. 내 속에 투사된 그리스도의 사랑의 작용입니다. 곧 그리스도의 은혜로 말미암은 것입니다.

왜 이렇게 되는가, 그것을 논증하는 것은 신학의 임무입니다. 나는 여기에서 그 이론을 논리적으로 증명하려고 시도하지 않았습니다. 나는 오직 그리스도를 믿음으로 생긴 나의 인생의 변화를, 사실로 이야기했습니다. 그리고 사실 이상의 웅변적인 논리는 없을 것입니다. 그리스도는 나의 애인, 나의 구주, 나의 주, 나의 하나님입니다. 이것은 나의 인생에서 가장 큰 발견입니다. 이 발견이 나에게 환희와 희망과 자유를 주었습니다.

내가 그리스도를 믿는 것은 사랑의 언약이므로, 이 세상의 어떤 권력도 이를 위협할 수 없고 어떤 부귀도 이를 어지럽힐 수 없습니다. 그리스도는 나를 구하시기 위해 십자가에 달려 죽으셨으므로, 나도 그리스도의 진리를 지키기 위해 자기 십자가를 져야 할 것은 당연합니다. 그리스도의 사랑의 진실을 생각하면 인생의 고난은 기쁘게 지고 갈 수 있습니다. 박해도 죽음도 무엇이 두렵겠습니까. 내가 두려워하는 것은 다만 그리스도에 대해 진실하지 못한 것뿐입니다.

나의 신앙은 이와 같이 그리스도와 나누는 인격적 사랑이므로, 이 사랑의 사귐에 남이 끼어드는 것은 허락할 수 없습니다. 그리스도가 주신

내 영혼의 자유를, 종교 제도나 교직자들이 제한하는 것을 허락하지 않습니다. 나는 그리스도 신자이지만, 어떤 교파나 교회에도 속하지 않습니다. 내가 이렇게 말하면 여기에 또 교회론이 대두하겠지만, 나는 의론議論을 하려는 것이 아니요, 다만 나 자신에 대한 사실만을 이야기할 뿐입니다. 나는 세례도 받지 않았고 어느 교회에도 속하지 않았지만 그저 그리스도를 믿고 그리스도를 사랑하는, 한 자유 독립의 인간입니다. "그런 사람은 기독교도라고 인정할 수 없다"고 말할 이도 있을지 모르지만, 그래도 좋습니다. 나는 기독교도는 아니라도, 기독 신자면 족합니다.

나의 신앙의 성질이 이러하니, 과학과 종교의 관계도 내게는 문제가 되지 않습니다. 어떤 무신론 과학자라도 부부의 사랑을 기뻐하고 그 사랑의 순결을 바랄 것입니다. 그리고 과학과 사랑의 모순이라든가 조화라는 문제를 꺼내면, 꺼내는 일 자체가 웃음거리일 것입니다. 나의 신앙은 그리스도에게 사랑받고 그리스도를 사랑하는 사랑의 사귐이므로 과학과의 모순은 문제가 되지 않습니다. 나는 사회과학에 종사해온 사람이지만, 신앙으로 주어진 마음의 희열과 자유로 과학적 진리의 탐구에 종사할 수 있었습니다. 신앙이 직접적으로 과학의 진리를 끌어낼 수는 없으나, 신앙으로 자유로워진 마음은 과학적 진리에 민감하고 연구 대상에 대한 정확한 판단력과 불요불굴不撓不屈의 연구심을 기르게 됩니다.

진리는 유일하지만 인생은 복잡하고 진리를 이해하는 방법이나 각도에는 변화가 있습니다. 과학은 과학적 방법으로, 예술은 예술적 방법으로, 종교는 종교적 방법으로 진리를 압니다. 예를 들면 하늘의 별을 관찰하면서, 과학은 저 별은 무슨 원소로 구성되어 있다거나 태양의 몇 배쯤의 크기라거나, 지구에서의 거리는 몇만 광년이라는 식의 이야기를 할 것입니다. 예술가는 그 별을 우러러 시를 만들고 음악을 작곡합니다. 종교적 신앙을 가진 자는 우주의 창조주인 하나님의 영광을 찬미합니다. 그들 중 어느 누구도 상대를 부정할 수 없을 것입니다. 예술가가 "별이 깜박인다"고 말했을 때, 과학자가 "별은 깜박이지 않는다"고 말한다면 웃음거리가 되겠지요. 마찬가지로 "하나님이 별을 창조하셨다"는 신앙의 찬미에 별의 성립에 대한 과학적 가설로 반대하려 나서면 이 역시 우스운 일입니다. 바른 신앙은 과학에 좋은 자극을 줍니다. 그것은 세계의 구조와 활동에 숨겨진 하나님의 지혜를 탐구하는 것 외의 다른 것이 아니기 때문입니다.

신앙은 하나님에 대한 사랑입니다. 사랑으로 보면, 예술도 즐겁고 과학도 즐겁습니다. 나는 종교와 과학의 모순을 느끼지 않습니다. 그러나 그것은 직접적으로 결합하는 것이 아니기 때문에, 방법론상의 혼동을 일으켜서는 안 됩니다. 과학적 지식을 종교적 방법으로 설명하거나, 종교적 신앙을 과학적 방법으로 합리화하려는 시도는 많은 경우 좋지 못한 결과를 가져옵니다. 거기 보이는 것은 고작해야 유추일 뿐, 정확한 지식, 또는 순수한 신앙이라고는 말할 수 없습니다. 과학과 종교는 지하의 샘 깊은 곳에서 이어지고 있는 두 개의 분수입니다. 곧, 하나님에게는 하나의 진리인데, 이것을 작은 인간적 논리로 직접 결합하는 것은 위험합니다. 이 깊은 샘에 연결되었을 때 과학은 참으로 생명과 환희가 넘치는 지식이 되고, 종교는 참으로 미신과 공리주의에서 해방된 신앙이 될 수 있습니다.

나는 이와 같은 신앙을 성서를 통해 배웠습니다. 그리고 나에게 성서 읽는 법을 가르쳐주신 이는 우치무라 간조內村鑑三 선생이었습니다.

세계는 나의 교실이고, 우주와 인생과 역사는 나를 위한 교재입니다. 나는 지금도 날마다 인생의 진리를 배우면서 희망을 안고 살고 있습니다. 그 희망이란 우주가 완성되고, 세계가 평화로워지고, 우리 나라가 정의의 나라가 되고, 그리고 나 자신이 완전히 구원받는 일입니다.

나는 나의 인생관을 화려하게 말하기를 좋아하지 않습니다. 인생은 걸어가야 할 것이지, 논할 것이 아닙니다. 나의 인생관은 내가 걸어온 길로 스스로 나타나는 것이지, 그것을 야단스럽게 남 앞에 고백하는 것은 내 취미에 맞지 않습니다. 그런데도 이 글을 쓴 것은 이것이 과학 잡지에서 온 의뢰였기 때문입니다. 과학자에게 인간으로서의 깊이와 인생의 윤기가 없으면, 큰 과학적 업적은 기대하기 어려울 것입니다.

나는 결코 내 인생관을 남에게 강요하려고 하지 않습니다. 다른 종교의 신자라도, 혹은 무신론자라도, 진실한 사람이면 나는 모두 존경합니다. 진실한 무신론자는 허위의 종교인보다 낫습니다. 사람은 항상 진실해야 합니다.

나는 나의 인생관을 있는 그대로 말했습니다. 그리고 만일 여러분이 바라신다면, 여러분도 젊은 날에 좋은 교사 밑에서 성서를 배우기를 권하고 싶습니다.

<과학원> 제2권 제3호(아오야마서원, 1947년 3월)

머리말

 내가 숭배하는 인물은 오직 한 사람이지만, 존경하는 인물은 여기 든 네 사람 말고도 여럿 있습니다. 또 다른 사람과 비교하여 이 네 사람을 가장 존경하는 것도 아닙니다. 그저 가까이 있는 이들 중에서 고른 데 지나지 않습니다. 이 책을 위해서 이 네 사람 외에 루터, 크롬웰, 그리고 우치무라 간조를 넣을 생각이었지만, 원고를 쓰다 보니 네 사람으로 예정 매수가 차서 다른 사람은 손도 대지 못하고 말았습니다.

 이 글은 전기도 아니고, 인물평론도 아니고, 또 인물에 대한 사회평론도 아닙니다. 단지 이들의 어떤 점을 내가 존경하는지를 말하고 싶었습니다. 단지 이런 인물들에 대한 호기심 때문만은 아닙니다. 이런 인물들이 요즘 같은 세상에도 필요하다고 생각하기 때문입니다.

 예레미야의 말은 구약성서 예레미야에서, 니치렌의 문장은《니치렌 상인 유문집―蓮上人御遺文集》에서, 또 링컨의 전기는 주로 챈우드의《에이브러햄 링컨Abraham Lincoln》(1917)에서 인용했습니다(니토베 이나조와 니치렌에 관한 글은 본 책에서는 생략했다―옮긴이).

달리 더 말할 것은 없습니다. 간단한 책이니까 한번 읽어보시면 저의
정신을 알 수 있으리라 생각합니다.

1940년 3월 30일
야나이하라 다다오

속편 머리말

이 책은 앞서 이와나미신서岩波新書(일본을 대표하는 인문학 출판사 이와
나미서점에서 1938년부터 간행한 문고본 신서 시리즈가 지금까지 이어져오고 있
음—옮긴이)의 하나로 발행되었던 《내가 존경하는 인물》의 속편입니다.
이 책에 수록한 다섯 편 가운데 루터 편은 1942년 1월과 2월, 〈중앙공
론中央公論〉지에 실렸던 것이고, 크롬웰 편도 이어 발표할 예정이었으나,
당국의 검열 방침으로 중지되었습니다. 종전 후 이 크롬웰 원고는 그대
로 〈중앙공론〉에 실리고, 그 뒤 새로 우치무라 간조, 이사야, 바울의 순
서로 집필하여 같은 잡지에 발표했습니다. 적당한 분량이 되어서, 이와
나미서점을 번거롭게 하여 한 책에 모아 세상에 내보내기로 했습니다.
이 책을 세상에 내보내는 취지는 전편과 마찬가지로, 이런 사상과 신앙
과 성격을 갖는 진실한 사람이 현대 일본에도 나오기를 바라기 때문입
니다.

1947년 7월 14일
야나이하라 다다오

이사야

1

Isaiah

BC 8세기

이사야의 소명

이사야는 기원전 8세기 후반에 활동한 유다의 예언자로, 예레미야보다 120년쯤 앞선 시대의 사람입니다. 이스라엘에서는 사무엘 이래크고 작은 예언자가 알프스의 봉우리처럼 잇따라 나타났지만, 그중에서도 가장 위대한 사람이 바로 이사야와 예레미야입니다. 예레미야에게 마터호른Matterhorn 같은 깊이가 있다고 한다면, 이사야에게는 몽블랑 Mont Blanc 같은 크기가 있었습니다.

예언자는 하나님의 계시를 보고 하나님의 음성을 듣고 이를 백성에게 전하는 사람입니다. 백성의 장래에 관한 하나님의 말씀도 전하고 미래의 사건을 예견하는 것만이 예언자의 특별한 사명이었던 것이 아니라, 과거·현재·미래를 가리지 않고 하나님을 대신해 하나님의 의사를 말하는 것이 예언자의 임무였습니다. 그러므로 '예언자豫言者'라는 번역은 부정확하다고 할 수 있습니다. 영어로 'prophet', 즉 '대언자代言者'가

원어의 뜻에 가깝습니다.

제사장은 이스라엘 민족의 종교 지도자로 별도의 계급이었습니다. 아론의 후손은 제사장 지위를 세습해온 직업 종교인으로, 율법에 규정된 방식에 따라 제사와 예배의 행사를 주재했습니다. 그러나 이와 같은 세습적 직업 종교인들은 율법의 문자적 해석에만 집착하다가 본질적인 정신을 잃어버리는 경우가 많았습니다. 형식에만 치중한 타락한 종교는 신앙의 생명을 잃어버렸습니다. 예언자는 바로 그런 폐해에 대항해 일어선 것입니다.

예언자는 제사장처럼 출신 집안이 정해져 있지 않았고, 세습되지도 않았습니다. 예레미야처럼 제사장의 아들도 있었지만, 아모스와 같은 농부도 있었습니다. 그들은 성전에 빌붙어 생활하는 직업 종교인이 아니라, 난롯가나 밭에서 하나님의 직접적인 부르심에 의해서 선출된 하나의 독립한 인간이었습니다. 그들에게는 산 신앙과 하나님에 대한 진실 이외에 그 어떤 임용의 자격이나 조건이 없었습니다. 그들의 권위는 율법이 아니라 영감에서 우러나왔습니다. 그들의 활동은 제사나 예배에 국한되지 않았고, 널리 정치와 백성의 도덕 전반에 걸쳐 이루어졌습니다. 그들의 시야는 이스라엘 민족에만 머무르지 않고, 당시에 알려진 세계 여러 나라에까지 미쳤습니다. 정치인과 종교인과 모든 백성 전체에 대하여 자유롭고 독립적으로 하나님의 말씀을 대언代言하고, 하나님의 정의를 땅 위에 이루기 위하여 생애를 바친 사람들이 바로 이스라엘의 예언자였습니다. 그리고 이사야는 그중에서도 가장 중요한 예언자 가운데 한 사람이었습니다.

이사야의 아버지 이름은 아모스라고 적혀 있을 뿐, 그 가문이나 경력은 기록되어 있지 않습니다. 다만 이사야의 예언이 도시 생활에 관한 것이 많고, 예루살렘의 지리에 밝은 점으로 미루어보아 그는 수도 예루살렘의 주민이었을 것으로 추정됩니다. 또 그의 예언이 상류계급의 삶을 주로 다루고 있기 때문에, 그 역시 귀족계급이거나 상류층에 접근할 수 있는 지위였을 거라고 짐작할 수 있습니다.

이사야가 처음 예언자로 소명을 받은 것은 웃시야 왕이 죽은 해, 곧 기원전 740년입니다. 그때 그의 나이는 기록되어 있지 않지만, 20세 전후였을 것으로 생각됩니다. 경건하고 다감하고 예민한 청년 이사야가 홀로 예루살렘 성전에서 예배를 드리기 위해 머리를 조아리다가, 홀연히 높은 좌석에 앉아 계신 하나님의 환영을 보았습니다. 하나님의 낯은 영광으로 빛이 나서 우러러볼 수도 없지만, 그 옷자락은 성전 안에 가득 찼습니다. 하나님을 모시고 선 스랍(천사의 일종)들에게는 각각 여섯 날개가 있어, 두 날개로는 낯을 가리고 두 날개로는 발을 가리고 두 날개로는 날면서 서로 하나님을 찬양했습니다.

거룩하다, 거룩하다, 거룩하다, 만군의 여호와여
그의 영광이 온 땅에 충만하도다(사 6:3).

이런 찬양 소리가 성전 문지방의 기초를 흔들었고, 성전 안에는 연기가 자욱했습니다. 이 장엄한 광경을 보고, 이사야는 반사적으로 부정한 자신의 상태를 자각했습니다. 그리고 이렇게 외쳤습니다.

화禍로다, 나여 망하게 되었도다.
나는 입술이 부정한 사람이요,
나는 입술이 부정한 백성 중에 거주하면서
만군의 여호와이신 왕을 뵈었음이로다(사 6:5).

그 말을 하자, 스랍 중 하나가 부젓가락으로 제단 위의 숯불을 집어 이사야에게 날아와 그 입에 대고 이렇게 말했습니다.

보라, 이것이 네 입에 닿았으니,
네 악이 제하여졌고 네 죄가 사하여졌느니라(사 6:7).

그때 이사야는 하나님의 이런 음성을 들었습니다.

내가 누구를 보내며
누가 우리를 위해 갈꼬(사 6:8상).

이사야가 즉시 대답했습니다.

내가 여기 있나이다. 나를 보내소서(사 6:8하).

이렇게 이사야는 하나님의 부르심을 받아, 하나님의 예언자로 백성 앞에 보내졌습니다.

하나님은 이사야에게 예언자의 사명을 자각시킴과 동시에, 백성에게 전할 말을 다음과 같이 알려주셨습니다.

가서 이 백성에게 이르기를

너희가 듣기는 들어도 깨닫지 못할 것이요,

보기는 보아도 알지 못하리라 하여

이 백성의 마음을 둔하게 하며

그들의 귀가 막히고 그들의 눈이 감기게 하라.

염려하건대 그들이 눈으로 보고

귀로 듣고 마음으로 깨닫고

다시 돌아와 고침을 받을까 하노라(사 6:9-10).

매우 강력한 반어적 표현입니다. '깨닫지 말라', '알지 말라', '치유받지 말라'는 것은 '깨달아라', '알아라', '치유받으라'는 강렬한 사랑의 격류激流가 담긴 말입니다. 그러나 그 격류가 '깨닫지 않고', '알지 않고', '치유받지 않으려는' 완고한 바위에 부딪쳐 세차게 되돌아 치는 물줄기를 형성합니다. 이 말 속에 하나님의 한없는 사랑과 완고하고 깨닫지 않으려는 백성의 마음에 대한 정확한 인식이 포함되어 있습니다.

이사야여, 가서 이 백성에게 구원의 길을 말하라. 그러나 이 완고한 백성은 쉽게 네 말을 듣지 않으리라. 그들은 맞아도 맞아도, 하나님에 대한 순종을 배우지 않으리라.

성읍들은 황폐하여 주민이 없으며

가옥들에는 사람이 없고 이 토지는 황폐하게 되며(사 6:11).

마침내 그런 상태에 이를 것이다, 그러나 그들 때문에 너는 절망해선 안 된다, 소수의 거룩한 자손이 백성 가운데 남을 것이며, 이 남은 자의 신앙으로 나라는 부흥할 것이다. 이것이 하나님이 이사야를 예언자로 보내면서 그에게 알려주신 말씀입니다.

예언자는 그 소명을 시작할 때부터 슬픔의 사람이 되기로 예정되어 있습니다. 백성에 대한 하나님의 사랑이 너무나 강하고, 백성의 마음은 너무나 완고하기 때문입니다. 이 두 사실의 틈에 끼여서, 하나님의 말씀을 자기 백성에게 고하는 예언자는 슬픔의 사람이 되지 않을 수 없습니다. 하나님의 사랑이 그토록 강하지 않다면, 그는 백성의 죄를 적당한 선에서 가감할 수 있을 것입니다. 또 백성의 마음이 그토록 완고하지 않다면, 하나님의 노여움을 적당히 달랠 수도 있을 것입니다. 그러나 철저히 사랑하기 때문에 철저히 구하려 하고, 철저히 구하기 위해서는 철저히 심판하지 않으면 안 되는 것입니다. 예언자의 길에 타협은 없습니다. 안이하게 낙관적인 말을 속삭이며 백성의 비위를 맞추거나, 백성의 응석받이를 하는 것은 예언자의 길이 아닙니다. 예언자의 길은 진실의 길이고, 따라서 슬픔의 길, 고독의 길입니다.

그러나 그렇다고 해서 예언자의 길에 희망이 없는 것은 아닙니다. 사람들을 보면 실망할 수밖에 없어도, 구원은 원래 하나님의 뜻에서 나오기에 절망은 있을 수 없습니다. 예언자는 신앙의 사람이기에 희망의 사람이기도 합니다. 밤이 다하여 새벽이 다가오듯이 예언자는 현실의 어둠 속에서 구원의 빛을 발견합니다. 우리들은 이사야가 얼마나 큰 희망의 사람이었는가를 차츰 보게 될 것입니다.

이사야의 시대

　　이사야가 웃시야 왕이 죽은 해에 예언자로 부름 받았다는 것은 의미가 있습니다. 웃시야는 메이지 천황明治天皇(122대로 즉위한 일왕. 재위 1867-1912. 막부정치를 종식시키고 천황 친정 체제를 구축한 메이지유신을 통해 일본을 왕 중심의 중앙집권적 국가로 변모시켰다─옮긴이)처럼 16세에 왕위에 올라 52년 동안 세상을 다스린 명군明君이었습니다. 하나님을 두려워하는 마음이 두텁고, 목축 및 농업을 비롯해 유다의 국내 산업을 진흥시켰습니다. 또 30만 7,500명의 군대를 거느리고, 예루살렘의 축성築城을 강화하고, 블레셋 사람, 아라비아 사람, 마온 사람, 암몬 사람 등 주변의 여러 민족을 쳐서 영토를 확장하였으며, 특히 홍해에 접한 엘랏 항을 획득하여 중계상업을 통해 이익을 거두었습니다. 이와 같이 부국강병의 업적을 거둔 그의 이름은 멀리 이집트 국경까지 퍼졌습니다.

　　그러나 유다국 멸망의 위험도 그 속에 깃들어 있었습니다.

첫째로, 여러 나라와 교통하며 접촉이 왕성해졌고, 이것은 여러 형태의 우상숭배가 국내에 수입되는 발단이 되었습니다.

둘째로, 사치 기풍이 조장되어 퇴폐의 싹이 텄습니다.

셋째로, 빈부격차가 크게 벌어졌고 정치와 재판은 공정성을 잃어버렸습니다.

넷째로, 군사비 부담이 커졌고, 이는 서민들이 궁핍해지는 원인이 되었습니다.

다섯째로, 정치·군사 지도자 계급의 세력이 강대해져 횡포의 폐단이 나타났습니다.

이상과 같은 사실이나 경향은 부국강병책에 뒤따르는 폐해로, 웃시야 왕의 치세에는 아직 뚜렷하게 나타나지 않았습니다. 그러나 생각하는 사람들에게는 이미 나라의 장래를 걱정할 만한 원인이 싹트고 있었습니다. 그것은 웃시야 왕 자신의 일신상에 일어난 하나의 사건이 강하게 상징하고 있습니다. 역사는 이렇게 기록합니다.

그가 강성하여지매 그의 마음이 교만하여 악을 행하여 그의 하나님 여호와께 범죄하되 곧 여호와의 성전에 들어가서 향단에 분향하려 한지라(대하 26:16).

향단 위에 향을 피우는 것은 제사장의 임무여서, 설령 왕이라 해도 접근이 허락되지 않았습니다. 그것이 율법의 규정입니다. 그런데 웃시야 왕은 높아가는 자신의 명성과 위세를 믿고 교만해져, 율법의 규정을 어기고 스스로 향을 피우려 했습니다. 그 때문에 그는 하나님의 벌을 받아 이마에 나병이 발생했고, 죽을 때까지 별궁에서 살았습니다. 이것은 권력자의 교만이 나라를 망친다는 것을 보여주는 예표였습니다.

이 웃시야 왕이 죽었습니다. 청년 이사야는 영명英明한 군주였던 웃시야의 죽음을 애도하고, 장래의 국운을 생각해보았을 것입니다. 신분 고하를 막론하고 백성들에게서 신앙과 도덕이 부패한 징조를 보았을 것입니다. 그래서 하나님의 노여움을 두려워했을 것입니다. 특히 웃시야왕이 나병에 걸린 것을 생각하며, 하나님의 '거룩하심'을 통렬히 느꼈을테지요. 그런 사념思念으로 젊은 마음에 번민하면서 경건하게 성전에서예배를 드리고 있을 때, 그는 "거룩하다, 거룩하다, 거룩하다. 만군의 하나님"이라고 노래하는 스랍의 소리를 들었습니다. 그리고 이 하나님의거룩함을 널리 전하기 위해, 그는 교만한 국왕과 백성 앞에 나가라는 명령을 받았습니다.

*

웃시야의 아들 요담도 좋은 군주였습니다. 그는 나라 안의 방비를 튼튼히 하고, 암몬 사람과 싸워 승리하여, 적지 않은 조공을 바치게 했습니다. 요담이 죽은 후, 그 아들 아하스가 왕위를 이었으나 그는 하나님에 대하여 경건한 마음이 없었고 나라에 우상숭배가 성행하게 만들어종교의 순수성을 더럽혔습니다. 그 결과, 이전 여러 대에 걸쳐 물려받은부강함 속에 깃들었던 폐해가 그의 대에 이르러 온 나라를 뒤덮게 되었습니다.

웃시야 왕이 죽은 뒤, 국제 정세도 크게 바뀌었습니다. 북방의 강국앗수르의 군사력은 해가 갈수록 강해져 그 압박이 시리아와 북왕국 이스라엘에까지 미쳤습니다. 이 두 나라는 유다를 끌어들여 반앗수르 동맹을 맺으려 했으나, 유다는 이 제안에 응하지 않았습니다. 그래서 시리아와 이스라엘은 아하스 왕 때 유다를 침략해서 여러 성읍들을 약탈하고 많은 국민을 죽이고 포로로 잡아갔습니다. 특히 중요 항구인 엘랏이 시리아의 손에 들어가 그곳에 살던 유대인들이 쫓겨났는데, 이것은 유다에게 큰 타격이었습니다. 이 밖에 에돔과 블레셋 역시 유다를 공격했습니다. 이들은 유다 백성들을 포로로 잡아가거나 유다의 고을을 점령하기에 이르렀습니다.

이런 정세 속에서 아하스 왕은 앗수르 왕인 디글랏빌레셀과 수교를 도모하고, 공물을 보내 보호를 요청했습니다. 그러자 디글랏빌레셀은 대군을 보내어 시리아와 이스라엘 두 나라를 잇따라 공격했습니다. 드디어 앗수르의 병력이 유다에 도달했습니다. 그러나 그것은 유다에게 구원이 아닌 절대적 위협이 되었습니다. 이런 국가적 어려움을 당하고도 아하스 왕은 겸손하게 몸을 낮추고 하나님께 돌아서지 않고 오히려 시리아의 신들에게 희생을 바치는 등 계속해서 죄를 범하였습니다.

이런 혼란과 불안정한 상황 가운데서 오직 이사야만이 홀로 조용히 하나님의 의를 지키고 있었습니다. 시리아 왕 르신과 이스라엘 왕 베가의 연합군이 침략하고 있다는 소식이 돌자, 아하스 왕과 유다 백성은 바람에 흔들리는 숲의 나무들처럼 동요했지만, 이사야는 예루살렘 교외 지역의 큰길 가장자리에 있는 연못의 길가에서 아하스 왕 앞에 나타나 말했습니다.

너는 삼가며 조용하라. 르신과 아람과 르말리야의 아들이 심히 노할지라도 이들은 연기 나는 두 부지깽이 그루터기에 불과하니 두려워하지 말며 낙심하지 말라. … 너희가 굳게 믿지 아니하면 너희는 굳게 서지 못하리라(사 7:4-9).

이것은 성경에서 '믿는다'는 말이 나오는 가장 오래된 기록이라고 합니다. 따라서 그것은 세계의 문헌 중 가장 오랜 것인지 모릅니다. 처음으로 이 위대한 말을 기록에 남긴 것만으로도, 이사야의 이름은 영구히 기억될 가치가 있다고 생각합니다.

*

믿음으로 나라가 선다. 믿지 않으면 나라가 서지 않는다. 이것이 이사야의 주장이었습니다. 참으로 위대한 주장입니다. 나라가 서는 것은 무력에 의해서도, 책략에 의해서도 아닙니다. 시편의 저자가 "여호와께서 집을 세우지 아니하시면 세우는 자의 수고가 헛되며 여호와께서 성을 지키지 아니하시면 파수꾼의 깨어 있음이 헛되도다"(시 127:1)라고 노래한 대로입니다. 참 하나님을 믿는 신앙을 잃으면, 나라는 그 밑바탕에서부터 무너질 수밖에 없습니다. 비유를 들면 흰개미에게 갉아 먹히는 기둥처럼, 겉으로는 강대한 군사력과 경제력을 자랑해도 백성은 마음속부터 썩어가는 것입니다.

국난을 당했을 때 아하스 왕은 가장 먼저 자기의 불신앙을 반성해야 마땅했습니다. 우상숭배를 버리고 바른 신앙으로 돌아서야 했습니다. 진실한 마음으로 하나님을 의지하면, 나라의 독립은 유지되었을 것입니다. 르신과 베가를 두려워할 필요도 없고, 디글랏빌레셀도 의지할 필요가 없습니다. 용기를 상실하고 판단착오를 저지른 것은 모두 불신앙의 결과입니다. 디글랏빌레셀의 원조를 구한 것은 아하스 왕의 외교적 승리처럼 생각되었겠지요. 그러나 역사가는 그 결과를 이렇게 기록합니다.

앗수르 왕 디글랏빌레셀이 그에게 이르렀으나 돕지 아니하고 도리어 그를
공격하였더라(대하 28:20).

아하스 왕의 정책은 세 가지 점에서 유다에 해를 끼쳤습니다.
첫째, 많은 조공을 앗수르에 보냄으로써 나라가 가난해졌습니다.
둘째, 앗수르 왕을 만나기 위해 아하스 왕이 친히 다메섹에 갔을 때
그곳에서 본 우상을 예루살렘으로 들여왔습니다.
셋째, 앗수르 군이 유다를 침입할 길을 열었습니다.
이사야는 온 힘을 다해 이 위험을 아하스 왕에게 경고했습니다.

그날에는 여호와께서 애굽 하수에서
먼 곳의 파리와 앗수르 땅의 벌을 부르시리니
다 와서 거친 골짜기와 바위틈과
가시나무 울타리와 모든 초장에 앉으리라(사 7:18-19).

앗수르의 군대가 파리와 벌처럼 무리지어 와서 유다의 온 땅에 머무
르리라는 것입니다.

그날에는 주께서 하수 저쪽에서
세내어 온 삭도 곧 앗수르 왕으로
네 백성의 머리털과 발 털을 미실 것이요
수염도 깎으시리라(사 7:20).

"하수 저쪽에서 세내어 온 삭도"란 앗수르 군을 가리킵니다. 유프라

테스강 저쪽에서 앗수르 군을 불러들여 시리아·이스라엘 연합군을 막으려 했건만 도리어 유다 자신의 장식인 머리카락도 그 칼로 삭발하게 될 줄을 어찌 알았겠습니까. 그러나 아하스는 이 경고를 듣지 않고 끝까지 교만하다가 전력을 다해 망국의 길로 갔습니다.

종교와 정치

아하스 왕은 앗수르 왕 디글랏빌레셀의 도움을 구한 점에서 외교 정책의 첫걸음을 그르쳤습니다. 마치 히틀러와 결탁한 일본의 정치가와 같은 오류였습니다. 이 오류는 아하스 왕의 불신앙에서 시작되어 오류에 빠지면 빠질수록 그 불신앙도 커졌습니다. 아하스 왕만 그런 것은 아닙니다. 그의 신하와 백성들도 바른 신관神觀을 떠나 똑같이 우상숭배의 죄에 빠졌습니다. 그들은 빈번히 성전에 참배하며 희생을 바치고 기원을 드렸습니다. 그러나 그들의 정치는 무고한 사람의 피를 흘리고 약자의 권리를 훔치는 것이었습니다. 정의로운 정치와 공평한 재판을 하지 않는다면 예배가 무슨 의미가 있겠습니까. 하나님은 그들의 기원에 귀를 기울이지 않습니다. 이사야는 이렇게 외쳤습니다.

여호와께서 말씀하시되

너희의 무수한 제물이

내게 무엇이 유익하뇨?

나는 숫양의 번제와

살진 짐승의 기름에 배불렀고

나는 수송아지나 어린양이나

숫염소의 피를 기뻐하지 아니하노라.

너희가 내 앞에 보이러 오니

이것을 누가 너희에게 요구하였느냐?

내 마당만 밟을 뿐이니라.

헛된 제물을 다시 가져오지 말라.

분향은 내가 가증히 여기는 바요,

월삭과 안식일과 대회로 모이는 것도 그러하니

성회와 아울러 악을 행하는 것을

내가 견디지 못하겠노라.

내 마음이 너희의 월삭과

정한 절기를 싫어하나니

그것이 내게 무거운 짐이라.

내가 지기에 곤비하였느니라.

너희가 손을 펼 때에

내가 내 눈을 너희에게서 가리고

너희가 많이 기도할지라도

내가 듣지 아니하리니

이는 너희의 손에 피가 가득함이라.

너희는 스스로 씻으며

스스로 깨끗하게 하여

내 목전에서 너희 악한 행실을 버리며

행악을 그치고

선행을 배우며 정의를 구하며

학대받는 자를 도와주며

고아를 위하여 신원하며

과부를 위하여 변호하라(사 1:11-17).

바른 정치와 공평한 재판이야말로 하나님이 기뻐하시는 예배입니다. 그것 없이는 자주 열리는 종교의식도, 기름진 천 마리 수소의 희생제물도 하나님은 미워하신다, 악한 정치를 행하면서 동시에 성전에서 성대한 예배를 하는 허위를 하나님은 참지 못하신다, 하나님은 "너희가 손을 내밀어 기도할 때 나는 얼굴을 돌린다"고 말씀하신다. 이 통렬한 이사야의 예언은 기만의 종교와 포학한 정치를 함께 꾸짖으며, 정치가와 종교가의 가증한 위선을 사정없이 규탄합니다. 그것은 예전에 "여호와께서 번제와 다른 제사를 그의 목소리를 청종하는 것을 좋아하심같이 좋아하시겠나이까? 순종이 제사보다 낫고 듣는 것이 숫양의 기름보다 나으니"라고 한 사무엘의 예언을 정통正統으로 이어받은 것이며, 종교비판의 대원칙을 설파한 것입니다.

*

정치를 비판하는 이사야의 예언은 여섯 번의 "화禍 있을진저"로 편집되어 있습니다.

가옥에 가옥을 이으며

전토에 전토를 더하여

빈틈이 없도록 하고

이 땅 가운데에서 홀로 거주하려 하는 자들은

화 있을진저(사 5:8).

부富의 집중과 부동산 투기입니다.

아침에 일찍이 일어나

독주를 마시며

밤이 깊도록 포도주에 취하는 자들은

화 있을진저(사 5:11).

지배계급의 방자한 향락입니다.

거짓으로 끈을 삼아 죄악을 끌며

수레 줄로 함같이 죄악을 끄는 자는 화 있을진저(사 5:18).

허위와 죄악을 도처에 끌고 가는 정치가의 죄입니다.

악을 선하다 하며 선을 악하다 하며

흑암으로 광명을 삼으며

광명으로 흑암을 삼으며

쓴 것으로 단 것을 삼으며

이사야

단 것으로 쓴 것을 삼는 자들은 화 있을진저(사 5:20).

권력으로 도덕적 가치 판단을 왜곡하는 자와 여기에 영합하는 어용학
자御用學者, 종교가들입니다.

스스로 지혜롭다 하며
스스로 명철하다 하는 자들은 화 있을진저(사 5:21).

교만하고 독선적인 지도자들입니다.

포도주를 마시기에 용감하며
독주를 잘 빚는 자들은 화 있을진저
그들은 뇌물로 말미암아 악인을 의롭다 하고
의인에게서 그 공의를 빼앗는도다(사 5:22-23).

밤낮을 가리지 않고 연회를 열어 정치를 거래하고, 재판을 멋대로 하
는 관료, 군인, 사법관들!
이런 부패한 정치에 대하여 하나님의 노여움이 폭발할 수밖에 없습니
다. 이사야는 계속해 말합니다.

그러므로 여호와께서 자기 백성에게
노를 발하시고 그들 위에 손을 들어 그들을 치신지라.
산들은 진동하며 그들의 시체는
거리 가운데에 분토같이 되었도다.

그럴지라도 그의 노가 돌아서지 아니하였고
그의 손이 여전히 펼쳐져 있느니라(사 5:25).

백성, 특히 지도자 계급의 죄를 벌하기 위해 하나님은 먼 땅에서 앗수르 군을 불러들이실 것입니다.

그가 기치를 세우시고 먼 나라들을 불러
땅 끝에서부터 자기에게로 오게 하실 것이라.
보라, 그들이 빨리 달려올 것이로되
그중에 곤핍하여 넘어지는 자도 없을 것이며
조는 자나 자는 자도 없을 것이며
그들의 허리띠는 풀리지 아니하며
그들의 들메끈은 끊어지지 아니하며
그들의 화살은 날카롭고
모든 활은 당겨졌으며
그들의 말굽은 부싯돌 같고
병거 바퀴는 회오리바람 같을 것이며(사 5:26-28).

강적이 와서 국토를 짓밟고 사납게 으르렁대며 먹이를 움켜잡아 낚아채지만 구해줄 사람이 어디에도 없습니다.

백성을 인도하는 자가 그들을 미혹하니
인도를 받는 자들이 멸망을 당하는도다.
이 백성이 모두 경건하지 아니하며

악을 행하며 모든 입으로 망령되이 말하니

그러므로 주께서 그들의 장정들을 기뻐하지 아니하시며

그들의 고아와 과부를 긍휼히 여기지 아니하시리라(사 9:16-17).

자칭 지도자라는 자들이 백성을 오도하며 잘못 인도합니다. 그러므로 국민은 혼란에 빠지고, 장정들은 죽고, 고아와 과부도 재화災禍를 모면할 수 없습니다. 이 이사야의 예언을 읽고, 오늘의 독일인이나 일본인은 이것을 단지 먼 옛날 남의 나라 일로 생각할 수 있습니까? 현대의 일본에서 이사야의 말을 인용해 나라의 위험을 경고한 사람이 있었습니다. 그러나 그들은 그 경고에 귀를 기울이지 않고, 오히려 그를 박해했습니다.

그의 노가 돌아서지 아니하였고

그의 손이 여전히 펼쳐져 있느니라(사 5:25).

이제라도 죄를 뉘우치고 정의로 돌아가야 합니다. 찌꺼기를 거르고 납을 제하여 바른 정치를 펼치고 재판을 공평하게 하지 않으면, 일본 국민에 대한 하나님의 심판은 일본이 패전하는 데서 끝나지 않고, 오히려 패전에서부터 심판이 시작될 것입니다.

비전非戰과 평화

아하스 왕 때에, 시리아와 에브라임 두 나라의 연합군이 유다에 침입한다는 정보가 전해졌습니다. 왕의 마음과 민심이 흉흉할 때에 앞에서 말한 것처럼 이사야는 "삼가고 조용하라, 두려워하지 말라, 낙심하지 말라, 만일 너희가 굳게 믿지 아니하면 너희는 굳게 서지 못하리라"고 예언했습니다. 조용히 하나님을 믿지 않고, 허둥대며 책략을 쓰고, 앗수르의 원조를 기대하며 무력 투쟁을 도모하는 것은 망국의 단초라고 경고한 것입니다.

이사야는 처음 아하스 왕 앞에 섰을 때, 스알야숩이라는 자기 아들을 데리고 갔습니다. '스알야숩'은 '남은 이는 돌아오리라'는 뜻입니다. 아하스 왕의 주전정책(엄밀히 말하자면 '친 앗수르 사대정책'. 아하스가 직접 공격하지 않고 조공을 바쳐 앗수르의 힘을 빌리려 했기 때문임. 이 정책은 앗수르가 이스라엘 왕 르신을 죽여 일시적으로 성공하는 듯했으나, 결국 앗수르가 유다를 압제·약탈해 유다는 재앙을 자초함―옮긴이)의 결과는 나라를 멸망시키지만, 소수의 의로운 사람이 하나님께 돌아가 유다 부흥의 주축이 될 것이라는 뜻으로 아이의 이름을 이렇게 지은 것입니다.

둘째 아이가 태어나자 그에게는 '마헬살랄하스바스'라는 긴 이름을 붙여주었습니다. '빼앗음은 빠르게, 약탈은 신속히'라는 뜻입니다. 적의 침입으로 국토의 약탈이 절박하게 다가온다는 의미를 함축시킨 것입니다. 비슷한 무렵 그는 또 하나의 널따란 널빤지에 평민平民의 글자로 '마헬살랄하스바스'라고 크게 썼습니다. 아하스 왕의 '비상시 정책'으로 나라가 멸망의 벼랑길로 내리달리는 것을 가만히 앉아 구경만 할 수 없어서 어느 때는 연설로, 어느 때는 이름을 지어서, 어느 때는 표찰을 만들어, 수단 방법을 다해 경고했던 것입니다.

*

아하스 왕이 죽고 그의 아들 히스기야가 왕이 되었습니다. 그는 앗수르에 예속되면서 떠안은 군사적·재정적 부담을 견디지 못하고, 남쪽의 강국 이집트에 원조를 구해 앗수르에서 벗어나려는 정책으로 전환했습니다. 이 협정은 비밀리에 체결되었습니다. 아직도 하나님을 믿는 신앙에 의지하지 않고, 헛된 사람의 힘을 의지하여 국운의 회복을 도모한 것입니다. 이것을 안 이사야는 이렇게 외쳤습니다.

여호와께서 이르시되
패역한 자식들은 화 있을진저
그들이 계교를 베푸나 나로 말미암지 아니하며
맹약을 맺으나 나의 영으로 말미암지 아니하고

42

죄에 죄를 더하도다.

그들이 바로의 세력 안에서 스스로 강하려 하며

애굽의 그늘에 피하려 하여 애굽으로 내려갔으되

나의 입에 묻지 아니하였도다.

그러므로 바로의 세력이 너희의 수치가 되며

애굽의 그늘에 피함이 너희의 수욕이 될 것이라(사 30:1-3).

그리고 또 말하였습니다.

도움을 구하러 애굽으로 내려가는 자들은

화 있을진저, 그들은 말을 의지하며

병거의 많음과 마병의 심히 강함을 의지하고

이스라엘의 거룩하신 이를 앙모하지 아니하며

여호와를 구하지 아니하나니

여호와께서도 지혜로우신즉 재앙을 내리실 것이라.

그의 말씀들을 변하게 하지 아니하시고

일어나사 악행하는 자들의 집을 치시며

행악을 돕는 자들을 치시리니(사 31:1-2).

이집트의 도움에 의지하여 앗수르에 대항하려는 것은 앗수르의 도움에 의지하여 시리아와 이스라엘에 대항하려 한 것과 같은 오류다, 동시에 하나님을 믿지 않고 헛된 것에 의지하는 불신앙이다, 그 결과는 국가적 재앙을 더 가속화시킬 뿐이라고 이사야는 말하는 것입니다.

이사야가 아하스 왕과 히스기야 왕의 사대정책에 반대한 것은, 그것이 하나님을 믿지 않는 불신앙의 죄였기 때문입니다. 그리고 그 죄는 민중에 대한 착취로 가장 단적으로 드러났습니다.

여호와께서 자기 백성의 장로들과
고관들을 심문하러 오시리니
포도원을 삼킨 자는 너희이며
가난한 자에게서 탈취한 물건이 너희의 집에 있도다.
어찌하여 너희가 내 백성을 짓밟으며
가난한 자의 얼굴에 맷돌질하느냐(사 3:14-15).

백성은 하나님의 포도원이고, 가난한 사람은 하나님의 백성입니다. 그들을 들쑤시고 약탈하는 지도자 계급의 죄를 이사야는 책망한 것입니다.

잇따른 주전정책으로 국가의 군사비가 늘어나고, 끊임없는 군사적 자극으로 백성은 정신적으로 지치고 경제적으로 쇠퇴했습니다. 이에 대하여 "피곤한 사람에게 휴식을 주라"는 것이 이사야의 주장이었습니다. 그의 유명한 비전非戰의 예언이 있습니다.

주 여호와 이스라엘의 거룩하신 이가 이같이 말씀하시되
너희가 돌이켜 조용히 있어야 구원을 얻을 것이요,
잠잠하고 신뢰하여야 힘을 얻을 것이거늘
너희가 원하지 아니하고 이르기를
아니라, 우리가 말 타고 도망하리라 하였으므로
너희가 도망할 것이요,

또 이르기를 우리가 빠른 짐승을 타리라 하였으므로

너희를 쫓는 자들이 빠르리니

한 사람이 꾸짖은즉 천 사람이 도망하겠고

다섯이 꾸짖은즉 너희가 다 도망하고

너희 남은 자는 겨우 산꼭대기의 깃대 같겠고

산마루 위의 기치 같으리라(사 30:15-17).

돌이킨다는 것은 전쟁을 피하는 것을 말하고, 잠잠한다는 것은 국민에게 휴식을 주는 것입니다. 조용히 하나님을 신뢰하고, 주전적 책동을 그쳐 국민에게 휴식을 주는 것이 나라가 서는 길이라고 이사야는 거듭 외쳤습니다. 그러나 그들은 그 말을 듣지 않고, 군마를 타고 달리는 정책을 완고히 고집했습니다. 그러므로 그들은 달리고 달리지만 적에게 등을 돌려 도주하기 위해 달릴 것이다, 그들은 빨리 달리지만 그들을 추격하는 자는 더 빠를 것이다, 후지가와富士川로 도망갔지만(헤이안 시대平安時代 후기 1180년 미나모토노 요리토모源賴朝와 다이라노 고레모리平維盛 두 집안의 전투에서, 다이라노가 후자가와의 얕은 물가에서 날아오르는 물새 무리를 적군으로 오인하고 큰 혼란을 겪은 끝에 패전한 고사가 있다—옮긴이) 강성한 군세로 한 사람이 위협하면 천 명이 도주하고, 남는 자는 산꼭대기의 깃대처럼 고립된 소수일 뿐이라는 것입니다.

이렇게 예언하는 이사야를 지도자 계급은 비웃었을 뿐만 아니라 탄압했습니다. 그들은 술주정꾼의 혀로 이사야를 조롱하였습니다.

경계에 경계를 더하며

경계에 경계를 더하며

교훈에 교훈을 더하며
교훈에 교훈을 더하되
여기서도 조금,
저기서도 조금(사 28:10).

이것은 이사야의 경고를 귀찮게 여겨 비웃은 말입니다.

그들이 선견자들에게 이르기를
선견하지 말라. 선지자들에게 이르기를
우리에게 바른 것을 보이지 말라.
우리에게 부드러운 말을 하라.
거짓된 것을 보이라(사 30:10).

'선견자先見者', '선지자'들은 모두 예언자를 뜻합니다. 지도자들은 미리 앞을 내다보는 사람을 향하여 "앞을 내다보지 말라", 계시하는 선지자들을 향하여 "바른 것을 보이지 말라"고 말하고, 오히려 입의 혀같이 거스르지 않는 말과 거짓을 계시하기를 요구했습니다. 그리하여 얼마나 많은 거짓 예언자, 학자, 평론가가 그들 요구에 응하여 듣기 좋은 말만 하고 허위를 계시했는지 모릅니다. 이사야는 외쳤습니다.

이러므로 이스라엘의 거룩하신 이가 이같이 말씀하시되
너희가 이 말을 업신여기고
압박과 허망을 믿어 그것을 의지하니
이 죄악이 너희에게

마치 무너지려고 터진 담이 불쑥 나와

순식간에 무너짐 같게 되리라(사 30:12-13).

"순식간에 무너짐 같게 되리라." 그것은 참으로 하나님을 배반하고, 예언자를 무시하며 박해해온 백성이 박해와 사곡邪曲의 결과를 자기 위에 거두어들이는 날의 모습이었습니다.

에워싸인 예루살렘

유다 왕 히스기야가 이집트에게 군사 원조를 구해 앗수르를 배반하자, 앗수르 왕 산헤립은 대군을 보내 유다를 침략했습니다. 산헤립은 방비를 철저히 한 마을 46곳을 공략하여 마침내 수도인 예루살렘을 에워쌌습니다. 앗수르 군의 사령관은 하나님을 모독하는 폭언을 하면서 성문을 열라고 호통쳤습니다. 그의 폭언에 성안의 민중은 쥐 죽은 듯 숨을 죽이고 있었습니다. 이때 히스기야는 옷을 찢고 거친 베를 두른 뒤 죄를 회개하며 하나님의 성전에 올라가 기도했습니다. 동시에 정부의 고관을 이사야에게 파견해 그에게 구국 기도를 올려달라고 간청했습니다. 히스기야의 요구에 이사야는 왕에게 하나님을 신뢰할 것을 권고하며 예루살렘을 구원해주시기를 하나님께 빌었습니다.

어느 날 아침 예루살렘의 민중들이 돌담 위에서 앗수르 군의 진영을 바라보다가 그곳에 이변이 일어났음을 발견했습니다. 병사들의 모습이 하나도 보이지 않는 것입니다. 성문을 열고 나가 보니 그날 밤에 하나님의 사자使者가 앗수르 군을 쳐서 사방에 시체가 즐비하였습니다. 죽은 사람 수를 세니 18만 5,000명이나 되었습니다. 성경에 기록된 '하나님의 사자'는 아마 악성 전염병이었을 것입니다. 이 사건을 적은 이집트의 기록에는 쥐가 앗수르 군을 쓸어버렸다고 쓰여 있습니다. 쥐는 흔히 역병의 상징이며 매개체이기도 합니다.

예루살렘은 하나님의 힘으로, 싸우지 않고도 구원받았습니다. 기쁨에 휩싸인 시민들은 지붕에 올라가고 거리로 쏟아져 나왔습니다. 승리를 축하하는 분위기가 온 도시에 넘쳐흘렀습니다. 예언자 이사야! 그야말로 이 승전 축하의 중심인물이 되어야 할 사람입니다. 기원전 701년, 이사야가 처음 예언자로서의 거룩한 소명을 받은 지 대략 40년이 경과한 때였습니다. 소명을 받을 때의 나이가 가령 20세였다고 한다면, 그는 이제 60세의 노인입니다. 40년의 신고辛苦를 겪은 끝에 드디어 이사야의 신앙이 승리하고 이사야의 예언이 존중받고 이사야는 온 백성의 감사 대상이 된 것입니다.

그는 만족을 느꼈을까요? 아니, 이 승전 축하의 시끌벅적함 속에서도 그는 여전히 슬픔의 사람이었습니다. 이제야말로 참으로 회개하여 하나님께 돌아가 정의와 공도公道를 일상생활에 실현해야 할 때이건만, 백성들은 포위가 풀린 것에만 신명이 나서 기뻐할 뿐, 어떤 엄숙한 도덕적 반성이나 신앙적 회개도 없이 안이하고 향락적인 유물주의唯物主義의 생활에 빠져들고 있었습니다. 이런 상태로는 하나님이 더 강력한 심판을 내리실 것이고, 나라는 결국 멸망을 피하기 어려울 것이라고 이사야는 우려했습니다. 그러기에 그는 승리에 들떠 시끌벅적대는 거리의 군중에게 눈물로 고하였습니다.

나를 보지 말지어다.

나는 슬피 통곡하겠노라.

내 딸 백성이 패망하였음으로 말미암아

나를 위로하려고 힘쓰지 말지니라(사 22:4).

또 말했습니다.

그날에 주 만군의 여호와께서 명령하사

통곡하며 애곡하며 머리털을 뜯으며 굵은 베를 띠라 하셨거늘

너희가 기뻐하며 즐거워하여 소를 죽이고 양을 잡아

고기를 먹고 포도주를 마시면서

내일 죽으리니 먹고 마시자 하는도다.

만군의 여호와께서 친히 내 귀에 들려 이르시되

진실로 이 죄악은 너희가 죽기까지 용서하지 못하리라(사 22:12-14).

참으로 이사야는 사태의 본질을 깊이 들여다본 사람이었습니다.

*

앗수르 군이 퇴각하고 나서 얼마 지나지 않아 히스기야 왕은 병에 걸려 사경을 헤맸습니다. 하지만 심히 울면서 하나님께 기도한 히스기야는 병에서 회복하고 15년의 수명이 연장되었습니다. 병에서 완쾌된 것을 축하하는 뜻으로 바빌론 왕 므로닥발라단이 사절단을 보내왔습니다. 당시 바빌론은 북부의 여러 나라가 참여한 반앗수르 연맹의 맹주였습니다. 히스기야 왕의 쾌유 축하를 핑계 삼은 이 사절단의 내방은 공동전

선을 강화하려는 정치적 목적도 포함하고 있었을 것입니다.

히스기야는 이 사절단에게 왕실의 창고와 무기고를 모조리 열람시키고 나라 안을 고루 안내하며 모든 것을 다 보여줄 정도로 그들을 환영해주었습니다. 나중에 깨닫게 되었지만, 그것은 무척이나 경솔한 행동이었습니다.

첫째로, 바빌론과 동맹을 맺는 데 급급해서 또 자기 나라의 경제력과 무력의 준비를 과신해서 앗수르와 싸우려는 불신앙의 행위였습니다.

둘째로, 바빌론의 사절단에게 자국의 국력과 국토를 숨김없이 보인 것은 바빌론 군에게 유다 침입의 길을 안내한 것이나 다름없었습니다.

요컨대 바빌론을 의지하고 하나님을 의지하지 않았으며, 자기 힘에 의지하고 신앙에 의지하지 않았습니다. 이 불신앙과 교만이 나라를 멸망시키는 원인이 되는 것입니다. 그래서 이사야는 히스기야에게 고하였습니다.

만군의 여호와의 말씀을 들으소서. 보라, 날이 이르리니 네 집에 있는 모든 소유와 네 조상들이 오늘까지 쌓아둔 것이 모두 바벨론으로 옮긴 바 되고 남을 것이 없으리라. 여호와의 말이니라. 또 네게서 태어날 자손 중에서 몇이 사로잡혀 바벨론 왕궁의 환관이 되리라(사 39:5-7).

훗날, 바빌론 군의 침략을 받아 유다의 국토가 약탈당하고, 국왕과 국민은 포로로 바빌론에 끌려가 노예가 될 것이라는 예언입니다. 이 바빌론 포수捕囚의 예언은 110여 년 뒤에 그대로 실현되었습니다. 뒷날 망국의 소용돌이 속에 예언의 소리를 높인 이가 예레미야입니다.

이사야는 위의 예언을 마지막으로 자취를 감춥니다. 그의 만년에 대해서는 아무런 기록도 남아 있지 않습니다. 히스기야 왕의 아들 므낫세는 우상숭배를 부흥시킨 불신앙의 왕이었습니다. 늙은 예언자 이사야는 므낫세 왕에 의해 순교를 당했다는 전설이 있습니다. 큰 나무를 둘로 쪼개어 그 사이에 이사야를 끼우고, 나무와 함께 톱으로 썰어 죽였다는 것입니다. 물론 이 전설에 확실한 근거는 없습니다. 그러나 이 폭군 아래에서 이사야의 만년이 행복하지는 않았으리라는 점은 쉽게 상상할 수 있습니다.

이사야의 희망

　　이사야는 슬픔의 사람이었습니다. 그것은 자기 백성에 대한 그의 사랑이 너무나 진실했기 때문입니다. 백성의 죄는 진홍빛 같고 홍화紅花같이 붉지만, 눈과 같이 희고 양털같이 순백해지기를 이사야는 요구했던 것입니다. 아니, 그것은 하나님이 자신이 택하신 이스라엘 백성에게 강하게 요구한 것이기도 했습니다. 이사야는 하나님과 이스라엘의 관계를 이렇게 예언하였습니다.

　　하늘이여 들으라. 땅이여 귀를 기울이라.
　　여호와께서 말씀하시기를
　　내가 자식을 양육하였거늘
　　그들이 나를 거역하였도다.
　　소는 그 임자를 알고

나귀는 그 주인의 구유를 알건마는
이스라엘은 알지 못하고
나의 백성은 깨닫지 못하는도다(사 1:2-3).

그는 어느 때는 이스라엘을 포도밭에 비유하고, 하나님을 자신의 사랑하는 이라 부르며 '하나님의 포도밭 사랑의 노래'를 불렀습니다.

내가 사랑하는 자에게 포도원이 있음이여
심히 기름진 산에로다.
땅을 파서 돌을 제하고
극상품 포도나무를 심었도다.
그중에 망대를 세웠고
또 그 안에 술틀을 팠도다.
좋은 포도 맺기를 바랐더니
들포도를 맺었도다(사 5:1-2).

하나님은 이스라엘에 좋은 영토와 우수한 민족을 주시고, 좋은 교사와 예언자를 보내시고, 오랜 역사를 통하여 '좋은 포도'가 맺히기를 기다렸지만, 맺은 것을 보니 들포도였던 것입니다.

그들에게 정의를 바라셨더니 도리어 포학이요
그들에게 공의를 바라셨더니 도리어 부르짖음이었도다(사 5:7).

하나님은 이 나라에 공평과 정의를 기대하셨는데, 보이는 것은 죄 없는 사람의 피와 학대받는 사람의 울부짖음이었습니다. 그러면 하나님은 이 포도밭을 어떻게 하시겠습니까?

> 이제 내가 내 포도원에 어떻게 행할지를
> 너희에게 이르리라
> 내가 그 울타리를 걷어 먹힘을 당하게 하며
> 그 담을 헐어 짓밟히게 할 것이요(사 5:5).

심판입니다. 하나님의 진실과 사랑이, 하나님이 사랑하시는 백성의 불신과 불의를 철저히 심판하시는 것입니다. 이 하나님의 심판에 대해서는 복종이 있을 뿐입니다.

> 너희가 즐겨 순종하면
> 땅의 아름다운 소산을 먹을 것이요,
> 너희가 거절하여 배반하면
> 칼에 삼켜지리라(사 1:19-20).

곧 하나님 말씀에 순종하느냐 마느냐에 따라 백성의 흥망이 결정되는 것입니다.

*

이사야는 슬픔의 사람이었지만, 비관적인 사람은 아니었습니다. 그는 희망의 사람이지, 절망의 사람은 아닙니다. 사랑은 절망을 모릅니다. 하나님은 진실이기 때문에, 선택하신 이스라엘에 대한 하나님의 사랑

은 폐할 수 없습니다. 죄에 대하여 하나님의 노여움이 타오르고 하나님
의 심판이 치열하게 진행되는 중에도, 하나님의 이스라엘에 대한 진실
은 변하지 않고 사랑은 움직이지 않습니다. 하나님의 사랑이 노여움이
되어 불타고, 하나님의 진실이 심판이 되어 작열하는 것입니다. 이 일로
이사야에게 계시된 것이 '남은 자'라는 사상입니다.

그날에 이스라엘의 남은 자와 야곱 족속의 피난한 자들이
다시는 자기를 친 자를 의지하지 아니하고
이스라엘의 거룩하신 이 여호와를 진실하게 의지하리니
남은 자 곧 야곱의 남은 자가
능하신 하나님께로 돌아올 것이라(사 10:20-21).

"남은 자가 돌아올 것이다"라는 것은 이사야의 독특한 사상입니다.
이사야가 자기 아들의 이름을 바로 그런 의미로 '스알야숩'이라고 지었
다는 것은 앞에서 말한 대로입니다. 이사야가 말하는 이 남은 사람들이
의로운 이스라엘을 부흥시킬 사람들입니다.
　하나님은 이스라엘을 심판할 그릇으로 '강 저편의 삭도'인 앗수르 군
을 이용했습니다. 앗수르는 하나님의 진노의 지팡이, 분노의 채찍입니
다. 하나님이 앗수르에게 사악한 나라를 거리의 흙처럼 짓밟도록 명령
하셨습니다. 그러나 그들은 그렇게 생각하지 않고, 자기의 힘과 정의로
다른 나라를 멸망시켰다고 거만을 떨고 있는 것입니다. 그러므로 이사
야는 예언했습니다.

주께서 주의 일을 시온산과 예루살렘에 다 행하신 후에

앗수르 왕의 완악한 마음의 열매와 높은 눈의 자랑을 벌하시리라(사 10:12).

하나님은 이스라엘뿐 아니라 세계만방을 심판하십니다. 그러나 모든 것을 순서에 따라 진행하십니다. 앗수르의 가치가 유다보다 낮기 때문에 앗수르를 통해 유다를 치신 것이 아닙니다. 하나님의 눈앞에는 앗수르도 유다와 마찬가지로 교만하고 불의한 심판의 대상입니다. 다만 하나님은 우선 앗수르를 도구로 사용해 유다를 심판하고, 뜻을 이루신 뒤에 앗수르를 심판하시는 것입니다. 유다와 앗수르뿐만 아니라 블레셋도, 모압도, 아람도, 에브라임도, 구스도, 이집트도, 바빌론도, 에돔도, 아라비아도, 두로도, 시돈도, 실로 세계만방이 모두 하나님의 경륜 속에 있고, 하나님의 심판을 받습니다. 이사야의 시야는 당시 알려진 전 세계 여러 나라에 널리 미쳤으며, 이들 여러 나라에 대한 그의 예언은 날카로운 통찰력으로 기록한 세계사이며, 투철한 식견을 지닌 역사철학이었습니다.

더욱이 이사야는 이들 각 나라의 운명뿐만 아니라, 세상 전체의 미래를 보고 있습니다. 이 세상 모든 나라의 심판을 통해서 하나님의 정의와 평화가 넘치는 세계 국가의 완성을 바라고 있습니다. 실로 이사야의 가슴에는 하나님의 도성을 중심으로 하는 만국 평화의 장대한 시詩가 있습니다.

말일에 여호와의 전의 산이
모든 산꼭대기에 굳게 설 것이요
모든 작은 산 위에 뛰어나리니

만방이 그리로 모여들 것이라.

많은 백성이 가며 이르기를

오라, 우리가 여호와의 산에 오르며

야곱의 하나님의 전에 이르자,

그가 그의 길을 우리에게 가르치실 것이라,

우리가 그 길로 행하리라, 하리니

이는 율법이 시온에서부터 나올 것이요,

여호와의 말씀이 예루살렘에서부터 나올 것임이니라.

그가 열방 사이에 판단하시며

많은 백성을 판결하시리니

무리가 그들의 칼을 쳐서 보습을 만들고

그들의 창을 쳐서 낫을 만들 것이며

이 나라와 저 나라가 다시는 칼을 들고

서로 치지 아니하며

다시는 전쟁을 연습하지 아니하리라(사 2:2-4).

하나의 법이 세계만방에 통용되고, 하나님은 여러 나라 사이에 발생하는 분쟁을 중재하시며 그들을 재판하고 그들은 그 결과에 복종하고, 군대의 무장은 해제되어 다시는 군사훈련이 필요하지 않게 됩니다. 곧 절대적인 평화 국가의 출현입니다.

그날에 이스라엘이 애굽 및 앗수르와 더불어

셋이 세계 중에 복이 되리니

이는 만군의 여호와께서 복 주시며 이르시되

내 백성 애굽이여, 내 손으로 지은 앗수르여,

나의 기업 이스라엘이여, 복이 있을지어다(사 19:24-25).

이집트도, 앗수르도, 이스라엘도, 나라란 나라, 민족이란 민족은 모두 구원받고, 모두 그 존재의 의미를 인정받고 축복받아 모두가 그 가치를 발휘한다, 그것이 하나님의 경륜의 목적이며 심판의 결과라는 것입니다. 실로 웅대한 세계관입니다.

이런 평화 국가, 평화 세계의 건설은 지금까지 존재했던 지도자 계급의 아류들은 도저히 이룰 수 없는 일입니다. 이를 위해서는 완전히 새로운 지배자가 나타나야 합니다.

한 아기가 우리에게 났고

한 아들을 우리에게 주신 바 되었는데

그의 어깨에는 정사를 메었고

그의 이름은 기묘자라

모사라

전능하신 하나님이라

영존하시는 아버지라

평강의 왕이라.

그 정사와 평강의 더함이 무궁하며

또 다윗의 왕좌와 그의 나라에 군림하여

그 나라를 굳게 세우고

지금 이후로 영원히 정의와 공의로

그것을 보존하실 것이라.

만군의 여호와의 열심이

이를 이루시리라(사 9:6-7).

메시아의 탄생으로 정의와 평화의 국가가 확립된다, 그것은 만군의 하나님의 열심으로 반드시 성취된다는 것입니다. 이 메시아가 확립하는 정의와 평화는 단지 한 나라 안에, 또 나라와 나라 사이에 머무르지 않고 자연계에까지 미칩니다.

그때에 이리가 어린양과 함께 살며

표범이 어린 염소와 함께 누우며

송아지와 어린 사자와 살진 짐승이 함께 있어

어린아이에게 끌리며(사 11:6).

광야와 메마른 땅이 기뻐하며

사막이 백합화같이 피어 즐거워하며

무성하게 피어

기쁜 노래로 즐거워하며(사 35:1-2).

이와 같이 하나님 나라가 땅 위에 실현될 때, 모든 학대와 불행의 원인이 제거되고 죽음조차도 사라질 것입니다. 개인의 구원도 완성됩니다.

또 이 산에서 모든 민족의 얼굴을 가린 가리개와

열방 위에 덮인 덮개를 제하시며

사망을 영원히 멸하실 것이라.

주 여호와께서 모든 얼굴에서 눈물을 씻기시며

자기 백성의 수치를 온 천하에서 제하시리라.

여호와께서 이같이 말씀하셨느니라(사 25:7-8).

국가의 부흥이 있고, 세계의 평화가 있고, 자연의 완성이 있고, 개인의 구원이 있습니다. 이사야는 역시 희망의 예언자이고 환희의 예언자였습니다. 마지막 날에는 황야에 물이 솟아나고, 사막에 시내가 흐르고, 큰 길이 있어 '거룩한 길'이라 불립니다.

여호와께 구속받은 자들이

돌아와 노래하며

시온으로 돌아오니

영원한 기쁨이

그들의 머리 위에 있고

슬픔과 탄식이 달아나리이다(사 51:11).

이사야는 투철한 진실의 눈으로 나라와 세계의 현실을 보았기 때문에 슬픔의 예언자가 될 수밖에 없었습니다. 그러나 동시에 믿음의 눈으로 하나님의 진실에 의지하였기 때문에 이렇듯 커다란 희망의 예언자가 되었습니다.

슬픔의 사람이면서 신앙의 사람, 애국의 사람이면서 희망의 사람이었습니다. 이사야는 국가의 이상을 분명히 제시하고, 정의와 평화를 세계의 지도 원리로 높이 들어 올렸습니다. 이사야는 국난의 의미를 밝히고, 국가 부흥의 길을 제시했습니다. 사랑하는 일본이 패전으로 국난, 국가적 치욕을 당한 의미를 알고, 이 가운데서 새로운 나라로 부흥하려면 이사야의 예언을 따르는 길밖에 없습니다. 우리 또한 그의 예언의 정통을 이어받는 신앙의 예언자, 애국의 예언자, 희망의 예언자를 절대적으로 필요로 합니다. 설령 그 사람은 슬픔의 생애를 보낼지라도, 국가 부흥의 희망은 온전히 그런 예언자의 신앙에 달려 있는 것입니다.

예레미야

2

Jeremiah

BC 7세기

예언자의 자각

예레미야라고 해도 많은 사람은 그 이름조차 잘 모를 것입니다. 그는 유다가 아직 독립 왕국이었던 시대인 기원전 7세기 중반경에 태어난 예언자입니다. 지금으로부터 대략 2,600년 전으로 매우 오래전 사람입니다. 그러나 힘차게 고동치던 그의 심장의 피는 오늘날 우리와 크게 다르지 않습니다.

예레미야가 태어났을 때의 국왕은 므낫세였습니다. 므낫세는 악을 행한 왕으로 평가받습니다. 55년에 걸친 그의 오랜 치세 기간 동안에 유다에는 온갖 우상숭배가 성행했고 접신하는 무당과 점쟁이들이 들끓었으며 종교는 불순해졌습니다. 종교가 타락하면 도덕이 타락하고, 정치가 부패하지 않을 수 없습니다. 하나님의 성전 옆에 남창男娼의 집이 있었고, 부인들은 그 집에서 아세라(아시라트Ashirat 신神)를 위해 휘장을 짰습니다. 무고한 사람이 피 흘리고, 가난한 사람의 권리는 박탈되는 일이 허다했고, 재판은 공정하게 행해지지 않았습니다.

유대인의 종교적 특징은 눈에 보이지 않는 영적인 하나님을, 천지의 창조자, 역사의 주재자인 유일한 참 하나님으로 예배하는 것이었습니다. 영적인 하나님이므로 형태로 나타낼 수 없고, 유일한 하나님이므로 온 마음을 기울여 그분을 섬겨야 한다고 보았습니다. 이에 반해 형체形體로 나타내는 모든 신들을 우상으로 여기며 하나님과 구별했습니다.

당시 성행했던 우상숭배 중의 하나가 '하늘의 여왕天后'을 섬기며 제사를 지낸 것입니다. 이 여신은 바벨론과 아시리아에서는 이슈타르 Ishtar, 페니키아에서는 아슈타르테Ashtarte라고 불리는 신으로 금성金星의 여신으로 알려졌습니다. 특히 여성들이 학문과 기예와 연애의 신으로 섬겼습니다. 또 대표적인 우상숭배로는 '몰록' 숭배가 있었습니다. 이것은 첫아들을 불에 던지거나 불 속을 걷게 하여, 몰록 신에게 희생을 드리는 잔혹한 예배로 유명합니다. 또한 모압에서는 그모스를 숭배했습니다. 유다가 종교적으로 타락했을 때, 주위 여러 나라에서 이런 각종 우상들을 들여와 숭배했습니다. 팔레스타인 땅에 이전부터 살고 있던 종족인 가나안 사람의 신 바알도 농업과 풍요의 신으로 섬겼습니다. 이렇게 나라 안 곳곳에 여러 우상이나 목상이나 그들을 위해 제사를 지내는 제단이 들어섰습니다. 급기야 이들이 섬기는 신들의 수가 성읍 수와 같을 지경에 이르렀고, 전 국가적으로 미신이 횡행했습니다. 물질적 욕심에 물든 온 나라의 백성들은 영적 순결을 잃어버렸습니다. 겉으로 보기에 정치는 안정되고, 경제는 번영하고, 문화는 융성한 것처럼 보였지만, 백성의 정신은 오만과 허위, 허무로 좀먹고 있었습니다.

예레미야의 고향은 수도 예루살렘으로부터 북동쪽으로 6킬로미터쯤 떨어진 곳이었습니다. 시계視界가 멀리 북쪽과 동쪽을 향해 열리고, 에브라임의 죽 이어진 산들과 요단 계곡의 푸른 숲이 내다보이는 언덕 허리의 아나돗이라는 작은 마을이었습니다. 그곳에는 옛날부터 하나님의 제단이 있었는데, 예레미야는 외롭게 그를 섬기는 제사장 가운데 한 사람이었던 힐기야의 아들로 태어났습니다. 예레미야의 마음에는 어린 시절부터 하나님에 대한 경건이 깃들었습니다. 그는 봄에는 살구꽃이 피는 것을 보고, 가을에는 철새가 북에서 날아오는 것을 바라보면서, 주위의 자연을 학교 삼아 자라났습니다.

그는 착하고 가정적인 성품으로 어릴 적부터 자주 부엌일도 도왔습니다. 마을 사람들이 하는 일도 그에게는 친숙했습니다. 도공의 일터 앞에 서서 (녹로가 돌아가며) 흙이 점점 옹기그릇 모양이 되어가는 모습을 물끄러미 바라보기도 하고, 마을에 잔치가 벌어졌을 때는 신랑과 신부의 소리, 환희의 소리로 떠들썩한 집에 드나드는 즐거움을 맛보기도 했습니다.

이처럼 예레미야는 하나님을 사랑하고 자연을 사랑하고 이웃 주민을 사랑하면서 아나돗의 시골 마을에서 조용히 성장했습니다. 그러나 스무 살이 지나 바라본 세상은 도시와 시골 할 것 없이 우상숭배와 미신이 두루 성행했고, 도덕과 정치 또한 부패가 심했습니다. 예레미야의 순수한 마음은 경악했습니다.

'누군가 일어나 이런 종교의 개혁을 외치지 않아도 될 것인가? 하나님이 이 모습을 보고 계시지 않을까? 이렇게 백성의 신앙이 부패해도 하나님은 벌을 내리시지 않을 것인가?' 예레미야는 해가 저물 때 들에 나가 이런 생각을 하고, 해가 뜰 때에는 언덕에 서서 무언가를 골똘히 생각했습니다.

그런 그에게 어느 날 갑자기 하나님의 음성이 들렸습니다.

내가 너를 모태에서 짓기도 전에 너를 선택하고, 네가 태어나기도 전에 너를 거룩하게 구별해서, 뭇 민족에게 보낼 예언자로 세웠다(렘 1:5, 새번역).

뜻밖의 말씀입니다. 나라에 가득 찬 우상숭배를 보고 어린 마음이 하나님에 대한 열심으로 불붙는 듯했을 것입니다. '누군가 참 예언자가 나와 이 부패를 없애고, 하나님의 종교를 빛내기를 대망하고 있었던 것은 사실이다. 그런데 내가 만국의 예언자로 선택되다니? 어떻게 그럴 수가!' 그는 자기 마음속에 들려오는 말을 즉시 부정했습니다.

아닙니다. 주 나의 하나님, 저는 말을 잘 할 줄 모릅니다. 저는 아직 너무나 어립니다(렘 1:6, 새번역).

예레미야는 이렇게 대답했습니다. 그러나 거듭 하나님의 음성이 들렸습니다.

너는 아직 너무나 어리다고 말하지 말아라. 내가 너를 누구에게 보내든지 너는 그에게로 가고, 내가 너에게 무슨 명을 내리든지 너는 그대로 말하여라. 너는 그런 사람들을 두려워하지 말아라. 내가 늘 너와 함께 있으면서 보호해주겠다(렘 1:7-8, 새번역).

주저하고 망설이는 예레미야에게 하나님은 엄중한 권위로 이렇게 강권하셨습니다.

예레미야와 하나님 사이에 이런 실랑이가 오간 끝에, 하나님은 드디어 그 손을 펴서 예레미야의 입에 대고 말씀하셨습니다.

보라, 내가 내 말을 네 입에 두었노라. 보라, 내가 오늘 너를 여러 나라와 여러 왕국 위에 세워 네가 그것들을 뽑고 파괴하며 파멸하고 넘어뜨리며 건설하고 심게 하였느니라(렘 1:9하-10).

"오늘 너를 예언자로 임명하고, 네 말에 하나님의 말씀의 권위를 부여한다. 네 말을 좇느냐 안 좇느냐에 따라, 만국의 흥망성쇠가 결정될 것이다." 외진 시골 제사장의 아들 예레미야는 이렇게 하나님의 말씀을 유일한 무기로 삼아, 만국에 대항하여 일어서게 되었습니다. 때는 요시야 왕 13년(기원전 626년), 예레미야의 나이는 스무 살이나 스물두세 살쯤이었을 것으로 추측됩니다.

생각지도 않던 하나님의 말씀을 듣고 나서, 예레미야의 마음에도 희미하게 예언자로서의 자각이 생겼습니다. 몇 번이고 지우려 해도 지울 수 없는 소리입니다. 그러나 백성 앞에 서서 연설한다는 것은 도저히 못 할 것 같았습니다. 처음 아기를 낳는 여성같이 예레미야는 몰려오는 두려움과 불안 속에 여러 날을 보냈습니다.

어느 날 들판을 거닐다가, 그는 문득 살구나무 가지에 꽃이 핀 것을 보았습니다. 살구는 눈 뜨는 나무라 불리며, 매화와 마찬가지로 겨울철에 제일 먼저 꽃을 피워 봄을 알리는 나무입니다.

"아, 살구꽃이 피었구나." 그렇게 혼잣말을 하며 예레미야는 멈춰 서서 살구꽃을 바라보았습니다. 그때 하나님의 말씀이 그에게 임하였습니다.

"예레미야야, 너는 무엇을 보고 있느냐?"
내가 대답하였다. "저는 살구나무 가지를 보고 있습니다."
주님께서 나에게 말씀하셨다. "네가 바로 보았다. 내가 한 말이 그대로 이

루어지는 것을 내가 지켜보고 있다"(렘 1:11-12, 새번역)

'그렇다, 하나님께서 보고 계신다! 그리고 속히 말씀을 실행하신다!' 국민의 우상숭배와 신앙의 타락을 하나님은 못 보시는 게 아닌가, 하나님의 의로운 지배는 어떻게 될 것인가 하는 문제는 일찍부터 예레미야가 품고 있던 의문이었습니다. 그런데 지금 눈앞에 핀 한 송이의 살구나무 꽃이 그에게 영감을 주었습니다. '하나님은 주무시는 게 아니구나. 보지 않으시는 게 아니구나. 다만 때를 기다리고 계시는구나. 이 꽃이 피어 있는 이상, 하나님이 심판을 행하시고 의로운 질서의 봄이 돌아오는 것은 먼 훗날의 일이 아니로구나.'

'하지만 하나님이 속히 행하겠다고 하신 그 일의 내용은 무엇일까?' 어느 날 그는 취사장에서 불을 지펴 큰 솥을 끓이고 있었습니다. 센 바람이 북쪽에서 불어와 끓어오르는 솥의 김이 자욱하게 그를 향해 다가왔습니다. 그때 갑자기 하나님의 음성이 그에게 들렸습니다.

재앙이 북방에서 일어나 이 땅의 모든 주민들에게 부어지리라(렘 1:14).

24-25년 전부터 소아시아의 북쪽, 흑해 연안 지방을 본거지로 하는 스구디아 인(스키타이 인)이라는 야만족이 남쪽으로 침범하며 아시리아의 변경을 어지럽혔는데, 그 소문은 유다에도 쫙 퍼지고 있었습니다. 이제 북쪽 지평선 위에 나타난 검은 구름 한 점은 점점 짙어지고 커져서, 몸서리칠 재앙이 북쪽에서 유다로 다가오고 있다는 것이 예레미야에게 제시된 말씀입니다. '위험하구나! 만일 백성이 속히 그 죄를 회개하고, 악의 길을 떠나 악한 행위를 버리지 않으면, 우리가 살아가는 국토는 북

쪽 민족의 말발굽에 짓밟히고 말 것이다.'

하나님의 뜻은 이제 의심할 여지가 없습니다. 그러나 이 얼마나 무서운 내용의 예언입니까? 이것을 전하기에 앞서 젊은 예레미야는 망설이지 않을 수 없었습니다. 그러나 하나님은 그를 격려하며 말씀하셨습니다.

너는 네 허리를 동이고 일어나 내가 네게 명령한 바를 다 그들에게 말하라. 그들 때문에 두려워하지 말라. 네가 그들 앞에서 두려움을 당하지 않게 하리라. 보라, 내가 오늘 너를 그 온 땅과 유다 왕들과 그 지도자들과 그 제사장들과 그 땅 백성 앞에 견고한 성읍, 쇠기둥, 놋 성벽이 되게 하였은즉, 그들이 너를 치나 너를 이기지 못하리니 이는 내가 너와 함께하여 너를 구원할 것임이니라(렘 1:17-19).

예레미야는 진퇴유곡에 빠졌습니다. 나아가 말하면 백성이 그를 박해할 것이요, 물러가 말하지 않으면 하나님이 그에게 치욕을 주실 것입니다! 예레미야는 백성의 박해보다 하나님의 치욕이 더 두려웠습니다. 저것은 한때의 고통이고, 이것은 영원한 멸망입니다. 저것은 생활의 문제이고, 이것은 양심의 문제입니다. 한 번 백성 앞에 서서 이것을 말할 것인가? 거기에는 필연적으로 싸움이 따릅니다. 예언은 싸움이고, 싸움 없이 예언은 없습니다. 그러나 하나님은 그와 함께 계셔서 모든 적의 공격에 맞서 그를 난공불락의 금성철벽金城鐵壁이 되게 하십니다. 이런 하나님의 말씀을 믿고 청년 예레미야는 백성 앞에 나섰습니다. 그는 필사적으로 외쳤습니다.

보라, 그가 구름같이 올라오나니 그의 병거는 회오리바람 같고 그의 말들은 독수리보다 빠르도다. 우리에게 화 있도다, 우리는 멸망하도다 하리라. 예루살렘아 네 마음의 악을 씻어버리라. 그리하면 구원을 얻으리라. 네 악한 생각이 네 속에 얼마나 오래 머물겠느냐? 단에서 소리를 선포하며 에브라임산에서 재앙을 공포하는도다. 너희는 여러 나라에 전하며 또 예루살렘에 알리기를 에워싸고 치는 자들이 먼 땅에서부터 와서 유다 성읍들을 향하여 소리를 지른다 하라. 그들이 밭을 지키는 자같이 예루살렘을 에워싸나니 이는 그가 나를 거역했기 때문이니라. 여호와의 말씀이니라. 네 길과 행위가 이 일들을 부르게 하였나니 이는 네가 악함이라. 그 고통이 네 마음에까지 미치느니라 (렘 4:13-18).

예레미야의 마음은 사랑하는 조국의 영토가 이미 야만족의 말발굽에 짓밟히는 것을 보는 것처럼 아팠습니다.

아이고, 배야. 창자가 뒤틀려서 견딜 수 없구나. 아이고, 가슴이야. 심장이 몹시 뛰어서, 잠자코 있을 수가 없구나. 나팔 소리가 들려오고, 전쟁의 함성이 들려온다. 재난에 재난이 꼬리를 물고 일어난다. 온 나라가 황무지가 된다. 홀연히 나의 천막집도 무너지고, 순식간에 나의 장막집도 찢긴다. 저 전쟁 깃발을 언제까지 더 바라보고 있어야 하는가? 저 나팔 소리를 언제까지 더 듣고 있어야만 하는가?(렘 4:18-21, 새번역)

"백성의 죄가 나라에 재앙을 불러온다. 너희는 우상숭배를 버려라. 무고한 피를 흘리지 마라. 가난한 사람을 학대하지 마라. 그러지 않으면 큰 재앙이 북쪽에서 와 이 나라와 백성이 멸망할 것이다." 예레미야는 필사적으로 외쳤습니다.

그러나 백성은 젊은 예언자를 업신여기고 비웃으면서 이렇게 말했습니다. "우리는 더럽혀지지 않았다. 우리는 하나님 섬기기를 그치지 않았다. 재앙이 우리에게 미칠 리가 없다." 대부분의 백성은 우상숭배를 악한 일로 생각하지 않았습니다. 또한 우상숭배와 하나님 예배를 병행해도 아무 지장이 없다고 생각했습니다. 그러나 예레미야는 하나님에 대한 이런 불순한 태도를 참을 수 없었습니다. "하나님만을 유일한 신으로 예배하지 않는 것은 불신앙이다. 아니, 단순한 불신앙보다 더 나쁘다. 그것은 하나님에 대한 불륜이고, 간음이다." 나이는 어리지만, 예레미야는 백성의 궤변에 속아 넘어갈 인물이 아니었습니다. 그는 끈기 있게 굽힘 없이 외쳤습니다.

"나에게는 아무런 죄가 없다! 하나님이 진노하실 일은 하지 않았다" 하고 말한다. 네가 이렇게 죄가 없다고 말하기 때문에, 내가 너를 심판하겠다 (렘 2:35, 새번역).

또 이렇게 외쳤습니다.

이 모든 일이 있어도 그의 반역한 자매 유다가 진심으로 내게 돌아오지 아니하고 거짓으로 할 뿐이니라. 여호와의 말씀이니라(렘 3:10).

"문제는 마음에 있다. 마음의 순수, 불순에 있다. 그런데 너희는 하나님께 허울뿐인 예배를 드리면서, 동시에 우상을 섬겨도 아무 상관이 없다고 한다. 그리고 강변을 거듭하여, '우리는 죄를 범하지 않았다'고 한다. 너희 마음에 거짓이 있다. 그 거짓과 악행을 버리지 않으면 하나님의 노여움은 불과 같이 타오르고, 이를 끌 자는 없을 것이다."

그러나 백성은 그의 예언을 비웃으며 말했습니다.

그는 아무것도 아니다. 어떤 재앙도 우리를 덮치지 않을 것이다. 우리는 전란이나 기근을 당하지 않을 것이다(렘 5:12, 새번역).

그 결과 어떻게 되었습니까?

두려워하던 스구디아 인이 정말로 남하했습니다. 그러나 그들은 해안의 가도로 이집트의 국경까지 내려가, 그곳에서 다시 원래 왔던 길을 되돌아서 북쪽으로 돌아가고 말았습니다. 동쪽에서 약간 떨어진 곳에 위치한 산악 지대인 유다는 스구디아 인이 침략하고 돌아가는 동안 스구디아 인 군사를 한 사람도 만나지 않았고, 완벽하게 약탈을 모면했습니다.

예레미야가 크게 실패한 것입니다. 백성은 그를 비웃으면서 말했습니다. "꼴좋다. 쓸데없는 말을 지껄여 우리에게 겁을 주더니. 거짓 예언자 같으니라고." 그 이후 예레미야는 완전히 입을 다물게 됩니다.

신명기 개혁

그로부터 5년이 지나 요시야 왕 18년(기원전 621년)에 여호와의 성전에서 신명기申命記가 발견되었습니다. 모세 5경이라고 불리는 것 중 하나로, 유대법의 원전입니다. 이 법전에 비추어보니, 당시 행해지던 예배 제도, 의식이 모세의 율법과 매우 달라 큰 혼란이 일어났음을 알게 되었습니다. 요시야 왕은 하나님을 공경하는 훌륭한 왕이었으므로, 신명기의 옛법에 따라 종교개혁을 단행했습니다. 나라에 있는 모든 우상의 제단을 파괴하고 점쟁이, 공수 무당 등을 제거하며, 하나님의 성전을 깨끗이 하고, 남창이 있는 집을 부수며, 유월절을 전 국가적으로 지키는 등 강력하고 적극적인 종교개혁을 단행했습니다. 예레미야도 이 개혁 사업에 잠시 협력하였습니다.

그러나 이것은 백성의 마음에서 우러나온 개혁 운동이 아니고, 왕의 명령으로 시작된 하나의 정치적인 운동이었습니다. 따라서 다른 모든 관료적 정신 운동과 마찬가지로 그 개혁은 제도, 의식 등 외형적이고 표면적인 일에 그쳤을 뿐, 백성의 마음의 교만을 부수고 그들의 마음 자체를 하나님께 돌리게 할 힘은 없었습니다. "만물보다 거짓되고 심히 부패한 것은 마음이라. 누가 능히 이를 알리요마는"(렘 17:9)이라고 예레미야는 말하고 있습니다. 마음으로 회개하지 않고서는 나라의 구원도 없습니다. 예레미야가 이 운동에 실망한 것은 당연한 결과였습니다.

그러나 예레미야의 실망은 여기에 그치지 않았습니다. 그는 이 개혁 운동을 도왔다는 이유로 뜻하지 않게 위험에 처하게 되었습니다.

신명기 개혁 운동은 전국 각지에 흩어져 있던 하나님의 제단과 제사를 폐지하고, 예루살렘의 성전에서 통일된 예배를 드리는 사업을 포함하고 있었습니다. 그런데 예레미야의 고향 아나돗에는 예전부터 하나님의 제단이 있었고, 그의 아버지 힐기야는 당시 그 제단에 봉사하는 제사장 가운데 한 사람이었습니다. 힐기야의 조상 아비아달은 하나님의 언약궤가 아직 실로에 있을 때 봉사하던 제사장이었습니다. 당시 아비아달과 함께 사독이라는 제사장이 있었는데, 언약궤가 예루살렘에 온 뒤, 솔로몬 왕은 사독을 예루살렘의 제사장으로 임명하고, 아비아달을 아나돗으로 좌천시켰습니다. 이후 아비아달 집안과 사독 집안 사이에 대대로 제사장의 정통성을 두고 다툼이 계속되었습니다. 따라서 요시야 왕의 종교개혁은 예레미야의 아버지 집안과 시골 마을의 이익에 치명적인 타격을 주었습니다. 더구나 그 개혁을 예레미야가 지지했기 때문에, 고향 사람들과 일가친척들은 그를 '애향심愛鄕心이 없는 놈이다', '집안을 받들 줄 모른다'며 크게 미워하고, 급기야 그의 목숨을 해칠 음모까지 꾸몄습니다.

예레미야가 꿈에도 상상하지 못했던 일이었습니다. 그는 단순히 하나님의 진리를 사랑하고 그 말씀대로 행동했을 뿐입니다. 자기 지방이나, 집안의 이해관계 등은 전혀 염두에 두지 않았습니다. 진리를 위해 선한 일을 하는 자신을 사람들이 미워하리라고는 전혀 생각하지 못했습니다. 그토록 예레미야는 순수하고 티 없이 맑은 사람이었던 것입니다. 어느 날 그는 자기 마을로 걸음을 옮기고 있었습니다. 그런데 마을 사람들이 판 함정이 그를 기다리고 있었습니다. 아무것도 모르고 도살장에 끌려가는 어린양처럼 그는 무심히 그곳 가까이 다가갔으나, 위기일발의 순간 음모의 낌새를 알아채고, 간신히 위험에서 벗어났습니다. 그는 그때의 경험을 이렇게 말하고 있습니다.

여호와께서 내게 알게 하셨으므로 내가 그것을 알았나이다. 그때에 주께서 그들의 행위를 내게 보이셨나이다. 나는 끌려서 도살당하러 가는 순한 어린양과 같으므로 그들이 나를 해하려고 꾀하기를 '우리가 그 나무와 열매를 함께 박멸하자. 그를 살아 있는 자의 땅에서 끊어서 그의 이름이 다시 기억되지 못하게 하자' 함을 내가 알지 못하였나이다(렘 11:18-19).

이것은 예레미야에게 큰 충격이었습니다. 의로운 사람이 세상이 내민 쓴잔을 처음 맛본 것입니다. 물론 하나님을 믿는 그의 신앙은 흔들리지 않았습니다. 그러나 하나님의 심판에는 이해하기 어려운 부분이 있습니다. 악인들의 입은 하나님께 가깝지만, 마음은 하나님에게서 멀리 있습니다. '사람의 마음을 보시는 하나님이 그것을 모르실 리 없다. 더구나 그들은 잘살고 번영하지 않는가? 한편 내 마음이 하나님을 향하고 어떻게 거짓 없는 진실한 사랑으로 불타고 있는가는 하나님이 아시는 대로다. 그런데 내게는 이런 치욕과 위해危害가 더해지고 있다. 하나님의 심판은 대체 어떻게 된 것일까?' 예레미야의 마음에 분명 이런 의문이 생겼을 것입니다. 이에 대해 하나님은 이렇게 대답하셨습니다.

네가 사람과 달리기를 해도 피곤하면, 어떻게 말과 달리기를 하겠느냐? 네가 조용한 땅에서만 안전하게 살 수 있다면, 요단강의 창일한 물속에서는 어찌하겠느냐? 그렇다. 바로 네 친척, 네 집안 식구가 너를 배신하고, 바로 그들이 네 뒤에서 소리를 질러 너를 욕한다. 그러므로 그들이 너에게 다정하게 말을 걸어와도, 너는 그들을 믿지 말아라(렘 12:5-6, 새번역).

"그 정도의 고난을 당하고 투덜거린다면, 앞으로 있을 치열한 싸움을 어떻게 치르려 하느냐. 지금 편안한 땅에서 조그만 일에 놀라 도망갈 정도면, 앞으로 물이 넘쳐흐르는 요단강에 보냈을 때는 어떻게 하려느냐. 네게는 더욱더 무거운 일, 격렬한 싸움이 기다리고 있다. 잠자코 나가야 된다. 전진해야 된다."

의외로 엄중한 말씀입니다. 예레미야는 자기의 의문을 그대로 묻어둔 채 전진하지 않을 수 없었습니다. '인간의 이성과 지혜로 하나님의 뜻을 이해할 수 없어도, 절대적으로 복종하고 나가야 한다. 그것이 신앙이다.' 이 절대 복종의 신앙을 이제 예레미야는 배웠습니다. 그리고 그 절대 복종의 신앙이야말로 훗날 그가 감당하게 될 악전고투의 영적 싸움에서 그가 의지했던 유일한 힘이었습니다.

그날 이후 예레미야는 고독한 사람이 되었습니다. 세상에 신뢰할 인간은 단 한 명도 없습니다. 집안사람조차 신뢰할 수 없습니다. 그들이 친밀하게 다가와 이야기해도 신용할 수 없습니다. 신뢰할 수 있는 이는 오직 하나님뿐입니다. 그런데 하나님이 자신에게 하시는 일은 이해할 수 없습니다. 이해해도 이해하지 못해도 하나님을 따라가야 합니다. 예레미야는 그렇게 자기 생애를 온전히 하나님께 내맡겼습니다.

성전 연설

신명기 개혁 이후 13년이 지났습니다. 요시야 왕은 므깃도에서 이집트의 군대에 맞서 싸우다 전사하고(기원전 608년) 그의 아들 여호아하스가 왕이 되었으나, 이집트의 정치적 간섭 때문에 왕좌에 오른 지 3개월 만에 폐위되고, 여호아하스의 형 여호야김이 왕위에 올랐습니다. 부왕 요시야는 하나님을 공경하는 명군明君이었으나, 여호야김은 그와 반대로 우상숭배를 권장하고, 백성을 괴롭히는 악한 왕이었습니다. 이런 인물이 왕위에 오르자 멸망의 위험이 커졌습니다. 오랫동안 침묵을 지키던 예레미야는 더 이상 방관할 수 없었습니다. 여호야김 왕이 즉위한 해에 예레미야는 성전의 넓은 뜰에 서서 전국에서 참배하러 올라온 군중에게 외쳤습니다.

너는 여호와의 집 문에 서서 이 말을 선포하여 이르기를, 여호와께 예배하러 이 문으로 들어가는 유다 사람들아 여호와의 말씀을 들으라. 만군의 여호와 이스라엘의 하나님께서 이와 같이 말씀하시되 너희 길과 행위를 바르게 하라. 그리하면 내가 너희로 이곳에 살게 하리라. 너희는 이것이 여호와의 성전이라, 여호와의 성전이라, 여호와의 성전이라 하는 거짓말을 믿지 말라. 너희가 만일 길과 행위를 참으로 바르게 하여 이웃들 사이에 정의를 행하며 이방인과 고아와 과부를 압제하지 아니하며 무죄한 자의 피를 이곳에서 흘리지 아니하며 다른 신들 뒤를 따라 화를 자초하지 아니하면 내가 너희를 이곳에 살게 하리니 곧 너희 조상에게 영원무궁토록 준 땅에니라 (렘 7:2-7).

"나라의 평안과 평화는 웅장한 하나님의 성전이 서 있거나, 많은 백성이 성전에서 예배하는 데 있지 않다. 재판과 정치를 바르게 하고, 신앙과 도덕의 순수성을 회복하는 데 있다. 거짓 지도자들은 백성의 상처를 얕게 치료하며, 평안이 없는데도 '평안하다'고 말하고 있다. 이것은 그날그날 실속 없는 일시적 위로를 말하는 임시 미봉책에 불과하다. 그러나 문제는 심각하다. 정의가 행해지지 않으니, 나라에 재앙이 임하지 않을 수 없다. 지도자가 어리석어 하나님을 구하지 않기 때문에 그가 하는 모든 정책은 실패하고, 백성은 뿔뿔이 흩어질 것이다.

들어라. 풍문이 돈다. 북쪽 나라에서 큰 소동이 온다. 그들은 유다의 여러 성읍을 황폐하게 하여 들개들이 떠도는 소굴로 만들 것이다. 예루살렘도 거친 땅이 되고 하나님의 성전도 무너질 것이다."

예레미야는 이렇게 선포했습니다. 이것을 들은 제사장, 예언자 그리고 백성은 노발대발하여 그를 잡아들였습니다. 그리고 이 성전과 이 성읍이 황폐해지다니 그 무슨 폭언이냐고 힐책하고, 그대로 살려둘 수 없다고 소리치면서 예레미야를 '죽여 마땅한 자'로 관청에 고발했습니다.

예레미야는 이렇게 답변했습니다.

여러분이 들으신 모든 말씀대로, 이 성전과 이 도성에 재앙을 예언하라고,
주님께서 나를 보내셨습니다. 그러므로 이제 여러분은 자신의 행동과 행
실을 바르게 고치고, 여러분의 하나님이신 주님의 말씀에 순종하십시오.
그러면 주님께서도 여러분에게 내리시겠다고 말씀하신 재앙을 거두실 수
도 있을 것입니다. 나는 여러분의 손에 잡혀 있으니, 여러분이 보시기에 좋
으신 대로, 옳다고 생각되는 대로, 나를 처리하십시오. 그러나 이것만은 분
명히 알아두십시오. 여러분이 나를 죽인다면, 자신과, 이 도성과, 이 도성의
주민은 무죄한 사람의 피를 흘린 죗값을 받을 것이니, 이는 이 모든 말씀
을 여러분의 귀에 전하도록 나를 보내신 이가 바로 주님이시기 때문입니다
(렘 26:12-15, 새번역).

실로 의연한 태도였습니다. 정치가들이 예레미야의 처리를 두고 평의
評議를 했습니다. 그런데 그들 가운데 도리를 분간하는 사람이 있었습
니다. 즉, 사반의 아들 아히감이 예레미야를 도와 그 생명을 구했던 것
입니다.

사랑하는 조국의 운명은 예레미야의 마음에 점점 큰 문제가 되었습니
다. 하나님은 이 나라를 멸망시키실 것인가, 구하실 것인가? 멸망의 징
조는 뚜렷이 보이고 있었습니다. 이렇듯 하나님을 배반하고 정의를 굽
히면서 아무리 겉을 그럴듯하게 꾸며도, 내용 그 자체는 결함과 부패로
가득해서 외부에서 약간만 압력을 받아도 그의 나라는 힘없이 무너지
고 말 것입니다. 더욱이 외국의 위협은 실제로 존재했습니다. 그러나 사

랑하는 조국이 외국 군대의 침략으로 짓밟힌다는 것은 예레미야에게 견딜 수 없이 쓰라린 상상이었습니다. 하나님이 명하시는 예언은 끓는 물에 혀가 데는 괴로움이 따를지라도 전해야 합니다. '그런데 이 나라의 멸망은 피할 수 없는 것일까? 그것을 벗어날 길은 없을 것인가?' 예레미야의 번뇌는 커져갔습니다.

어느 날 예레미야는 도공의 가게 앞에 섰습니다. 도공은 반죽한 흙을 녹로에 얹고 돌려서 하나의 그릇을 만들었지만, 작품이 잘못되면 마음대로 부수고 다른 그릇을 만들었습니다. 그것을 보면서 문득 예레미야에게 하나님의 영감이 떠올랐습니다. '그렇다, 도공이 자기 손안의 흙을 자유자재로 주무르듯, 백성의 운명도 오로지 하나님의 손에 달려 있다. 한 번 결정된 것이 숙명이 되어 기계적으로 수행되는 것은 결코 아니다. 하나님은 그 결정을 변경하실 수 있다. 백성이 죄를 뉘우치고 악을 떠나면 하나님이 그들에게 재앙을 내리겠다고 선언하셨을지라도 생각을 돌이키시고 복을 내리실 것이다. 그와 반대로 백성이 하나님을 배반하여 악을 행하면, 그들에게 복을 내리겠다고 약속하셨을지라도 그 말을 철회하고 재앙을 내리실 것이다. 백성의 운명은 기계적으로 실행되어야 할 필연이 아니고, 정의의 법칙으로 정해진 필연이다.'

이런 계시를 받은 예레미야는 더욱 열심히 백성에게 악의 길을 떠나고 악한 행위를 버리라고 진심으로 토로했습니다. 영원한 정의 위에 나라의 기초를 놓으려는 사람보다 더한 애국자가 어디 있겠습니까? 예레미야의 예언은 참으로 나라를 걱정하고 나라를 구하는 애국자의 외침이었습니다. 그러나 나라에 가득한 거짓 예언자, 종교인, 학자, 관료들은 그의 말에 귀를 기울이지 않고 각자 자신들의 완고한 마음에 따라 행동할 뿐, 조금도 반성하지 않고 겸손을 추구하지도 않았습니다. 오히려 음모를 꾸며 예레미야를 모함하고 죽이려 들었습니다. 예레미야는 하나님께 호소합니다.

여호와여 나를 돌아보사 나와 더불어 다투는 그들의 목소리를 들어보옵소서. 어찌 악으로 선을 갚으리이까마는 그들이 나의 생명을 해하려고 구덩이를 팠나이다. 내가 주의 분노를 그들에게서 돌이키려 하고 주의 앞에 서서 그들을 위하여 유익한 말을 한 것을 기억하옵소서. 그러하온즉 그들의 자녀를 기근에 내어주시며 그들을 칼의 세력에 넘기시며 그들의 아내들은 자녀를 잃고 과부가 되며 그 장정은 죽음을 당하며 그 청년은 전장에서 칼을 맞게 하시며 주께서 군대로 갑자기 그들에게 이르게 하사 그들의 집에서 부르짖음이 들리게 하옵소서. 이는 그들이 나를 잡으려고 구덩이를 팠고 내 발을 빠뜨리려고 올무를 놓았음이니이다. 여호와여 그들이 나를 죽이려 하는 계략을 주께서 다 아시오니 그 악을 사하지 마옵시며 그들의 죄를 주의 목전에서 지우지 마시고 그들을 주 앞에 넘어지게 하시되 주께서 노하시는 때에 이같이 그들에게 행하옵소서(렘 18:19-23).

이것은 심한 말입니다. 예레미야는 순정純情의 사람이었기 때문에, 선을 악으로 보답하는 비열하고 음험한 거짓 예언자와 제사장들의 간계를 알았을 때, "그들의 자녀를 기근에 내어주시고"와 같이 심한 분노의 말이 나온 것입니다. 예레미야는 결코 원만한 사람은 아닙니다. 예레미야에게는 결점이 있었습니다. 그의 최대 결점은 격노하면 적에게 심한 말을 퍼붓는 것입니다. 그러나 그의 격노는 허위보다는 용서할 만한 결점입니다. 그는 노여움으로 적을 만들었을 것입니다. 적의 증오를 북돋웠을 것입니다. 그러나 악을 노여워할 줄 모르는 타산가打算家보다는 그

쪽이 더 사랑스럽지 않습니까? 원만함과 고상함을 즐기는 신사 숙녀 여러분은 귀를 막고 저쪽으로 등을 돌려도 좋습니다. 예레미야는 여러분의 친구가 아닙니다. 그러나 적에 대해 강하게 반응했던 예레미야도 오직 홀로 하나님 앞에 섰을 때는 약한 모습으로 돌아왔습니다. 그는 하나님을 향해 고충을 호소합니다.

여호와여 주께서 나를 권유하시므로 내가 그 권유를 받았사오며 주께서 나보다 강하사 이기셨으므로 내가 조롱거리가 되니 사람마다 종일토록 나를 조롱하나이다. 내가 말할 때마다 외치며 파멸과 멸망을 선포하므로 여호와의 말씀으로 말미암아 내가 종일토록 치욕과 모욕거리가 됨이니이다. 내가 다시는 여호와를 선포하지 아니하며 그의 이름으로 말하지 아니하리라 하면 나의 마음이 불붙는 것 같아서 골수에 사무치니 답답하여 견딜 수 없나이다. 나는 무리의 비방과 사방이 두려워함을 들었나이다. 그들이 이르기를 고소하라 우리도 고소하리라 하오며 내 친한 벗도 다 내가 실족하기를 기다리며 그가 혹시 유혹을 받게 되면 우리가 그를 이기어 우리 원수를 갚자 하나이다. 그러하오나 여호와는 두려운 용사 같으시며 나와 함께하시므로 나를 박해하는 자들이 넘어지고 이기지 못할 것이오며 그들은 지혜롭게 행하지 못하므로 큰 치욕을 당하오리니 그 치욕은 길이 잊지 못할 것이니이다. 의인을 시험하사 그 폐부와 심장을 보시는 만군의 여호와여 나의 사정을 주께 아뢰었사온즉 주께서 그들에게 보복하심을 나에게 보게 하옵소서. 여호와께 노래하라. 너희는 여호와를 찬양하라. 가난한 자의 생명을 행악자의 손에서 구원하셨음이니라 (렘 20:7-13).

그는 고통이 심한 날에는 온몸에서 기력이 빠지는 것을 느꼈습니다.

그럴 때면 자기가 태어난 것조차 저주했습니다.

> 내가 태어난 날이 저주를 받았어야 했는데. 어머니가 나를 낳은 날이 복
> 된 날이 되지 말았어야 했는데 … 어찌하여 이 몸이 모태에서 나와서, 이처
> 럼 고난과 고통을 겪고, 나의 생애를 마치는 날까지 이러한 수모를 받는가!
> (렘 20:14-18, 새번역)

이렇게 하나님을 원망하고 눈물로 하소연을 하면서도, 예레미야의 마음은 더욱더 하나님과 깊이 결합했습니다. 아니, 하나님을 향하여 원망하고 눈물의 하소연을 할 수 있다는 것은, 마음속 깊이 하나님과 교류한다는 증거입니다. 사람에게는 버림받고, 사업에 실패하고, 사방에 적으로 둘러싸여도 하나님과 깊은 사귐으로 마음이 결합되어 있을 때, 예레미야에게는 생명력이 있었습니다. 불이 뼈 속에서 타는 것처럼 하나님의 말씀은 예레미야의 마음에 불타올라, 몇 번이나 침묵을 결심해도 도저히 참을 수 없었던 것입니다. 그것을 전하면 사방에서 그를 비난하고, 비웃으며, 오해하고, 박해합니다. 그는 그렇게 될 것을 알고 있습니다. 그러나 하나님의 말씀은 활화산처럼 예레미야의 마음 밑바닥에서부터 솟아올라 입에서 폭발하고 맙니다. 그래서 그는 몇 번이나 실패했습니다. 그러나 그는 결코 타산적이거나 자조적으로 현명하게 침묵을 지키는, 처세에 능한 영리한 사람이 될 수 없었습니다.

갈그미스 전투

여호야김 왕 4년(기원전 605년) 어느 날, 예레미야는 도공의 집에서 병 하나를 사서 장로와 제사장 몇을 데리고 힌놈의 골짜기로 갔습니다. 힌놈의 골짜기는 예루살렘 남쪽에 위치한 곳으로 그곳에 몰록을 위해 제사를 지내는 제단이 있었습니다. 예레미야는 손에 들었던 병을 땅에 내던졌습니다. 술병은 산산조각이 나고, 사람들은 놀랐습니다. 예레미야는 엄숙하게 선언합니다.

사람이 토기장이의 그릇을 한 번 깨뜨리면 다시 완전하게 할 수 없나니 이와 같이 내가 이 백성과 이 성읍을 무너뜨리리니(렘 19:11).

그리고 신전의 넓은 뜰에 돌아가, 같은 말로 연설을 했습니다. 이를 들은 신전의 치안장관治安長官 바스훌은 예레미야를 체포하여 구타하고 차꼬를 채워 베냐민 문에 묶어두었습니다. 다음날 풀려 나왔을 때 예레미야는 바스훌에게 말했습니다. "여호와께서 네 이름을 바스훌이라 아니하시고 마골밋사빕이라 하시느니라"(렘 20:3). 마골밋사빕은 '사방에서 오는 공포'라는 뜻입니다. "당신은 권력을 갖고 설치지만, 나는 당신의 교만한 얼굴 표정 밑에 공포가 어려 있는 것을 본다. 당신은 엄습하는 공포에 사로잡히고 당신의 운명은 다른 사람들의 공포의 원인이 되리라. 이제 바빌론 왕이 이 땅에 쳐들어와 이 성읍을 노략질하고 백성을 칼로 죽이며, 바빌론으로 강제 연행해 갈 것이다. 당신과 당신 집에 사는 사람은 모조리 포로가 되어 끌려갈 것이다."

이때 북방의 국제 정세에 대대적인 변화가 일어났습니다. 스구디아 인의 침략으로 국운이 급속도로 기울어져가던 아시리아는 기원전 607년, 즉 여호야김 왕 즉위 다음 해에 멸망하고 맙니다. 그리고 이를 대신해 신흥 세력인 바빌론이 강한 기세로 남쪽으로 세력을 확장해 나갔습니다. 그로 인해 유다는 위기감이 점차 고조되고 있었습니다. 예레미야는 북쪽에서 새로운 재앙이 다가오고 있음을 보았습니다.

전에 스구디아의 침략 위험에서 벗어날 수 있었던 것은 하나님이 유다 백성의 죄를 벌하지 않기로 하셨기 때문이 아니라, 백성이 회개하여 하나님께 돌이킬 기회와 시간을 주셨기 때문이었습니다. 그런데 그 은혜를 모르고 유다 백성은 더욱 마음이 완고해져서 하나님의 말씀을 듣지 않았던 것입니다. 이에 예레미야는 백성에게 말합니다.

요시야 왕 열셋째 해부터 오늘까지 이십삼 년 동안 여호와의 말씀이 내게 임하기로 내가 너희에게 꾸준히 일렀으나 너희가 순종하지 아니하였느니라. … 그가 이르시기를 너희는 각자의 악한 길과 악행을 버리고 돌아오라.

그리하면 나 여호와가 너희와 너희 조상들에게 영원부터 영원까지 준 그 땅에 살리라. … 너희가 내 말을 순종하지 아니하고 너희 손으로 만든 것으로써 나의 노여움을 일으켜 스스로 해하였느니라. … 이 땅과 그 주민과 사방 모든 나라를 쳐서 진멸하여 그들을 놀램과 비웃음거리가 되게 하며 땅으로 영원한 폐허가 되게 할 것이라. … 내가 그들 중에서 기뻐하는 소리와 즐거워하는 소리와 신랑의 소리와 신부의 소리와 맷돌 소리와 등불 빛이 끊어지게 하리니(렘 25:3-10).

이렇게 예레미야는 바빌론 군의 침략을 예언하기 시작했습니다.

예레미야는 바룩이라는 청년을 비서로 삼아, 23년 동안의 예언을 구술하여 두루마리에 쓰게 했습니다. 다음 해(여호야김 왕 5년, 기원전 604년) 9월, 하나님의 성전에 큰 제사가 있어 많은 백성이 모였을 때 예레미야는 바룩에게 하나님의 말씀을 낭독하게 하였습니다. 고위 관료들도 그 말을 듣고, 바룩을 불러 그 글의 낭독을 요청했습니다. 모두 다 두려워 어찌할 바를 모르고 이를 왕에게 아뢰었습니다. 여호야김 왕도 책을 가져오도록 시켜 서기관에게 읽게 하였으나, 서너 장쯤 읽었을 때 왕은 칼로 두루마리를 찢고 난롯불 속에 던져버렸습니다. 엘라단, 들라야, 그마랴 등 몇 사람이 그 두루마리를 태우지 말라고 간청하였지만, 왕은 그들의 말을 듣지 않고 오히려 예레미야를 포박하라고 명령했습니다. 그러나 정치가 중에도 하나님을 두려워하는 정의로운 인사가 있었습니다. 그는 한발 앞서 바룩에게 상황을 알려 예레미야와 함께 피신시켰습니다. 왕의 군사들은 그들이 숨은 곳을 찾아낼 수 없었습니다. 예레미야는 애써 필기한 두루마리가 불타버렸음에도 굴복하지 않았습니다. 다시 바룩에게 구술하여 쓰게 하고, 새로운 내용을 추가해 이전보다 더 큰 두루

마리를 만들었습니다. 이것이 오늘날까지 전해져 내려오는 예레미야의 예언서입니다.

그해에 바빌론의 대군은 태자 느브갓네살의 지휘 아래 남침을 강행했습니다. 이집트 군을 갈그미스 전투에서 격파함으로써 팔레스타인 일대의 땅은 바빌론의 패권 아래 들어갔습니다. 큰일입니다. 유다가 바빌론 군의 침입을 받을 위험에 직접 노출된 것입니다. 그런데 마침 그때 바빌론의 왕 나보폴라사르Nabopolassar가 본국에서 죽었기 때문에 느브갓네살은 왕위에 오르기 위해 갑작스럽게 귀국했습니다. 이번에도 유다는 외국 군대의 침략을 간신히 모면했습니다. 예레미야가 예언한 남침의 위험에서 벗어난 것입니다.

또다시 예레미야가 크게 실패했습니다. 그는 백성의 손가락질과 저주를 받았습니다. 그는 하나님의 말씀을 듣고 전했을 뿐입니다. 그런데도 예언은 실현되지 않았습니다. 그는 치욕을 받을 만큼 받았습니다. 어떤 일이 있더라도 예레미야는 하나님을 떠나지 않았지만 한탄할 수밖에 없었습니다.

아! 어머니 원통합니다. 왜 나를 낳으셨습니까? 온 세상이 다 나에게 시비를 걸어오고, 싸움을 걸어옵니다. 나는 아무에게도 빚을 진 일도 없고, 빚을 준 일도 없는데, 모든 사람이 다 나를 저주합니다(렘 15:10, 새번역).

온 나라의 사람들에게 버림받아 그는 완전히 고립무원, 외톨이 신세가 되어버렸습니다. 그런데 하나님은 예레미야에게 이렇게 대답하십니다.

내가 분명히 너를 강하게 해주고, 네가 복을 누리게 하겠다. 네 원수가 재앙을 당하여 궁지에 빠질 때에, 그가 너를 찾아와서 간청하게 하겠다 (렘 15:11, 새번역).

"지금 너를 괴롭히는 것은 네가 유익을 얻게 하기 위해서다. 나중에 고난과 재앙이 이 백성에게 임할 때가 올 것이다. 그때 백성은 네가 진리에 섰던 것을 인정하고, 네게 와서 지혜를 구한다"는 것입니다. 예레미야는 계속하여 술회합니다.

주님, 주님께서는 저를 아시니, 저를 잊지 말고 돌보아주십시오. 저를 핍박하는 사람들에게 원수를 갚아주십시오! 주님께서 진노를 오래 참으시다가 그만, 저를 잡혀 죽게 하시는 일은 없게 하여주십시오. 제가 주님 때문에 이렇게 수모를 당하는 줄을, 주님께서 알아주십시오. 만군의 주 하나님, 저는 주님의 이름으로 불리는 사람입니다. 주님께서 저에게 말씀을 주셨을 때에, 저는 그 말씀을 받아먹었습니다. 주님의 말씀은 저에게 기쁨이 되었고, 제 마음에 즐거움이 되었습니다. 저는, 웃으며 떠들어대는 사람들과 함께 어울려 즐거워하지도 않습니다. 주님께서 채우신 분노를 가득 안은 채로, 주님의 손에 붙들려 외롭게 앉아 있습니다. 어찌하여 저의 고통은 그치지 않습니까? 어찌하여 저의 상처는 낫지 않습니까? 주님께서는, 흐르다가도 마르고 마르다가도 흐르는 여름철의 시냇물처럼, 도무지 믿을 수 없는 분이 되셨습니다 (렘 15:15-18, 새번역).

하나님은 이렇게 대답하셨습니다.

네가 만일 돌아오면 내가 너를 다시 이끌어 내 앞에 세울 것이며 네가 만일 헛된 것을 버리고 귀한 것을 말한다면 너는 나의 입이 될 것이라. 그들은 네게로 돌아오려니와 너는 그들에게로 돌아가지 말지니라. 내가 너로 이 백성 앞에 견고한 놋 성벽이 되게 하리니 그들이 너를 칠지라도 이기지 못할 것은 내가 너와 함께하여 너를 구하여 건짐이라. 여호와의 말씀이니라. 내가 너를 악한 자의 손에서 건지며 무서운 자의 손에서 구원하리라 (렘 15:19-21).

간절한 예레미야의 호소에 하나님은 달콤한 말로 답하지 않으셨습니다. "네가 기가 죽어 그 사명을 버리고 하나님 곁을 떠나면, 가는 대로 맡기겠다. 그러나 한탄을 멈추고 용기를 되찾아 하나님 곁에 돌아오면, 하나님은 너를 돌아오게 하여, 하나님의 대변자가 되게 하리라.

예레미야여, 예언자의 임무가 아무리 쓰라려도, 너는 네 자리를 버리고 백성에게 돌아가, 권력에 아첨하고, 여론과 타협해서는 안 된다. 백성이야말로 너에게 돌아와 네 말이 진리인 것을 깨닫고, 네 말을 듣고 따라야 한다. 너는 하나님께 돌아와라. 백성에게 돌아가지 마라. 고독을 걱정하지 마라. 백성이 모두 너를 적대할지라도, 너를 이길 수 없다. 하나님이 너와 함께 계시기 때문에 너는 혼자서 능히 천만 명을 당할 수 있다. 네가 하나님의 진리 편에 설 때 청동으로 만든 성벽과 같이 견고할 수 있다."

"용사는 혼자 설 때 가장 강하다." 이것은 독일 시인 실러Johann Christoph Friedrich von Schiller의 말이지만, 인간적으로 약한 고백을 한 예레미야도 하나님이 함께하신다는 신념을 다시 회복했을 때, 난공불락의 금성철벽이 되었습니다.

예루살렘 함락

갈그미스의 싸움이 있은 뒤(기원전 605년), 유다는 바빌론 정치 세력의 지배를 받게 되었습니다. 기원전 601년 무렵부터 여호야김 왕은 바빌론 왕 느브갓네살에게 신하의 예를 갖추어 조공을 보냈습니다. 그런데 여호야김 왕이 기원전 598년에 반란을 일으켰습니다. 그러자 바빌론은 즉시 군대를 보내 예루살렘을 포위했습니다. 그 전투 중에 여호야김은 죽고, 그의 아들 여호야긴이 왕위에 올랐습니다. 그러나 그가 왕이 된 지 불과 3개월 만에 예루살렘은 함락되고 말았습니다. 바빌론 군은 여호야긴 왕을 비롯하여 백성 중에서 핵심이 되는 우수한 인력 1만 명을 포로로 잡아 바빌론으로 끌고 갔습니다. 그리고 여호야긴의 숙부 시드기야를 유다의 왕으로 세웠습니다. 이것이 기원전 597년의 일입니다.

무서운 남침의 예언이 드디어 실현된 것입니다. 백성 중에서 우수한 사람들은 전부 포로로 잡혀가고, 썩은 무화과같이 하찮은 사람들만 남았습니다. 정치 경험이 없는 벼락 출세자, 잔머리를 굴리고 시야는 좁은 거짓 애국자들이 백성을 지도하는 지위에 올랐습니다. 그 가운데에서 예레미야의 삶은 더욱 힘들어질 수밖에 없었습니다.

　어떤 사람들은 그를 중상모략했습니다. 예레미야가 이 재난이 오기를 바라고 있었다고 말입니다. 이 무슨 실례의 말입니까? 예레미야는 북쪽에서 남침이 있을 거라고 외쳤습니다. 그것은 재난이 오기를 원했기 때문이 아니라, 오지 않기를 원했기 때문입니다. 그래서 백성에게 악한 길과 악한 행위를 떠나라고 외쳤던 것입니다. 그들의 참소와는 정반대로 예레미야는 참 애국심에 불타, 하나님의 진리에 서서 정확하게 사태를 인식하고 백성에게 경고했던 것입니다. 하지만 그들은 예레미야가 조국에 재난의 날이 오기를 바란 매국노이며 국가의 적이라고 비난합니다. 순수한 진리가 무엇인지 분별하는 감각을 잃어버린 사람은 의인의 말을 비틀어 해석하고, 그 심정을 그릇 짚어 이렇게 모함합니다. 의와 불의, 애국과 비애국의 식별이 완전히 뒤바뀌는 것입니다. 예레미야는 하나님께 호소했습니다.

나는 목자의 직분에서 물러가지 아니하고 주를 따랐사오며 재앙의 날도 내가 원하지 아니하였음을 주께서 아시는 바라. 내 입술에서 나온 것이 주의 목전에 있나이다. 주는 내게 두려움이 되지 마옵소서. 재앙의 날에 주는 나의 피난처시니이다. 나를 박해하는 자로 치욕을 당하게 하시고 나로 치욕을 당하게 마옵소서. 그들은 놀라게 하시고 나는 놀라게 하지 마시옵소서. 재앙의 날을 그들에게 임하게 하시며 배나 되는 멸망으로 그들을 멸하소서 (렘 17:16-18).

예레미야에게는 바빌론 군대의 남침 예언이 실현된 것만큼 슬픈 일이 없었습니다. 그런데 유다의 백성은 예레미야의 심정을 전혀 이해하려 하지 않았습니다. 마치 예레미야가 국난이 오기를 바라기라도 한 듯 그를 모함하고 매국노 취급을 하고 냉대했습니다. 그것은 실로 뜻밖의 일이었습니다. 예레미야는 오직 하나님만은 그의 마음과 그가 전한 말을 알아주시리라고 믿었습니다. 이런 믿음은 그가 이 일을 할 수 있게 해주는 유일한 힘이었습니다.

예루살렘이 함락되고 왕과 백성이 포로로 잡혀가는 상황은 유다에게는 큰 굴욕이었습니다. 시드기야 왕과 남은 백성들은 어떻게 하면 바빌론의 굴레를 벗어날 수 있을지 초조해했습니다. 거짓 예언자들은 머지않아 이 굴욕을 벗어버리고, 포로로 잡힌 백성들이 곧 귀환하리라는 듣기 좋은 말만 했습니다. 이와 같이 무책임하게 허풍을 떠는 사람이 애국자 행세를 했던 것입니다.

그러나 단 한 사람 예레미야만 상황을 보는 안목이 달랐습니다. 유다는 참으로 큰 국가적 치욕에 직면했습니다. 그러나 이러한 치욕은 결코 이유 없이 임한 것이 아니었습니다. 백성이 하나님의 경고를 듣지 않고, 악한 길과 악한 행위를 떠나지 않았기 때문에 하나님이 내리신 벌입니다. 하나님이 지워주신 멍에이므로 아무리 큰 굴욕이라도 순종하고 멍에를 짊어져야 합니다. 벌을 받아야 합니다. 그것이 백성이 사는 길입니다. 이 경우 바빌론에 대한 복종은 하나님의 뜻에 대한 복종이었습니다. 하나님이 정하신 때가 올 때까지는, 아무리 초조해도 이 굴레를 벗어날 수가 없습니다. 경거망동해 반항적인 행동을 하면 할수록 사태는 악화되고 멍에는 더 무거워질 것입니다. 금방 이 멍에를 떨쳐버릴 수 있을 것처럼 말하는 사람은 거짓 예언자이고 거짓 애국자일 뿐입니다. 매우 용감한 말처럼 들리지만 그들이 진정으로 나라를 사랑해서 그런 말을 하는 것은 아닙니다. 그들은 하나님의 뜻을 따르지 않고 자기 생각과 뜻에서 공허한 낙관론을 말하며, 백성에게 아첨하고 백성을 미혹시키는 사람들입니다. 예레미야는 바빌론 포로 생활이 70년간 계속될 것이라고 믿었기 때문에 바빌론에 포로로 끌려간 백성들에게 편지를 보내, 그곳에 마음을 붙이고 그 땅에 정착하며 집을 짓고 밭을 갈며 아내를 맞고 자녀를 낳으라고 권했습니다.

예루살렘에 남은 백성들에게 똑같은 예언을 해주기 위하여, 예레미야는 멍에와 줄을 자기 목에 걸고 백성들 앞에 나타났습니다. 그리고 이와 같이 바빌론 왕의 멍에를 메고 그 지배에 복종하지 않는 나라와 백성은 완전히 멸망할 것이라고 타일렀습니다.

예레미야의 말과 행동을 듣고 본 하나냐라는 거짓 예언자는 제사장들과 모든 백성들이 보는 앞에서 예레미야의 목에서 그 멍에를 벗겨 땅에 내동댕이쳐 부수고, "2년 안에 이와 같이 만국의 백성 목에서 바빌론 왕의 멍에는 벗겨지고 부서질 것이라"고 외쳤습니다. 예레미야는 잠자코 그곳을 떠났습니다. 하나냐의 권위가 예레미야를 압도한 것 같았습니다. 그러나 그는 다시 하나냐 앞에 나타나 말했습니다. "당신은 나무 멍에를 부수었으나, 하나님은 그 대신 쇠 멍에를 이 백성의 목에 걸고, 바빌론 왕 느브갓네살을 섬기게 할 것"이라고 말했습니다. 또 "하나냐여, 들으라. 주가 당신을 보내신 것이 아니다. 당신은 이 백성에게 허위를 믿게 했다. 당신은 주를 거스르도록 가르치므로 올해 안으로 죽을 것이다"라고 말했습니다. 과연 두 달 뒤, 하나냐는 죽고 말았습니다.

"바빌론 왕을 배반하는 것은 하나님을 배반하는 것이다. 바빌론의 지배는 하나님의 뜻이기 때문에 이에 복종하지 않으면 나라에 더 한층 어려움이 임할 것이다. 하나님이 지우시는 고난을 자기 힘으로 뿌리치려 허우적거려서는 안 된다. 정해진 구원의 때를 믿음으로 기다려야 한다" 고 예레미야는 입이 아프도록 외쳤지만, 왕도 정치인들도 제사장들도 백성들도 전혀 귀를 기울이지 않았습니다. 드디어 기원전 588년 10월 시드기야 왕은 바빌론을 배반했습니다. 바빌론 군은 즉시 유다를 쳐들 어와서 다시 예루살렘을 에워쌌습니다. 그 포위 속에서 예레미야는 다 시 백성들에게 말했습니다.

보라, 내가 너희 앞에 생명의 길과 사망의 길을 두었노라. … 이 성읍에 사는 자는 칼과 기근과 전염병에 죽으려니와 너희를 에워싼 갈대아인에게 나가 서 항복하는 자는 살 것이나 그의 목숨은 전리품같이 되리라 (렘 21:8-9).

즉시 투항하라고 권고한 것입니다. "농성하는 자는 칼과 기근과 전염 병으로 멸망할 것이다. 나와서 항복하는 것이 생명의 길이라"고 말했습 니다. 이 말은 백성들의 사기를 심히 떨어뜨렸습니다. 사람들은 예레미 야를 잡아 왕궁의 감옥에 가두었습니다.

그러는 동안 이집트 군이 북상한다는 소식을 듣고, 바빌론 군은 예루살 렘의 포위를 풀었습니다. 왕과 백성은 호랑이 입에서 벗어난 심정이었지 만, 그것도 잠시의 기쁨일 뿐이었습니다. 얼마 지나지 않아 이집트 군은 자기 나라로 돌아가고 예루살렘은 다시 바빌론 군대에 포위되었습니다.

이렇게 한동안 포위가 풀렸을 때, 예레미야는 토지 상속에 관한 개인 적인 볼일로 고향 아나돗으로 돌아가야 했습니다. 돌아가는 길에 예루 살렘의 북문인 베냐민의 문에 왔을 때, 문지기가 그를 잡고 "당신은 바 빌론 군대에 항복하러 가는 길이 아니냐?" 하고 따졌습니다. 예레미야

는 항변했지만, 그는 예레미야의 말을 들어주지 않았습니다. 예레미야
는 그대로 관리들에게 끌려가 매질을 당한 뒤, 서기관 요나단의 집 토굴
에 감금되었습니다. 그곳에서 여러 날이 지난 뒤 시드기야 왕은 몰래 그
를 소환했습니다. 그리고 "하나님이 주시는 말이 있는가?" 하고 물었습
니다. 예레미야는 이렇게 대답했습니다. "당신은 바빌론 왕의 손에 넘겨
질 것입니다." 또 이렇게 말했습니다. "내가 무슨 죄가 있기에 당신들은
나를 감옥에 가두는 것입니까? 바빌론 왕은 이 땅에 쳐들어오지 않으리
라고 말하던 당신들의 예언자는 지금 어디 있습니까?" 그리고 왕에게
요나단의 토굴에 돌려보내지 말아달라고 요청했습니다. 토굴 생활은 그
에게 거의 죽음과도 같은 고통을 주었던 것입니다. 왕은 예레미야의 소
청을 받아들여 왕궁의 옥에 그를 가두었습니다.

　그러나 관리들은 예레미야를 미워하고, 그의 예언은 군인과 백성의
사기를 저하시키니 사형에 처하라고 왕에게 요구했습니다. 의지가 강
하지 않은 시드기야 왕은 신하들의 요구를 누를 힘이 없었습니다. 왕은
"그대들을 반대할 능력이 없도다"라고 말하며, 예레미야의 처리를 방백
들에게 맡겼습니다. 그러자 그들은 감옥의 뜰에 있는 빈 우물 속에 예레
미야를 매달아 내렸습니다. 그 우물에는 물이 없고, 밑바닥은 진흙이었
습니다. 예레미야는 질벅거리는 진흙 속에 잠겼습니다. 이제는 예레미
야를 옹호할 단 한 사람의 정의로운 정치가도 없었습니다. 왕은 우유부
단하고, 남은 정치가들은 찌꺼기 관료들뿐이고, 제사장과 예언자는 허
위에 차 있습니다. 예레미야는 빈 우물의 진흙 속에 묻혀 죽음을 기다릴
뿐이었습니다. 그때 왕의 후궁을 섬기는 환관 중의 한 사람, 에티오피아
사람 에벳멜렉이 이 사실을 알고, 왕에게 간청하여 예레미야를 우물에
서 건져냈습니다. 예레미야는 또다시 감옥으로 돌아와 갇혔습니다.

바빌론 군의 예루살렘 포위는 2년 반이나 계속되었습니다. 성안에는 식량이 떨어지고 전염병이 돌았습니다. 시드기야 왕은 마음이 편안하지 않았습니다. 그는 다시 사람을 보내어 예레미야를 불러내서 친히 하나님의 말씀을 물었습니다. 예레미야의 답은 전과 다름없었습니다.

네가 만일 나가서 바벨론의 왕의 고관들에게 항복하지 아니하면 이 성이 갈대아인의 손에 넘어가리니 그들이 이 성을 불사를 것이며 너는 그들의 손을 벗어나지 못하리라 하셨나이다 (렘 38:18).

하나님의 말씀은 한결같이 명료하고 의심의 여지가 없습니다. 그러나 시드기야 왕은 예레미야의 의견을 참고는 하되, 따르려고 하지는 않았습니다. 그에게는 신앙이 없었습니다. 그래서 결단을 내리지 못했습니다. 나와서 항복하자니 세상의 비난이 두렵고 자기 체면이 맘에 걸립니다. 그는 하나님의 말씀을 믿고 따르려는 용기와 명철과 결단이 없었습니다. 좌고우면하며 머뭇거리기만 하다가 결국 자신뿐만 아니라 나라까지 멸망하게 했습니다.

시드기야 왕 11년(기원전 586년) 4월 9일에 예루살렘은 함락되었습니다. 바빌론 군은 돌담을 파괴하고, 불을 질러 왕궁과 민가를 모두 태웠습니다. 시드기야 왕과 왕자들, 귀족들을 체포해 왕의 면전에서 그 아들들을 살육하고, 왕의 눈을 빼고 쇠사슬로 맨 뒤 바빌론으로 끌고 갔으며, 모든 귀족들을 죽였습니다. 극도로 가난한 무산자들만 남겨둔 채 모든 백성을 바빌론으로 강제로 끌고 갔습니다. 이것이 제2차 바빌론 유수幽囚였습니다. 결국 유다는 역사상 유례없는 비참한 멸망을 맞이하고 말았습니다.

예레미야의 만년

바빌론 군의 사령관은 아히감의 아들 그다랴를 유다의 총독으로 임명하고, 유다에 남아 있는 백성을 다스리게 하였습니다. 예루살렘은 잿더미가 되었기 때문에, 그다랴는 미스바에 새 정부를 세웠습니다.

예루살렘이 함락당했을 때 예레미야는 아직 왕궁의 옥사에 감금되어 있었지만, 바빌론 군은 그를 석방해 정중히 대우하고, 바빌론으로 이주하든지 유대 땅에 잔류하든지 그가 선택하게 했습니다. 예레미야는 황폐한 조국에 남아 가난한 백성과 운명을 같이하기로 작정하고, 그다랴가 있는 미스바로 갔습니다. 그다랴는 전에 그를 도운 아히감의 아들이기 때문에, 정이 두터운 예레미야는 이 젊은 총독을 도와줄 생각도 있었던 것 같습니다.

예레미야는 왕과 백성에게는 나가서 바빌론에게 항복하기를 권했습니다. 전에 바빌론으로 끌려간 동포에게는 그 땅에 침착하게 자리 잡아 정착할 것을 권했습니다. 그러나 그는 앞장서서 바빌론으로 달려가, 자기 한 몸의 안위와 편안함을 구하는 이기적인 인물이 아니었습니다. 그는 백성 중에서 가난한 사람, 비천한 사람, 무력한 사람 등, 최후의 한 사람과 운명을 같이하기로 결심했습니다. 매국노, 국가의 적, 평화주의자, 반군反軍 사상가로 사람들에게 욕먹고 박해를 받았던 예레미야야말로 마지막까지 사심 없이 순정을 바친 참 애국자였던 것입니다.

총독 그다랴는 예레미야의 도움을 받아 사회의 질서를 회복하는 일에 착수했습니다. 그런데 왕족 중 하나였던 이스마엘이라는 경솔한 사람이 부하 몇과 쿠데타를 공모해 그다랴를 죽이고 정권을 장악하려 했습니다. 그러나 그런 후에는 바빌론 군의 보복이 두려워 미스바에 있던 백성들을 포로로 사로잡아, 동쪽 암몬 사람의 땅으로 도망갔습니다. 그 포로 중에는 노년의 예레미야도 섞여 있었으리라 추측됩니다. 그러나 그다랴의 동지인 요하난과 그 군대가 이스마엘을 추격해 모든 포로를 되찾아 돌아왔습니다.

이스마엘의 폭거는 유다의 정치 질서 재건의 희망을 파괴했습니다. 바빌론이 세운 총독을 죽였기 때문에, 바빌론 군대에게 심한 보복을 당할 거라고 두려워했습니다. 그래서 남은 백성들은 이집트로 도피할 생각으로 베들레헴 부근까지 왔습니다. 그때 지도자인 요하난을 비롯해 백성의 큰 사람부터 작은 사람까지 모두 예레미야에게 와서 앞으로 어떻게 해야 좋을지 방침과 행동에 대해 조언을 구했습니다.

열흘 동안 심사숙고한 예레미야에게 하나님의 말씀이 임했습니다.

너희는 너희가 두려워하는 바벨론의 왕을 겁내지 말라. 내가 너희와 함께 있어 너희를 구원하며 그의 손에서 너희를 건지리니 두려워하지 말라. 내가 너희를 불쌍히 여기리니 그도 너희를 불쌍히 여겨 너희를 너희 본향으로 돌려보내리라 하셨느니라. 그러나 만일 너희가 너희 하나님 여호와의 말씀을 복종하지 아니하고 말하기를 우리는 이 땅에 살지 아니하리라 하며 또 너희가 말하기를 아니라 우리는 전쟁도 보이지 아니하며 나팔 소리도 들리지 아니하며 양식의 궁핍도 당하지 아니하는 애굽 땅으로 들어가 살리라 하면 잘못되리라. 너희 유다의 남은 자여 이제 여호와의 말씀을 들으라. 만군의 여호와 이스라엘의 하나님께서 이와 같이 말씀하시되 너희가 만일 애굽에 들어가서 거기에 살기로 고집하면 너희가 두려워하는 칼이 애굽 땅으로 따라가서 너희에게 미칠 것이요, 너희가 두려워하는 기근이 애굽으로 급히 따라가서 너희에게 임하리니 너희가 거기에서 죽을 것이라. 무릇 애굽으로 들어가서 거기에 머물러 살기로 고집하는 모든 사람은 이와 같이 되리니 곧 칼과 기근과 전염병에 죽을 것인즉 내가 그들에게 내리는 재난을 벗어나서 남을 자 없으리라(렘 42:11-17).

"가까운 장래에(예레미야는 이것을 70년으로 보았습니다) 우리 민족은 바빌론에서 해방된다. 바빌론은 하나님이 세우신 세력이다." 이 경우 바빌론에 복종하는 사람은 하나님께 복종하는 사람이라는 것이 예레미야의 일관된 신념이었습니다. 그 뒤 역사는 예레미야의 예언과 같이 흘러갔습니다. 순수한 신앙을 가진 맑은 사람은 복잡한 정치 정세 속에서도 그것이 움직이는 방향을 꿰뚫어봅니다. 이와 반대로 마음이 불순한 사람은 온갖 욕망이나 타산에 물들어 역사의 움직임을 잘못 짚고 아집으로 일을 강행하려 합니다. 그래서 한층 더 큰 혼란을 겪고 멸망하는 것입니다. 신앙은 사물을 똑똑히 살피는 기초입니다.

예레미야의 충고에도 불구하고, 백성들은 두려워하지 말아야 할 사람을 두려워하고, 의지하지 말아야 할 대상을 의지했습니다. 그들은 이집트 이주에 대한 생각을 버리지 않고, 국경을 넘어 다바네스에 도착했습니다. 예레미야 또한 그 일행 가운데 섞여 있었습니다. 다바네스에는 이집트 왕의 궁전이 있습니다. 예레미야는 사람들이 보는 앞에서 큰 돌을 굴려와, 이 궁의 입구 옆에 있는 흙 속에 돌을 묻고 백성에게 고하였습니다.

내가 내 종 바벨론의 느부갓네살 왕을 불러오리니 그가 그의 왕좌를 내가 감추게 한 이 돌들 위에 놓고 또 그 화려한 큰 장막을 그 위에 치리라. 그가 와서 애굽 땅을 치고 죽일 자는 죽이고 사로잡을 자는 사로잡고 칼로 칠 자는 칼로 칠 것이라. 내가 애굽 신들의 신당들을 불지르리라(렘 41:11-13).

이집트에 이주한 백성 사이에는 육욕적肉慾的인 우상숭배가 굉장히 성행했습니다. 바빌론 왕의 보복이 두려워 이집트의 안전지대로 피신한 백성들이 한숨 돌리게 되자 마음이 풀어질 대로 풀어졌기 때문입니다. 재앙 뒤에는 반동적으로 향락의 정신이 깃들게 됩니다. 이것을 본 예레미야는 다시 소리를 높여 신앙의 순수성을 외치지 않을 수 없었습니다.

나는 나의 종 예언자들을 너희에게 모두 보내고, 또 거듭하여 보내면서 경고하였다. 제발 이렇게 역겨운 일을 하지 말라고 하였다. 그것은 내가 미워하는 일이라고 하였다. 그런데도 그들은 듣지 않고, 귀를 기울이지 않았다. 그들은 여전히 다른 신들에게 제물을 살라 바치면서, 악에서 돌아서지 않았다. 그래서 내가 나의 타오르는 분노를 퍼부어서, 유다의 성읍들과 예루살렘의 거리들을 불태웠고, 그래서 그곳들이 모두 오늘날과 같이 폐허와

황무지로 바뀌어버렸다. 그러므로 이제, 만군의 하나님이며 이스라엘의 하나님인 나 주가 말한다. 어찌하여 너희는 그렇게 큰 악을 행하여, 너희 자신을 해치고 있느냐? 너희는 유다 백성 가운데서 남자와 여자와 어린아이와 젖먹이들까지 다 죽게 하여서, 너희 가운데 살아남는 사람이 아무도 없게 할 작정이냐? 너희는 왜 너희 손으로 만든 우상으로 나를 노하게 하며, 너희가 머물려고 들어간 이집트 땅에서까지 다른 신들에게 제물을 살라 바쳐서 너희 자신을 멸절시키며, 세상 만민에게 저주와 조롱의 대상이 되려고 하느냐?(렘 44:4-9, 새번역)

백성 중의 부녀자들은 대담했습니다.

우리는 우리의 입으로 맹세한 대로 할 것이오. 우리와 우리 조상과 우리 왕들과 우리 고관들이 유다 성읍들과 예루살렘 거리에서 하던 대로, 우리도 하늘 여신에게 제물을 살라 바치고, 그에게 술 제물을 바치겠소. 하늘 여신을 섬길 때에는 우리에게 먹을 양식이 풍족하였고, 우리가 잘살았으며, 재앙을 만나지도 않았는데, 우리가 하늘 여신에게 제물을 살라 바치는 일을 그치고 그에게 술 제물 바치는 일을 그친 뒤부터는, 우리에게 모든 것이 부족하게 되었고, 우리는 전쟁과 기근으로 죽게 되었소(렘 44:17-18, 새번역).

부녀자들의 남편들도 이를 지지하여 예레미야에게 반항했습니다. 이에 예레미야는 이렇게 하나님의 말씀을 전했습니다.

너희와 너희 아내들은 입으로 서약한 것은 꼭 실천하는 자들이다. 너희는 서약한 그대로 하고야 말겠다고 했고, 너희는 하늘 여신에게 제물을 살라 바치고, 또 그에게 술 제물을 바치겠다고 했으니, 너희의 서약을 지킬 테면 지키고, 너희의 서약을 실천할 테면 해보려무나. … 이제는 내가, 그들을 지켜보겠다. 복을 내리려고 지켜보는 것이 아니라 재앙을 내리려고 지켜보겠다. 그래서 이집트 땅에 있는 모든 유다 사람이 멸종될 때까지, 전쟁과 기근으로 그들을 죽이겠다(렘 44:25-27, 새번역).

이로부터 18년 뒤, 기원전 568년에 바빌론 왕 느부갓네살은 이집트에 쳐들어와 이집트 군을 격파했습니다. 그는 다바네스의 돌 위에 그 옥좌를 놓았을지도 모릅니다. 그러나 그때 예레미야는 이미 땅 위에 살아 있지 않았으리라 여겨집니다.

백성들은 이집트를 의지하는 것과 이집트 이주 정책을 극력 반대한 예레미야를 억지로 끌고 왔고, 그의 예언을 비웃었습니다. 40년의 긴 세월 동안 참으로 자기 백성을 사랑하고 신앙의 순수성을 지켜야 한다고 말해오던 늙은 예언자에 대한 백성의 보답은 이것이었습니다. 예레미야가 어떻게 최후를 맞이했는지는 알 수 없습니다. 순교의 죽음을 맞았다는 전설도 있습니다. 죽임을 당했든지, 그렇지 않든지 큰 차이가 없습니다. 그의 생애 자체가 순교였으니까요.

예레미야의 성격

예레미야는 '슬픔의 예언자'로 불립니다. 그의 전 생애가 슬픔이
었습니다. 만일 사업의 성공과 실패로 인생의 가치를 정한다면, 예레미
야의 일생은 완전한 실패였습니다. 그러나 예레미야의 슬픔은 단순히
환경의 비참함에 그치지 않습니다. 그는 예언자로 소명을 받고 처음으
로 "재앙이 북쪽에서 온다"는 음성을 들은 후, 스구디아 인의 침략을 예
언했지만 그 예언은 실현되지 않았습니다. 그 결과 백성들의 반감을 사
고 비웃음을 당했습니다. 그러나 스구디아 인보다 더 무서운 나라의 남
침이 그 뒤에 준비되고 있었습니다. 예레미야의 경고를 비웃고 악의 길
을 떠나지 않았던 유다 백성은 작은 화를 면한 대신 더 큰 화를 당하게
되었습니다. 드디어 "재앙이 북쪽에서 온다"는 예언은 예레미야 자신도
예상하지 못했던 엄청난 규모, 또한 심각한 형태로 실현되었습니다. 나
라가 망하고 대부분의 백성이 강제로 포로로 잡혀갔습니다. 바빌론 유

수는 역사상 유례없이 비참한 사건입니다. 예레미야는 자신의 말에 귀 기울이지 않고 오히려 자신을 탄압하고 박해하며 스스로 재앙을 초래한 왕과 백성의 몰락을 직접 목격해야만 했습니다. 그는 자신의 예언이 성취된 것에 자기만족을 느낄 만큼 소인배는 아닙니다. 그의 예언이 성취되지 않을 수 없었던 상황 그 자체가 그에게는 가장 큰 슬픔이었습니다.

언제라고 연대는 특정할 수 없지만, 큰 가뭄이 있던 해에 예레미야에게 하나님의 말씀이 임했습니다. 귀족들은 종을 보내 마실 물을 구하게 했지만 비가 내리지 않아 우물에는 물이 없고 땅은 쩍쩍 갈라졌습니다. 농부는 어찌할 바를 몰라 머리를 싸맸습니다. 들에도 산에도 풀이 없어 암사슴은 새끼를 유기하고, 야생 노새는 들개처럼 허덕이는 상태였습니다. 예레미야는 하나님의 연민에 호소하며 백성을 위해 구원을 빌었습니다. 그때 하나님은 이렇게 대답하셨습니다.

너는 이 백성을 위하여 복을 구하지 말라. 그들이 금식할지라도 내가 그 부르짖음을 듣지 아니하겠고 번제와 소제를 드릴지라도 내가 그것을 받지 아니할 뿐 아니라 칼과 기근과 전염병으로 내가 그들을 멸하리라(렘 14:11- 12).

백성을 위해 은혜를 비는 것이 예레미야의 본심이고, 재앙을 예언하는 것은 그가 가장 원하지 않는 일이었습니다. 그렇지만 하나님의 의는 굽힐 수 없습니다. 유다 백성이 악한 행위를 버리고 바른길로 돌아서지 않으면, 아무리 기도하고 단식해도 가뭄 뒤에 칼과 기근과 전염병의 재앙을 벗어날 수 없습니다. 예레미야는 자신의 희망과는 반대로, 이 무서운 예언을 전해야 했던 것입니다.

그러나 유다 백성은 극심한 가뭄을 만나도 하나님을 두려워하는 마음을 갖지 않았고, 거짓 예언자들은 여론에 아첨하면서 "칼은 오지 않는다. 기근은 오지 않는다. 이 나라에는 확실한 평안이 있다"고 말했습니다. 오직 예레미야 한 사람만 그런 분위기에 저항하며 외쳤습니다. "칼과 기근이 이 땅에 임하지 않으리라고 예언하는 거짓 예언자들과 그들의 예언을 받은 백성들은 기근과 칼로 예루살렘의 거리에 내던져질 것이다. 그들을 장사 지낼 사람도 없을 것이다. 내 백성의 죄 때문에 그들에게 큰 멸망이 임하리라. 밭에 나갈 때 칼로 죽는 사람이 있고, 성읍으로 들어올 때 기근으로 괴로워하는 사람이 있을 것이다. 제사장도 예언자도 모두 그 땅에서 헤맬 것이다. 전염병에 죽기로 정해진 사람은 전염병에 이르고, 칼에 죽기로 정해진 사람은 칼에 이르고, 기근에 죽기로 정해진 사람은 기근에 이르고, 포로로 끌려가기로 정해진 사람은 포로에 이르리라."

예루살렘의 멸망이 이미 현실로 다가온 것처럼 예레미야의 눈앞에 떠오르자, 그의 눈은 밤낮 쉴 새 없이 눈물을 흘렸고, 입으로는 계속해서 경고의 예언을 했습니다. 그런데 가뭄이 지난 후 비가 내렸습니다. 믿을 수 없는 낙관론을 펼치며 백성에게 아첨하던 거짓 예언자들이 승리한 것처럼 보였습니다. 그러나 잠시 그렇게 보였을 뿐입니다. 몇 해 뒤 바빌론 군은 예루살렘을 두 차례나 공격했습니다. 여호야김 왕 때에는 1년, 시드기야 왕 때는 2년 반 동안 성을 포위하여 공격했습니다. 바빌론 군의 포위공격은 양식을 공급할 길마저 끊어버렸습니다. 온 성안이 피폐해지고 백성의 힘이 완전히 빠져 있을 때, 한꺼번에 무찌르기 위한 전략이었습니다. 심한 전염병과 기근이 닥쳐 백성들은 이미 기진맥진

한 상태였고 성은 아주 쉽게 함락되었습니다. 그 뒤 성안에서는 무서운 학살과 납치가 자행되었습니다. 예레미야의 예언은 무서울 만큼 그대로 실현되었습니다. 그러나 그것이 실현되었다는 것 자체가 그에게는 가장 슬픈 일이었습니다.

예레미야가 자신의 삶을 걸고 부르짖었던 이유는 백성의 신앙과 정치와 도덕이 바른길로 돌아서기를 바랐기 때문이었습니다. 그 일이 이루어지지 않으면, 그의 생애의 사업은 실패입니다. 그리고 그의 생애는 참으로 암담한 실패로 끝났습니다. 40년이란 오랜 세월 동안, 그는 예언자의 임무에서 물러서지 않았습니다. 고군분투하며 격류에 저항하면서 정의의 소리를 높였습니다. 그러나 유다 백성은 바른길로 돌아서지 않고 마침내 스스로 멸망을 초래하고 맙니다.

예레미야는 천성이 유하고 순진해서 사람들과 잘 어울리고 교제하는 걸 기뻐하는 청년이었습니다. 그는 결코 천성적으로 사람들을 싫어하는 기인은 아니었습니다. 그러나 젊어서 예언자의 소명을 받은 이후 그의 마음에 점점 쓰디쓴 것이 고였습니다. 그가 순수한 마음으로 진리를 말하면, 백성들은 그를 조롱하고 증오했습니다. 예언이 이루어지지 않는 경험을 하게 되면, 하나님이 자신을 속이지 않았나 하는 의심이 생길 수밖에 없습니다. 예레미야의 마음에 쓴 찌꺼기가 켜를 이루어 쌓이고, 그곳에서 슬픔과 눈물, 분노와 불평이 폭발했습니다. 그는 결혼하지 않고, 장례식과 연회를 피하고, 웃고 떠드는 사람을 떠나 외톨이가 되었습니다. 그가 얻은 제자는 오직 한 사람뿐이었습니다. 오해와 중상이 그의 유순한 마음을 상하게 하였습니다. 자신의 모든 것을 희생하고, 자신의 생애를 걸고, 하나님이 보내시는 모든 곳에 가고, 하나님이 명하시는 모든 말씀을 전한 것은 무엇 때문이었습니까? 오직 지위고하를 떠나 온 백성이 악한 길과 악한 행위를 떠나고, 사랑하는 조국이 하나님의 심판 아래 멸망하지 않게 하기 위해서가 아니었습니까? 그러나 백성들은 참 애국자인 예레미야를 박해했고, 스스로 멸망을 초래했습니다. 내 몸이 박해를 받는 것은 그래도 견딜 만합니다. 그러나 나라가 망하는 것은 견디기 어렵습니다. 견디기 어렵지만 이것은 하나님의 뜻이니까 복종하지 않으면 안 됩니다. 사람들은 많은 정책과 계획을 세우고 그것을 이루려 행동합니다. 그러나 결국 이루어지는 것은 하나님의 뜻뿐입니다. 하나님의 뜻이 무엇이든 복종하는 것이 사람에게나 나라에게나 항상 최선입니다. 하나님의 뜻에 복종하는 가운데 부흥의 희망이 샘솟는 것입니다.

예레미야는 슬픔의 예언자이고, 멸망의 예언자였습니다. 그러나 결코 멸망을 위해 멸망을 예언한 것은 아닙니다. 그는 신앙으로 멸망을 예언한 것입니다. 그는 신앙의 예언자였습니다. 슬픔 가운데 희망을 보고, 멸망 가운데 부흥을 보았습니다. 그는 슬픔의 예언자, 멸망의 예언자였음과 동시에, 아니 그 이상으로 희망의 예언자였고, 부흥의 예언자였습니다.

예레미야가 멸망을 불가피하다고 본 것은, 백성이 악한 길을 떠나지 않고 악한 행위를 회개하지 않았기 때문입니다. 바빌론 포수의 기간을 70년으로 본 것은, 유다 백성의 죄가 무거워 쉽게 용서받을 수 없을 정도였기 때문입니다. 70년은 상당히 긴 기간입니다. 굴욕의 70년이지만, 그것이 하나님의 뜻이기 때문에 백성들은 하나님께 복종하고 그분을 신뢰하지 않으면 안 됩니다. 신앙으로 받아들이면 모든 일이 합력하여 유익을 이루기 때문입니다. 바빌론의 지배에 대하여 감정적인 반항심을 품고 그 굴레를 벗어나려고 경거망동해서는 안 됩니다.

70년은 오랜 기간이지만, 결코 무한한 기간은 아닙니다. 멸망도, 포수도 결코 절망할 사태는 아닙니다. 하나님이 함께 계시면, 어떤 운명을 만나고 어떤 환경에 처해도 희망을 가질 수 있습니다. 나라는 도저히 멸망의 운명을 피할 수 없는 최악의 경우에 처했지만, 예레미야는 부흥의 희망이 이미 싹터 있음을 보았습니다. 그것은 다음 사건으로도 알 수 있습니다.

시드기야 왕 10년, 예루살렘이 바빌론 군대에 포위되어 예레미야가 왕궁의 옥사에 감금되었을 때, 그의 숙부 살룸의 아들 하나멜이 그를 방문해서 고향 아나돗에 있는 자신의 논밭을 사라고 제안했습니다. 이것은 유다의 법률에 따라 가까운 친척인 예레미야가 그 토지를 먼저 살 수 있는 권리를 갖고 있었기 때문입니다. 예레미야는 이 제안을 승낙하고, 매매 계약 증서를 작성해 그것을 도기陶器 속에 넣어 오랫동안 보존할 수 있게 했습니다. 그것은 오랜 세월이 지난 뒤 이 땅에서 사람들이 다시 집, 논, 밭, 포도원을 사게 되리란 것을 보여주기 위한 행동이었습니다. 즉 유대 땅의 부흥을 예언하는 상징적인 행위였던 것입니다. "현재는 환란의 때다. 그러나 또 구원의 날이 올 것이다. 그날 하나님은 네 목에서 멍에를 벗기고, 네 오랏줄을 풀고, 네 자손을 끌려간 먼 땅에서 구원하여 되돌아오게 할 것이다."

그때에 처녀는 춤추며 즐거워하겠고 청년과 노인은 함께 즐거워하리니 내가 그들의 슬픔을 돌려서 즐겁게 하며 그들을 위로하여 그들의 근심으로부터 기쁨을 얻게 할 것임이라. 내가 기름으로 제사장들의 마음을 흡족하게 하며 내 복으로 내 백성을 만족하게 하리라 (렘 31:13-14).

예레미야는 이렇게 예언했습니다. 미래에 부흥의 희망을 보기 때문에 현재의 징계에 순종할 수 있는 것입니다. 그것은 부활을 믿는 사람이 죽음을 앞에 두고 두려워하지 않는 것과 같습니다. 부흥의 희망을 보기 때문에 현재의 고난에 순종할 수 있고, 현재의 징계를 조용히 받아들임으로써 부흥의 희망을 볼 수 있습니다. 예레미야는 국민적 고난의 밑바닥에서 이 양면성을 동시에 보았습니다. 그는 공허한 낙관론자들에게는 현실적인 비관론을 말했습니다. 그러나 절망적인 비관론자들에게는 확고한 희망의 낙관론을 제시했습니다. 가장 심각한 슬픔의 예언자인 예레미야는 동시에 가장 밝은 희망의 빛을 비추는 부흥의 예언자였던 것입니다.

예레미야는 유다 백성의 정치적·경제적 부흥을 예언했습니다. 그러나 그가 유다 백성에게 제시한 희망은 이것으로 그치지 않습니다. 그는 더욱 근본적인 예언을 했습니다. 무릇 백성의 마음이 새로워지지 않고서 정치, 경제 같은 것만으로는 영속적인 부흥의 기초를 세울 수 없습니다. 그것은 외면적이고 일시적인 부흥에 지나지 않습니다. 사람의 마음이 말뿐만 아니라 높은 수준의 실제 행동으로 실행되어야만 비로소 나라의 안태安殆는 영구적인 것이 됩니다. 그러나 사람의 마음보다 거짓된 것은 없습니다. 이런 현실을 누구보다 잘 아는 예레미야가 예언했습니다. 모든 사람이 진심으로 진리를 추구하고, 모든 백성이 하나님을 알고, 정의의 길을 걷는 날이 올 것이라고. 그것은 실로 경탄할 엄청난 발견이었습니다. 그는 하나님의 말씀을 이렇게 전했습니다.

내가 나의 법을 그들의 속에 두며 그들의 마음에 기록하여 나는 그들의 하나님이 되고 그들은 내 백성이 될 것이라. … 그들이 다시는 각기 이웃과 형제를 가리켜 이르기를 너는 여호와를 알라 하지 아니하리니 이는 작은 자로부터 큰 자까지 다 나를 알기 때문이라. 내가 그들의 악행을 사하고 다시는 그 죄를 기억하지 아니하리라(렘 31:33-34).

모세의 율법은 돌판에 기록되었으나, 훗날 세워지는 새로운 계약은 백성의 마음 위에 기록될 것입니다. 종교의 외형이 아니라, 각자의 마음속에 하나님과 계약을 맺을 때, 하나님을 아는 지식은 작은 사람에게도, 큰 사람에게도, 학자에게도, 무학자에게도 모든 백성의 마음속에 타오를 것입니다. 그리고 이것은 하나님이 우리 불의를 용서하시기 때문에 가능하다는 것입니다. 죄를 용서하시는 하나님의 은혜 위에서 예레미야는 사람의 마음이 구원받을 가능성을 발견했고, 마음이 새로워지는 것 위에 나라 부흥의 근본적인 기초를 두었습니다. 그리스도의 '새로운 계약'에 앞서는 이것을 예언한 예레미야는 실로 구약성서에서 가장 큰 희망을 예언한 것입니다. '옛 계약'인 신명기 개혁에 실망한 예레미야에게 이 '새 계약'의 놀라운 희망이 계시되었습니다. 실로 고난은 희망의 계단입니다. 신앙을 가진 사람은 고난이 닥칠 때마다 희망의 계단을 한 층 올라, 더 깊고 더 넓게 인생의 시야를 전망할 수 있었던 것입니다.

온 백성의 마음이 오만했을 때 예레미야는 외쳤습니다. 악한 길과 악한 행위를 떠나라고. 아니면 재앙이 닥치리라고. 이미 재난과 화가 닥치고 있어 백성들이 초조해하면서도 반항심에 불타고 있을 때, 예레미야는 외쳤습니다. "복종하라. 하나님의 뜻을 따르라." 그리고 마침내 멸망이 닥쳐 온 백성이 절망에 빠졌을 때, 예레미야는 부흥의 희망을 제시했습니다. 모든 백성이 악한 길을 고집했을 때 예레미야는 혼자서 정의를 말하고, 모든 백성이 절망에 빠졌을 때 예레미야는 혼자서 희망을 비추었던 것입니다. 그 한 사람이 진리에 섰기 때문에 진리는 후세에까지 유지되었습니다. 그 한 사람의 존재는 진리의 무게만큼 무거웠습니다. 그의 생애와 예언은 현대의 여러 사람에게도 참고가 되지 않겠습니까? 그는 유다뿐 아니라 만국의 예언자로 세워졌던 것입니다.

예레미야는 결코 영웅호걸은 아니었습니다. 그는 가끔 울고, 많이 탄식하고, 투덜대고, 호소하고, 괴로워한 약한 인간이었습니다.

그는 또한 원만한 인격의 성인군자도 아니었습니다. 그는 적이 많은 사람이었고, 적에 대해 격한 감정을 표현하는 모가 난 사람이었습니다.

다만 예레미야는 순수한 인간이었습니다. 거짓이 없는 사람이었습니다. 거짓이 없는 순수한 마음으로, 하나님과 그분의 말씀을 사랑했습니다. 그는 이렇게 말했습니다.

만군의 주 하나님, 저는 주님의 이름으로 불리는 사람입니다. 주님께서 저에게 말씀을 주셨을 때에, 저는 그 말씀을 받아먹었습니다. 주님의 말씀은 저에게 기쁨이 되었고, 제 마음에 즐거움이 되었습니다(렘 15:16, 새번역).

예레미야는 하나님의 말씀을 먹고 살았습니다. 말씀은 그의 생명이었습니다. 그래서 하나님의 말씀이 더럽혀지는 것을 보았을 때, 이를 묵과할 수 없었습니다. 그가 적에 대하여 심한 말을 한 것도, 하나님의 말씀을 사랑하는 순정 때문이었습니다. 이 격렬한 사랑 때문에 그는 더욱더 적에게서 미움을 받았을 것입니다. 그래서 세상은 그를 동정하지 않았을 것입니다. 그래서 그는 '손해를 보았을' 것입니다. 어쩔 수 없습니다. 순수한 예레미야의 마음은 타협과 타산을 몰랐던 것입니다.

'진리에 충실하다'는 말은 예레미야에게는 너무나 미온적인 말입니다. 진리는 그의 음식이었습니다. 기쁨이었습니다. 사랑이었습니다. 진리가 없이는 그는 단 하루도 살 수 없었습니다. 진리를 위해서 그는 한평생을 걸고 싸웠습니다. 진리를 사랑하다가 진리의 싸움에 넘어진 예레미야여, 그대의 생애는 패배의 생애였습니다. 그대는 국민에게 짓밟히고 부녀자들에게 비웃음당하면서 슬픔의 생애를 끝마쳤습니다. 그러나 그대가 있었으므로 진리는 오늘까지 유지된 것입니다. 그리고 진리와 함께 그대는 영원히 이겼습니다. 비겁하기가 도롱이벌레(인시류. 목초의 지엽枝葉으로 집을 만들어 그 속에 산다—옮긴이)와 같고, 완고하기가 우렁이 같고, 가슴에 악의를 품고 사람을 모함하기를 기뻐하던 너희 바스훌, 하나냐 무리들아. 예레미야를 매국노로 무고하고 중상하고 박해하던 거짓 예언자, 거짓 정치가들아. 그의 말을 듣지 않고 그로 하여금 비분의 눈물을 삼키게 한 백성들이여, 당신들이야말로 진리를 어지럽히고 정의를 파괴하며 나라에 멸망을 초래한 장본인들이니.

누가 참 애국자였고 거짓 애국자였는지는 훗날 역사가 밝혀줄 것입니다.

바울

3

St. Paul

1세기

바울의 시대

바울은 로마제국 길리기아 주州 다소Tarsus의 시민입니다. 지도를 펼쳐보면 다소는 지중해의 동북 구석, 바로 소아시아가 시리아로 굽어지는 곳에 있으며, 해안에서 약 20킬로미터쯤 들어간 곳에 있는 도시입니다. 다소는 낮은 지대지만 거기서 4킬로미터쯤 북쪽으로 가면 고지가 나오고, 60킬로미터쯤 가면 타우루스의 준령이 솟아 있습니다. 북방 16-20킬로미터의 고지에 상부 다소가 있는데, 다소 시민은 이곳에서 여름을 보내고는 했습니다. 로마 시대에 다소는 상부와 하부를 합쳐 인구 백만에 가까운 대도시였다고 합니다.

알렉산드로스 대왕이 군사를 이끌고 다소에 입성한 것은 기원전 334년입니다. 대왕이 죽은 뒤 이 지방은 셀레우코스왕국에 속하게 되었습니다. 기원전 170년경 안티오코스 에피파네스Antiochos Epiphanes는 다소를 재건하고, 다수의 그리스인과 유대인을 이곳으로 이주시켰습니다. 다소는 셀레우코스왕국이 쇠퇴하고 로마가 동쪽으로 세력을 넓히려던 때에 한 사건을 계기로 유명해집니다. 안토니우스가 이집트의 여왕 클레오파트라를 다소에 소환했는데, 그곳에 온 클레오파트라에게 반한 것입니다. 안토니우스는 다소에 자유시의 특권을 부여했으며, 아우구스투스 황제도 그 특권을 허락했습니다. 폼페이우스, 카이사르, 안토니우스, 아우구스투스 등은 다소의 중요한 시민들에게 로마의 시민권을 주기도 했습니다. 바울의 집안은 셀레우코스 시대에 팔레스타인에서 다소에 이주한 유대인으로, 조부나 아버지 대에 이미 로마의 시민권을 받았던 것으로 추측됩니다. 바울은 자신이 태어날 때부터 로마의 시민권을 갖고 있었다고 이야기합니다.

다소에서는 스토아 철학자 아테노도루스Athenodorus가 태어났습니다. 그는 기원전 45년에서 15년까지 30년 동안 로마에 살면서 아우구스투스의 고문으로 일했으나, 만년에는 고향 다소에 돌아와 살았습니다. 그의 뒤를 이어 네스토르Nestor라는 스토아 철학자까지 나오면서, 다소는 로마제국에서 학문, 특히 스토아학파의 중심지로 알려지게 되었습니다.

이런 도시가 사도 바울의 고향입니다. 인구로 보면 그리스인과 유대인의 두 요소로 구성된 도시, 문명으로 보면 헬레니즘Hellenism과 헤브라이즘Hebraism의 병존·접촉·교류로 이루어진 도시, 정치적으로는 셀레우코스 시대 이후 로마제국의 지배를 받으면서도 자치가 인정된 자유시, 학문적으로는 아우구스투스계의 스승을 배출한 스토아 철학의 도시, 이런 도시에서 바울은 태어나고 자랐습니다.

*

《일리아스》를 군대용 짐 속에 넣고 인도 원정을 떠났다는 알렉산드로스 대왕의 발길이 닿은 곳에, 동서 문명이 융합하는 새로운 '세계'가 창조되었습니다. 그 후 이 세계는 로마제국 아래에서 더욱 정치적으로 굳건해지고 지리적으로 확대되었습니다. 그리고 그 중심이 서쪽으로 옮겨지면서, 지중해는 로마제국의 내해內海가 되었습니다. 바다로, 육지로 로마의 지배력을 확장하기 위한 군사용 도로가 만들어졌으며, 그 길은 상업을 위한 여행에도 이용되었습니다. 팍스 로마나Pax Romana(로마의 평화)의 영향 아래 동으로 서로, 여객과 상품을 실어 나르는 마차와 배가 빈번히 오갔고, 소송을 하러 수도 로마로 가는 사람도 적지 않았습니다.

공통의 법률과 안전한 도로 외에 공통의 언어가 새로운 '세계'의 결합을 도왔습니다. 그것은 바로 그리스어였습니다. 그리스어는 당시의 국제어로 상업 거래에도, 학문 및 사상의 전달에도, 또 일상 생활에도 널리 쓰였습니다. 그 당시 그리스어는 오늘의 영어 이상으로 널리 보급되어 사용되었으리라고 생각됩니다. 로마인은 군사력으로 세계를 정복했지만, 언어와 사상과 종교에서는 헬레니즘을 세계에 전파한 도구에 지나지 않았습니다.

그런데 로마가 세계를 헬레니즘화하고 있을 때 또 다른 세계적 문화가 일어나고 있었습니다. 바로 헤브라이즘입니다. 가나안 사람의 바알 신앙부터 로마인의 신들에 이르기까지 모두 그리스 종교의 영향을 크게 받았지만, 유독 유대인만은 일신교인 하나님 신앙을 고집스럽게 유지했습니다.

다만 팔레스타인의 영토와 이스라엘 민족에 한정되었던 민족 신앙으로서의 유대교는 이미 오래전부터 외부의 영향으로 그 기초가 흔들리고 있었습니다. 그런 경향은 기원전 6세기에 유대인이 바빌론에 강제로 연행되면서 시작되었지만, 페르시아 시대, 그리스 시대를 거쳐 로마 시대에 들어서는 오히려 그런 상황이 유대인의 사상과 생활을 전 세계로 퍼뜨리는 데 기여했습니다. 팔레스타인 밖으로 이주하는 유대인, 팔레스타인에 오가는 그리스인, 또 소아시아의 여러 도시에서 함께 사는 유대인과 그리스인이 늘어간 것입니다. 유대교로 개종해 유대인의 할례를 받은 그리스인도 적지 않았습니다. 반면에 그리스어를 말하고 그리스식으로 자유롭게 사고하는 유대인도 많아졌습니다.

이러한 시대적 변화에 따라 이집트의 알렉산드리아에 70명의 유대인 학자들이 모여, 히브리말로 쓰인 구약성서를 그리스어로 번역했습니다. 이것이 이른바 '70인역'이라 불리는 성서로, 기원전 285년부터 150년 사이에 완성되었으리라 추정됩니다. 그 이후 70인역 성서는 유대교로 개종한 그리스인뿐만 아니라 유대인 사이에서도 일반적으로 읽혔습니다. 또한 신약성서에서 인용되는 구약의 본문도 거의 70인역을 따랐습니다. 이 70인역은 단지 구약성서를 그리스어로 번역한 것이 아니라, 그리스적 해석과 풍격風格으로 구약성서의 의미를 전했기 때문에, 헤브라이즘을 헬레니즘화했다고 말할 수 있습니다. 바꾸어 말하면, 헤브라이즘을 유대인의 민족적 성격에서 세계적 차원의 것으로 확대하는 데 공헌했다고 볼 수 있습니다.

*

이렇게 헤브라이즘은 유대인이 여러 나라에 이주하면서 헬레니즘 세계에 퍼져나갔고, 동시에 헬레니즘은 헤브라이즘의 성격에 영향을 주어 이를 세계화했습니다.

헤브라이즘 세계관이 하나님 중심 사상, 즉 하나님으로부터 사람에게로 흘러가는 것이라고 한다면, 헬레니즘 세계관의 특색은 인간 중심 사상, 즉 인간으로부터 하나님에게로 흘러가는 것이라고 말할 수 있습니다. 이제 로마제국 아래서 헤브라이즘이 헬레니즘과 접촉하면서 하늘과 땅, 하나님과 인간은 입을 맞추려 하고 있었습니다. 세계가 새롭게 태어나고 있었습니다. 세계가 격동하고 있었습니다. 이 격동 속에서 태어나 세계를 새롭고 한 단계 높은 수준으로 통합하고, 지양하고, 창조한 것이 바로 기독교입니다. 곧 '하나님의 아들'인 동시에 '사람의 아들'인 예수 그리스도의 복음이었던 것입니다. 그리고 이 복음을 온 세계에 전하는 사도로 뽑힌 사람이 바로 다소의 시민 바울이었습니다.

다소라는 도시는 이미 살펴본 바와 같이 그 지리적 위치나 역사적 전통으로 볼 때 헤브라이즘과 헬레니즘의 교류지이며, 새로운 세계정신의 전파자가 태어나기에 적합한 땅이었습니다. 바울은 태생으로 보면 순수한 유대인이었고, 교양을 따지자면 자유스러운 그리스 사상의 영향을 받은 사람이었으며, 언어는 아람어를 썼으나 그리스어를 자유롭게 읽고 쓰고 말했고, 사회적 지위를 따지자면 자유시 다소의 자유민이자 로마의 시민권을 가진 사람이었으며, 직업을 보자면 도시 주민인 천막 제조업자였습니다. 이 마지막 점에 대해서는 덧붙여 설명할 필요가 있습니다.

그는 베드로나 요한과 달리 어부가 아닌 수공업자였으며, 시골 출신이 아닌 대도시 시민이었습니다. 농민이나 어부는 대체로 보수적이지만, 상인이나 수공업자는 새로운 사상을 배우는 데나 여행, 이주를 하는 데도 비교적 자유롭고 적극적입니다. 바울의 신앙과 성격에 대해서는 뒤에서 말하겠지만, 환경을 감안해도 그는 참으로 '이방인의 사도'로서 그리스도의 복음을 팔레스타인 이외의 넓은 세계에 전하는 데 최적의 그릇이었습니다. 그가 없었다면 기독교는 세계에 퍼질 수 없었을 것입니다.

바울의 활동

바울이 태어난 해는 알 수 없습니다. 죽은 해도 마찬가지입니다. 그의 생애의 연대를 확정하는 유일한 단서는 "갈리오가 아가야 총독 되었을 때"라고 기록된 사도행전 18장 12절입니다. 이해를 기준으로, 성서의 기사에 따라 바울의 생애에서 일어난 사건을 위로 거슬러 올라가거나 아래로 훑어 내려가면서 연대를 추정하는 방법이 쓰이고 있습니다. 갈리오가 아가야의 총독이었던 해를 추정하기 위해 많은 학자가 노력했습니다. 다이스만Gustav Adolf Deissmann 교수의 고증에 의하면, 갈리오는 주후 51년 여름 중간에 취임했고, 바울은 50년 초에 고린도에 와서, 51년 여름 늦게 고린도를 떠난 것으로 되어 있습니다. 다른 학자의 주장을 살펴보더라도 1, 2년 또는 2, 3년의 차이가 있을 뿐이므로, 대개 이 정도로 어림잡으면 되겠지요. 이 계산에 따라 소급해 따져보면, 바울의 회심은 주후 30년 내지 33년으로 추정되지만, 그때 그의 나이를 알 수 없으므로, 그가 태어난 해도 알 수 없습니다. 가령 스물다섯 살쯤 회심했다고 하면, 그는 예수보다 열 살 어린, 같은 시대의 사람이 됩니다. 그러나 그가 예수를 생전에 만난 일이 있었는지는 분명하지 않습니다. 그러나 분명한 것은 어느 땐가 그가 부활하신 예수를 만났고, 그것이 그의 생애에서 가장 크고 결정적인 사건이라는 것입니다.

다소에서 태어난 바울은 소년 시절에 예루살렘에 와서 율법학자인 가말리엘 문하에서 몇 년 동안 율법을 배웠습니다. 가말리엘은 헬레니즘의 영향을 받아 자유로운 사상을 추구한 학자였으나, 젊은 시절의 바울은 의식을 열심히 따른 바리새파였습니다.

당시 겨우 독립을 향해 발돋움하던 기독교회에서 7인의 집사를 선출하였는데, 그중 한 사람인 스데반은 특히 성령이 충만했습니다. 그는 이스라엘의 민족사와 모세 율법을 새롭게 세계사적으로 해석하며, 예수가 대망의 메시아로 오셔서 완전히 새로운 시대가 되었다고 말했습니다. 그러나 그의 말은 이스라엘 민족이 가진 전통적 긍지를 해치고 하나님을 모독하는 것으로 간주되어, 유대인의 맹렬한 반감을 불러일으켰습니다. 결국 스데반은 분노한 유대인들에게 돌에 맞아 순교했습니다.

바울은 이 박해를 주동한 사람 중 하나로, 스데반을 처형할 때 집행자의 옷衣을 맡았습니다. 이것을 계기로 예루살렘 교회에 대박해가 일어났으며, 바울은 그리스도인들의 집에 쳐들어가 남녀를 불문하고 그리스도인들을 체포하고 옥에 가두었습니다. 그것으로도 부족해, 도피 중인 그리스도인들을 체포하라는 대제사장의 지시를 받고 자원해서 시리아의 다메섹으로 향했습니다.

바울이 다메섹 가까이에 이르렀을 때, 갑자기 하늘에서 빛이 쏟아져 그를 둘러 비쳤습니다. 그는 정신이 혼미해져 땅에 엎드렸습니다. 그러자 하늘에서 "사울아, 사울아, 왜 나를 박해하느냐?"라는 예수의 음성이 들렸습니다. (바울은 '사울'이라고도 불렸습니다. '바울'은 로마 이름이고, '사울'은 유대 이름입니다. 한 사람이 두 가지 이름을 갖는 것은 당시 흔한 일이었습니다.)

하늘에서 비친 강한 빛으로 바울은 사흘 동안 시력을 잃었습니다. 다른 사람 손에 이끌려 다메섹에 들어갔을 때, 아나니아라는 그리스도인이 바울을 방문했습니다. 바울은 이때 자신이 '이방인, 왕들, 이스라엘의 자손에게 예수의 이름을 가지고 갈, 예수의 선택된 그릇'이라는 사실을 깨달았습니다. 이런 자각을 하면서 바로 '아라비아'로 물러갔습니다. 이 '아라비아'란 시나이 반도의 아라비아가 아니라, 다메섹에 가까운 동쪽 사막 지방일 것입니다. 세례 요한에게 세례를 받은 예수님은 하나님의 아들이란 자각을 가진 후, 먼저 황야에 인도되어 40일 낮과 밤 동안 사탄의 시험을 받았습니다. 회심한 바울 역시 이방인의 사도라는 자각을 갖고 새로운 활동을 하기 전에 황야에 물러가 기도로 밤낮을 보내고, 앞으로의 삶에서 펼 선교 활동의 큰 방침에 대해 성령의 인도를 받은 것으로 생각됩니다.

아라비아에서 다메섹으로 돌아온 바울은 즉시 여러 회당에서 예수가 하나님의 아들임을 선포했습니다. 그의 설교를 들은 사람들은 "이 사람은 예루살렘에서 예수의 이름을 부르는 사람을 박해하던 사람이 아닌가? 또 여기 온 것도 그 사람들을 잡아 제사장에게 넘겨주려는 것이 아닌가?" 하고 놀라서 말했습니다. 하지만 바울은 그런 비평에는 아랑곳없이 더욱더 힘을 내서, 예수가 그리스도임을 논증하여 유대인을 설복시켰습니다. 결국 분노한 다메섹의 유대인들은 그를 죽이려는 계책을 꾸몄지만, 그들의 계획을 미리 알아차린 제자들이 밤중에 몰래 그를 성읍의 돌벽에서 바구니로 달아내려 피신시켰습니다. 잡으러 나섰던 자가

잡히고, 박해하던 자가 박해받는 몸이 되고, 예수의 적이었던 자가 예수의 종이 되었습니다. 바울이 180도로 회심했을 뿐만 아니라, 그와 함께 세계의 역사도 180도로 바뀌었습니다.

*

다메섹에서 회심한 뒤 약 30년에 걸친 바울의 생애는 예수 그리스도의 복음을 세계에 전하기 위한 불요불굴不撓不屈의 활동이었습니다. 그는 이 기간에 예루살렘을 5회 방문했고, 적어도 3회 대전도大傳道 여행을 했습니다. 그의 활동은 예루살렘을 향한 방향과 그리스·로마 세계를 향한 방향 두 가지가 있었는데 주가 되는 것은 후자였고, 전자는 다만 후자의 길을 평탄하게 하기 위한 준비였습니다.

예루살렘에는 예수께서 살아 계셨을 때 선택한 열두 사도를 필두로, 특히 베드로와 예수의 형제인 야고보를 중심으로 점차 교회가 형성되고 있었습니다. 그러나 그들은 아직 유대교에서 완전히 떨어져 나오지 못하고, 유대인으로서 율법을 지키고 있었습니다. 예루살렘을 중심으로 한 팔레스타인은, 말하자면 사도들의 전도 구역이었습니다. 새로 예수의 사도로 소명을 받은 바울은 이미 결정된 이 전도 구역을 침범하기를 바라지 않았습니다. 그는 남이 세운 기초 위에는 집을 짓지 않으리라고 굳게 결심했습니다. 새롭고 넓은 세계가 그의 전도를 부르고 있었습니다. '팔레스타인은 베드로에게 맡겨라. 나는 그리스·로마의 이방인 가운데서 활동하리라.' 이것이 바울의 사명관이었습니다. 그는 각자의 활동 영역에서 행동의 자유를 원했습니다. 동시에 그는 예루살렘의 사도들과 우호적인 관계 유지를 바랐습니다. 곧, 그는 예루살렘과 분리하기를 원하지 않았습니다. 하물며 여기에 반기를 든다는 것은 터럭만큼도 생각하지 않았습니다. 서로의 입장을 존중하면서, 함께 예수의 복음을 전파하기 위해 힘을 다하는 것이 바울의 바람이었습니다.

특별히 예루살렘의 사도들도 바울이 이방인 전도를 위해 소명을 받았음을 승인했습니다. 그러나 전도 지역의 협정보다 더 중대한 문제가 있었습니다. 그것은 이방인은 우선 유대교도가 되지 않아도, 이방인인 채로 직접 그리스도인이 될 수 있다, 곧 하나님 나라에 들어갈 수 있다는 주장입니다. 앞서 말했듯이, 이방인 중에서 유대교로 개종한 사람이 적지 않았습니다. 그리고 이 경우에는 신체에 할례를 받는 것이 유대인의 호적을 취득하는 데 필요한 조건이었습니다. 그러나 그렇게 해서 유대교에 들어갔더라도, 원래가 그리스인이었던 그들은 유대인으로 엄격하게 율법을 지키지 못하고, 말하자면 자유파가 될 수밖에 없었으며, 이것이 자연스러운 경향이었습니다. 바울이 이방의 여러 도시에 가서 전도할 때는 대체로 그 지방의 유대인 회당에서 가르쳤는데, 거기 모인 청중 가운데는 그렇게 유대교도가 된 그리스인이 적지 않았습니다. 이들 가운데서 바울의 가르침을 듣고 예수를 믿은 사람이 많이 나왔습니다.

그런데 유대교도, 또는 유대적인 그리스도인들은 이들 이방인 신자들이 율법에 대해 자유스러운 태도를 취하는 것이 못마땅해 그들을 비난하고 배척했습니다. 그리고 이것이야말로 바울이 이방인의 사도로서 가장 힘을 기울여 싸웠던 문제였습니다.

바울은 이렇게 주장했습니다. 사람은 예수를 믿음으로써, 오직 그 신앙만으로 누구든지 구원받는다. 즉, 하나님 나라의 시민이 될 수 있다. 거기에는 인종의 구별도 민족의 구별도 없다. 유대인도 그리스인도 똑같다. 사람은 하나님 나라의 시민이 되기 위해, 할례를 받아 유대교도가 될 필요가 없고, 유대인으로 율법을 지키지 않아도 된다. 유대인은 유대인 그대로, 그리스인은 그리스인 그대로 똑같이 하나님의 자녀가 될 수 있다. 이 주장을 관철했을 때 비로소 유대교의 굳은 민족적 껍질이 깨지고, 그 속에 담긴 영원한 진리가 세계적인 표현을 얻게 되었습니다. 이제는 예수의 복음으로 인간은 비로소 인간이 되고, 인간이 직접 하나님과 상대하기에 이른 것입니다.

그리하여 하나님의 진리는 민족의 제약을 타파하고 세계 구석구석까지 스며들게 되었습니다. 바꾸어 말하면 바울의 활동과 싸움으로 기독교는 지역으로나 성질 면에서 세계 종교로 우뚝 서게 된 것입니다.

바울의 신앙

신약성서에는 바울의 이름으로 보낸 편지가 열네 통 나옵니다. 히브리서는 바울이 쓴 것이 아니라는 주장이 일반적으로 받아들여지고 있습니다. 나머지 열세 통에 대해서 비판적인 의견을 내는 학자들이 있기는 하지만, 근대의 학자들은 대개 그 모두를 바울의 저작으로 인정합니다.

연대적으로 가장 오래된 것은 데살로니가전후서로, 이 두 편지는 주후 52년이나 53년쯤 고린도에서 쓴 것으로 추정됩니다. 그다음 쓰인 것은 바울의 4대 서신으로, 갈라디아서, 고린도전후서, 로마서입니다. 로마의 옥중에서 보낸 것으로 생각되는 '옥중서신'에는 에베소서, 빌립보서, 골로새서, 빌레몬서가 있고, '목회서신'이라 불리는 디모데전후서와 디도서는 바울이 만년에 쓴 편지로 여겨집니다.

로마서처럼 논리 정연한 내용이 있는가 하면 빌레몬서처럼 인정미 넘치는 개인적 소품小品도 있습니다. 어느 편지이든 바울의 활기찬 신앙과 개성이 드러나 있어서, 그의 사상과 인물됨을 비교적 상세히 알 수 있습니다.

다이스만의 말처럼, 바울은 신학자 유형의 사람이 아니고 예언자 유형의 사람입니다. 그의 편지는 신학 체계를 다룬 것이 아니라 개인적인 편지입니다. 예수의 자유로운 복음을 바울이 신학적으로 체계화했다는 비평은 바울의 편지를 해석하는 정당한 태도가 아니라고 생각됩니다. 그럼에도 불구하고 그는 독실한 신앙과 그리스의 자유로운 교양을 보여주었습니다. 그의 편지에는 신앙의 근본 문제와 신앙에 입각한 실제적 문제에 대한 용감한 해석, 적에 대한 논박과 설득, 같은 편을 향한 계몽과 위로가 넘칩니다. 그의 논술에는 모든 기독교 교리의 중요한 점이 모두 망라되어 있습니다.

그 주요한 두세 가지 점에 대하여 이야기해보겠습니다.

우선 첫째로 자유의 문제입니다. 그가 유대주의자에 대항하여 이방인의 신앙적 자유를 옹호한 것은 앞에서도 말했습니다. 그러나 바울이 신앙의 자유 문제를 단순히 민족적 무차별의 형태로 말한 것은 아닙니다. 그 주장의 밑바탕에는 사람이 율법의 행위로 의로워질 수 없다는 도덕적 인식이 있습니다. 모세의 율법에는 의식적儀式的인 것과 도덕적인 것이 있습니다. 할례나 그 밖의 의식적인 율법으로나 도덕적인 성질의 율법으로 사람은 의로워질 수 없습니다. 율법을 완전히 지킴으로써 의로워지려고 노력하면 할수록 우리에게는 그런 능력이 없다는 것을 알게됩니다. 이것은 비단 모세의 율법에 국한되지 않습니다. 어느 민족이 갖는 도덕률에 의해서도 인간은 구원을 받을 수 없습니다. 예를 들면 플라톤의 가르침이든, 세네카의 교훈이든, 도덕을 지켜서 도덕가가 되려는 시도는 인간의 도덕적 능력에 대한 좌절감만 확인시킬 뿐, 결코 구제의 길은 될 수 없습니다. 의문儀文은 사람을 죽이고 율법은 사람의 무력을 폭로할 뿐입니다. 그러므로 사람은 율법으로 결코 의로워질 수 없습니다. 오직 그리스도의 십자가에 의해 죄를 용서받아야만, 하나님께 의로워졌다고 인정받을 수 있습니다. 이 신앙으로 비로소 사람의 마음에 자유가 주어지고, 생생하고 활발한 생명력이 주어집니다. 그러므로 바울은 갈라디아의 여러 교회를 향하여 "그리스도는 자유를 얻게 하기 위하여 우리를 석방하셨다. 그러므로 굳게 서서 다시 노예의 멍에를 메지 말라"고 외쳤던 것입니다.

노예에서 자유인으로. 이것은 인간의 혁명이고 비약입니다. 환경의 제약에서 벗어날 뿐 아니라, 도덕률의 노예도 되지 않습니다. 이 근본적인 혁명으로 사람은 참으로 능동적이고 창조적인 자유인이 될 수 있습니다. 이것은 일체의 개인적 자유 및 사회적 자유의 근원입니다. 바울이 주장한 예수의 복음 중 중요한 내용 하나가 바로 이 자유를 부여한 것이었습니다.

*

초대교회가 예수 부활의 사실 위에 세워졌다는 것은 성서의 기사일 뿐만 아니라 오늘날 학자들이 일반적으로 인정하는 바입니다. 예수의 부활은 세상 사람들이 아무리 믿기 어려워해도 사실입니다. 예수의 제자들은 이것을 믿었고, 그들의 믿음은 지어낸 이야기나 환각이 아닌, 참으로 부활하신 예수를 보았다는 사실에 바탕을 두었습니다.

바울의 기록에 의하면, 예수는 죽어서 매장되었다가 사흘째 되는 날 다시 살아나 베드로에게 나타났고, 뒤에 열두 제자에게 나타났고, 다음에는 500명 이상의 제자들에게 동시에 나타났고, 다음에는 모든 사도 앞에 나타났고, 마지막에는 바울에게도 나타났습니다. 바울은 "맨 나중에 달이 차지 못하여 난 자와 같은 나에게도 나타나셨습니다. 나는 사도들 가운데서 가장 작은 사도입니다. 나는 사도라고 불릴 만한 자격도 없습니다. 그것은 내가 하나님의 교회를 박해했기 때문입니다. 그러나 나는 하나님의 은혜로 오늘의 내가 되었습니다"(고전 15:8-10, 새번역)라고 말합니다. 바울은 자기 삶의 극적인 전환과 격심한 싸움, 그 활동과 용기와 인내와 희망의 근원을 모두 예수의 부활로 돌린 것입니다.

바울뿐만이 아닙니다. 베드로를 포함해서 다른 사도들 역시 예수의 부활을 목격한 뒤에 전혀 다른 사람이 되었습니다. 전에 그들은 유대인의 박해가 두려워 집 문을 닫고 숨어 지내며 전전긍긍하고 있었습니다. 그런데 부활한 예수를 본 뒤, 그들은 완전히 새로운 사람이 되었습니다. 세상을 두려워하지 않고 예수의 복음을 증명하기 시작했습니다. 그중에도 바울은 가장 열심히 부활을 논증한 사람입니다.

그는 이런 사실을 논했습니다. "모든 생명은 머무는 몸이 있습니다. 몸에는 물질적인 몸이 있고 영적인 몸이 있습니다. 땅에 속한 몸이 있고, 또 하늘에 속한 몸이 있습니다. 땅 위에 있는 생명에 혈기의 몸이 있듯이, 영적인 하나님 나라의 생명에는 영적인 몸이 있습니다. 물질적인 혈기의 몸은 하나님 나라를 물려받을 수 없고 죽은 후 썩어 없어지지만, 그렇다고 죽은 사람이 몸을 잃어버리는 것이 아닙니다. 예수의 부활을 믿는 사람에게는 부활의 은혜가 주어집니다. 죽은 사람은 부활하여 썩지 않는 영체靈體를 얻고 영원히 삽니다." 바울이 전한 예수의 복음에 의하면 사람의 개성은 부활해 영원히 살고 각 사람을 완성하게 됩니다. 이것은 결코 추상적이고 막연한 영혼불멸론이 아니라, 구체적이며 개별적인 신체부활론입니다. 바울은 이렇게 외쳤습니다.

이 썩을 것이 썩지 아니함을 입고 이 죽을 것이 죽지 아니함을 입을 때에는 사망을 삼키고 이기리라고 기록된 말씀이 이루어지리라. 사망아 너의 승리가 어디 있느냐? 사망아 네가 쏘는 것이 어디 있느냐? 사망이 쏘는 것은 죄요 죄의 권능은 율법이라. 우리 주 예수 그리스도로 말미암아 우리에게 승리를 주시는 하나님께 감사하노니, 그러므로 내 사랑하는 형제들아 견실하며 흔들리지 말고 항상 주의 일에 더욱 힘쓰는 자들이 되라. 이는 너희 수고가 주 안에서 헛되지 않은 줄 앎이라(고전 15:54-58).

부활의 신앙은 죽음을 이기는 힘입니다. 개인의 자유는 죽음을 이기는 신앙으로 구체적으로 증명됩니다. 이제는 땅 위에서 두려워할 것이 아무것도 없습니다. 환난도 고난도 박해도 굶주림도 헐벗음도 칼도 예수를 믿는 사람의 자유를 속박할 수 없습니다. "이 모든 일에 우리를 사랑하시는 이로 말미암아 우리가 넉넉히 이기느니라"(롬 8:37)라고 바울은 말했습니다. 이것은 바울 자신의 체험이었습니다. 그는 자기의 경험과 신앙의 논리와 하나님의 계시에 근거해 부활의 신앙을 '죽음을 이기는 능력'으로 선언하며 힘차게 노래했습니다.

*

그리스도에 의한 죄의 구속救贖과 몸의 부활에 대한 신앙은 바울에게 자유를 주었습니다. 그는 죄의 압박과 죽음의 속박에서 해방되어 자유를 얻었습니다. 이제는 더 이상 양심의 가책도, 생활의 궁핍함도, 질병도, 죽음도, 그리스도를 믿는 사람의 마음의 평안을 어지럽힐 수 없습니다. 죽음을 넘어 저편에 빛나는 나라를 보기 때문에, 이 세상의 모든 환난 가운데서도 결코 절망하지 않고 용기와 희망과 인내와 환희로 살아갈 수 있는 것입니다. 이것이 바울이 가르친 인생관입니다.

그러나 바울의 가르침은 개인의 해방에 그치지 않고 우수한 사회관을 제시했습니다. 바울은 그리스도를 믿는 사람의 사회를 인간의 몸에 자주 비유했습니다. 그는 그리스도를 믿는 사람들에게 하나됨을 권했습니다. "몸이 하나요 성령도 한 분"(엡 4:4)이라며 "오직 사랑 안에서 참된 것을 하여 범사에 그에게까지 자랄지라. 그는 머리니 곧 그리스도라. 그에게서 온몸이 각 마디를 통하여 도움을 받음으로 연결되고 결합되어 각 지체의 분량대로 역사하여 그 몸을 자라게 하며 사랑 안에서 스스로 세우느니라"(엡 4:15-16) 하고 말했습니다.

또한 "그런데 실은 지체는 여럿이지만 몸은 하나입니다. 그러므로 눈이 손에게 말하기를 '너는 내게 쓸 데가 없다' 할 수가 없고, 머리가 발에게 말하기를 '너는 내게 쓸 데가 없다' 할 수 없습니다. 그뿐만 아니라, 몸의 지체 가운데서 비교적 더 약하게 보이는 지체들이 오히려 더 요긴합니다. … 그래서 몸에 분열이 생기지 않게 하시고, 지체들이 서로 같이 걱정하게 하셨습니다. 한 지체가 고통을 당하면, 모든 지체가 함께 고통을 당합니다. 한 지체가 영광을 받으면, 모든 지체가 함께 기뻐합니다. 여러분은 그리스도의 몸이요, 따로 따로는 지체들입니다"(고전 12:20-27, 새번역) 하고 논하고 있습니다. 이런 말에는 사회의 통일성과 유기적 연관성과 성장과 직능적 고찰이 담겨 있습니다. 바울은 콩트 Isidore Marie Auguste Comte 이래 근대 사회학자가 생각해온 과학적 사회관을 이미 1,900년 전에 깊이 통찰했던 것입니다.

그리스도를 믿는 사람의 사회를 바울은 '에클레시아ecclesia'라고 불렀습니다. 이것은 흔히 '교회'로 번역되지만, 바울 시대에는 오늘날과 같은 제도화된 교회가 아직 존재하지 않았습니다. '에클레시아'는 제도화된 교회 같은 형식적인 개념이 아니라 좀 더 넓고 자유롭고 탄력성이 있는 생생한 개념입니다. 이 에클레시아는 그리스도를 중심으로 유기적으로 결합된 신자의 몸이고, 그 몸을 순환하는 혈액은 '사랑'입니다. 이 '사랑'은 성령에 의하여 신진대사가 이루어집니다. 그리고 언제나 신선하고 활발한 사랑의 활동에 의해 에클레시아는 성장하고 발달해 그리스도의 완전함에 이릅니다. 이것이 바울이 본 사회의 이상이었습니다.

*

에클레시아의 구성원은 유대인, 그리스인, 노예, 자유인의 구별 없이, 모두 그리스도 안에서 한 몸을 이룹니다(고전 12:13). 그 안에 있는 구성원들은 인종, 민족, 빈부, 계급의 차별 없이 모두가 다 같이 자유와 평등을 누립니다. 그들을 지배하는 법률은 '우애'입니다. 곧, 근대 데모크라시의 기본 원칙은 바울의 사회관 속에 간단명료하게 설파되어 있습니다. 참으로 바울을 떠나서는 데모크라시를 말할 수 없습니다.

바울 시대에는 노예제도가 일반적인 사회현상이었습니다. 그러므로 그는 '노예와 자유인의 구별'을 사회적 현실로 받아들였지만, 신앙의 현실로 인정하지는 않았습니다. "주 안에서 부르심을 받은 자는 종이라도 주께 속한 자유인이요 또 그와 같이 자유인으로 있을 때에 부르심을 받은 자는 그리스도의 종이니라"(고전 7:22). 자유인, 노예는 인간을 구별하는 본질이 될 수 없습니다. 그리스도에 의하여 자유를 얻었다는 뜻에서는 모든 사람이 자유인이고, 생애를 바쳐 그리스도를 섬긴다는 뜻으로는 모든 사람이 노예입니다. 자유인, 노예라는 사회적 신분은 근본적인 문제는 안 되는 것입니다. 바울은 억지로 계급적 해방을 주장하지는 않았습니다. 그래서 노예가 자유를 얻을 수 있다면 그렇게 하는 것이 좋고, 또 노예의 소유주는 그를 노예로서가 아니라 '사랑하는 형제'로 대하는 것이 바람직합니다(고전 7:21, 몬 1:16). 바울의 인간관과 사회관은 필연적으로 노예해방의 사상을 낳습니다. 제도로서의 노예는 사회적 생산관계가 일정한 수준으로 성숙할 때까지는 해방되지 않았습니다. 그러나 사상으로서의 노예제도는 바울에 의하여 이미 해방되었습니다.

바울의 시대는 또한 인종적·민족적 차별이 강했습니다. 특히 유대인은 전통적인 선민사상을 자랑하고 이방인을 멸시했습니다. 그러므로 바울이 그리스도의 에클레시아에서 "유대인이나 그리스인의 구별 없이"라고 말한 것은 매우 혁명적인 의견이었습니다. ('그리스인'이란 말은 유대인 편에서 '이방인異邦人'과 같은 뜻으로 쓰였습니다.)

유대인은 스스로 아브라함의 후예이며 하나님의 선민이라고 자랑했습니다. 이런 생각에 대하여 바울은 "겉모양으로 유대 사람이라고 해서 유대 사람이 아니요, 겉모양으로 살갗에 할례를 받았다고 해서 할례가 아닙니다. 오히려 속사람으로 유대 사람인 이가 유대 사람이며, 율법의 조문을 따라서 받는 할례가 아니라 성령으로 마음에 받는 할례가 참 할례입니다. 이런 사람은, 사람에게서가 아니라 하나님에게서 칭찬을 받습니다"라고 설파했습니다(롬 2:28-29). 하나님의 약속을 이어받는 참 선민은 혈통에 의한 유대인이 아니라 아브라함의 신앙을 이어받는 사람이다, 곧 아브라함의 육의 자손이 아니라 신앙의 자손이야말로 참 선민이라는 뜻입니다. 아브라함의 신앙을 이어받지 않고, 율법과 의문儀文으로 의롭게 되려는 사람은 인종적·민족적으로는 유대인일지라도 하나님의 선민이 되는 참 유대인이라고 할 수 없습니다. 이와 반대로 아브라함과 같은 신앙을 가진 사람은 이방인이라도 참 의미에서 '유대인'이라고 할 수 있습니다. 인종적 차별이나 민족적 우열의 사상이 근본적으로 일소一掃되어 국제적인 데모크라시의 기초가 놓이는 것입니다.

그뿐 아니라 종전에는 이민족으로 서로 질시하고 증오했었는데 이제는 그리스도의 구속으로 서로 가까워져서 하나가 되었습니다. 그리스도는 두 민족 사이에 가로놓인 '적의의 장벽'을 헐고, 둘이던 것을 하나의 새로운 사람으로 만들어 평화를 이루셨습니다. 십자가로 둘을 하나의 몸으로 만드셔서 하나님과 화해시키셨습니다(엡 2:14-16). 그리스도는 '평화'입니다. 세계의 여러 민족 사이를 갈라놓았던 원한은 그리스도 안에서 소멸되고 세계 평화가 실현된다고 바울은 외쳤습니다. 로마제국은 무력과 법률로 세계 통일을 시도했지만, 바울은 그리스도를 믿는 신앙으로 세계를 한 몸으로 연합하게 하고 평화를 가져온 것입니다.

*

바울의 세계관은 이처럼 웅대했습니다. 그의 말은 결코 관념적인 추상론으로 허공에 떠다니지 않았습니다. 그의 인간관이 매우 현실적이었던 것처럼 그의 세계관에도 물질적 기초가 있었습니다. 인간은 영뿐 아니라 육체를 가지고 있습니다. 영이 깃들지 않은 육체는 인간이 아닌 것처럼, 육체를 갖지 않은 영혼 역시 인간이 아닙니다.

그러므로 인간의 구원에는 영의 자유와 육체의 부활이 필요합니다. 마찬가지로 바울은 세상이 자연 속에 존재하는 것을 알았습니다. 세상을 떠난 자연은 무의미하고 자연을 떠난 세상은 공허한 개념일 뿐입니다. 세상이 완성되려면 세상에 존재하는 환경으로서의 자연, 곧 세상을 구성하는 자연적 조건이 완성되어야 합니다.

그런데 현실의 자연계는 결코 완성된 상태가 아닙니다. 토지의 생산력에는 한계가 있습니다. 기상이변이나 지진이나 해일이나 천재지변이 끊이지 않습니다. 사람과 사람 사이에 벌어지는 불화, 나라와 나라 사이에 벌어지는 전쟁도 주로 물질적 이익 때문에 생겨납니다. 물질적 이익 때문에 벌어지는 다툼은 토지의 부족, 자원의 결핍에 기인할 때가 많습니다. 지금 이대로의 자연계는 세계 평화의 물질적 조건이 구비되어 있지 않습니다.

그 사실을 인식한 바울은 어떤 유물론자보다도 더욱 철저한 현실주의자였습니다.

그렇다면 인류 평화의 사상은 결국 공상에 지나지 않고, 도저히 실현할 수 없는 환영에 불과할까요? 만일 그렇다면 세계 평화와 같은 개념은 생각 자체가 무모하고, 인류의 역사는 이기주의자의 위선과 다르지 않을 것입니다. 역사는 목표를 잃고 인류는 이상을 상실할 것입니다.

이 문제에 대하여 바울은 다음과 같이 논했습니다.

피조물이 고대하는 바는 하나님의 아들들이 나타나는 것이니 피조물이 허무한 데 굴복하는 것은 자기 뜻이 아니요 오직 굴복하게 하시는 이로 말미암음이라. 그 바라는 것은 피조물도 썩어짐의 종노릇한 데서 해방되어 하나님의 자녀들의 영광의 자유에 이르는 것이니라. 피조물이 다 이제까지 함께 탄식하며 함께 고통을 겪고 있는 것을 우리가 아느니라 (롬 8:19-22).

'피조물'이라 함은 곧 자연계의 만물입니다. 자연계의 생산력이 속박을 받고 때로 '자연의 폭위暴威'가 기승을 부리는 것은 인간 때문입니다. 원래 자연은 인간의 생활환경이고, 인간의 영적 상태와 자연의 물적 상태는 밀접하고 떼려야 뗄 수 없는 관계에 있습니다. 아담이 죄를 범하기 전에는 티 없이 순진한 인간이었던 것처럼 자연도 '낙원'이었습니다. 그러다가 인간이 하나님께 범죄하고 영의 자유를 잃어버리자, 자연계도 그에 따른 위화違和와 변조가 생겨 멸망의 상태에 놓이게 된 것입니다.

그러므로 죄에서 구속된 인간이 하나님의 아들로서 영광의 자유에 들어갈 수 있다면 자연 또한 멸망의 상태에서 해방되어 질서와 평화와 풍요한 생산력을 갖게 될 것입니다. 그 결과 개인의 평화와 사회의 평화와 자연의 평화는 서로 어울리고 연결되어 인류의 역사는 완성될 것입니다. 즉 '하나님의 나라'가 땅 위에 이루어질 것입니다. 이것이 바울의 우주관이었습니다.

바울의 생애와 성격

　이와 같이 큰 희망과 신앙의 복음을 들고 바울은 일어섰습니다. 아니, 일어서게 되었습니다. 바울은 이런 생각을 했습니다. '개인의 구원도, 사회의 구원도, 세계의 평화도, 우주의 완성도 하나님의 보냄을 받아 세상에 오신 예수 그리스도에 의하여 이루어진다. 인류의 희망은 모두 그분에게 달려 있다. 다만 우리가 그분을 믿기만 한다면!'

　그렇게 생각하면 바울은 가만히 앉아 있을 수 없었습니다. 더구나 자기가 예전에 예수를 따르는 사람들을 박해했던 것을 생각하면, 그리스도로 인하여 구원의 은혜를 받아 회심한 지금, 그의 가슴속에는 복음 전도의 열정이 불같이 타오를 수밖에 없었습니다. 그러나 이것은 그가 혼자 생각해낸 열심도 아니고, 누군가 그에게 명령을 내린 것도 아니고, 누군가의 의뢰를 받은 것도 아닙니다. 그리스도가 그를 사로잡아 넓은 이방인의 세계에 그리스도의 복음을 전파할 사명을 준 것입니다. "사람들에게서 난 것도 아니요 사람으로 말미암은 것도 아니요 오직 예수 그리스도와 그를 죽은 자 가운데서 살리신 하나님 아버지로 말미암아 사도 된 바울"(갈 1:1)이라는 것이 그의 자각이었습니다.

바울은 서재에 처박혀 연구하는 사람이 아닙니다. 그는 여행가였습니다. 그의 활동으로나 성격으로 보아, 그는 오리게네스Origenes나 토마스 아퀴나스Thomas Aquinas와 같은 신학자가 아니라, 엘리야나 아모스와 같은 예언자 유형의 인물이었습니다. 신약성서 27권 중 바울 서신이 13권이나 있습니다. 신약성서의 약 반수를 바울이 저작했습니다. 이 밖에도 바울이 쓴 서신 중 오늘날 전해지지 않는 것이 있습니다. 이 편지들 안에는 신학적 변증도 포함되어 있지만, 결코 체계적인 신학서라고는 볼 수 없습니다. 이 편지들은 그의 여행의 산물이고, 개인적인 편지의 성격을 띠어 개인적인 감정이 곳곳에 드러나 있습니다. 그는 여행지에서, 또는 갇혀 있는 감옥에서 자기가 일찍이 방문했거나 방문하려는 곳에 사는 형제자매들의 신앙을 굳건하게 하기 위하여 이 편지들을 썼습니다. 그래서 여행과 서신이 하나를 이루고 있습니다. 이것이 바울의 전도 방법이었습니다. 그런 형태를 오늘까지 얼마간 유지하고 있는 것이 개인잡지에 의한 전도라고 생각합니다.

바울은 스스로 붓을 들어 편지를 쓰지는 않았습니다. 언제나 말한 것을 받아 적게 했습니다. 다만 편지 끝부분의 문안만은 자필로 쓰는 것이 습관이었던 듯합니다. 갈라디아서 말미에는 "보십시오, 내가 여러분에게 직접 이렇게 큰 글자로 적습니다"(갈 6:11, 새번역)라고 쓰여 있습니다. 바울이 직접 붓을 들어 적지 않은 이유에 대해서는, 너무 바빴기 때문에, 그리스어의 문장이 서툴렀기 때문에, 시력이 약해서, 또는 천막 제조의 노동으로 굵어진 손마디가 펜대를 잡는 데 적합하지 않아서 등등 여러 가지 추측이 있습니다. 그 이유가 드러나지는 않았지만, 때로는 의자에 앉아, 때로는 서서, 때로는 방은 거닐면서, 때로는 한마디 한마디 생각에 생각을 거듭하여 또박또박, 때로는 마른 풀에 불이 붙는 기세로 그는 말을 토해냈을 것입니다. 수신인을 눈앞에 둔 듯 절박한 현장감이나 진실함을 담아 구술하는 편지는 바울에 가장 잘 어울리는, 바울다운 방법이었다고 생각합니다.

*

바울의 발은 복음을 나르는 중요한 구실을 했습니다. 램지William Mitchell Ramsay 교수가 자신의 저서 제목을 《여행자 바울St. Paul the Traveller and the Roman Citizen》로 붙일 만큼 바울은 여행가였습니다. 바울의 주요한 여행을 연대순으로 나열하면 다음과 같습니다.

1. 다메섹에서 회개한 지 3년이 지났을 때 바울은 예루살렘에 올라가 베드로와 야곱에게 소개되었습니다.
2. 안디옥의 교회에서 파견되어 기근 구제 의연금을 가지고 다시 예루살렘에 왔습니다.
3. 역시 안디옥의 교회에서 파견되어 구브로 섬과 갈라디아 지방에서 제1차 전도여행을 했습니다.
4. 할례 문제를 협의하기 위해 세 번째로 예루살렘에 상경합니다.
5. 아시아 주州의 내륙지방 서쪽으로 나아가 에게해에 접한 드로아항에 이릅니다. 그곳에서 마케도니아를 건너 빌립보, 데살로니가, 아덴, 고린도 등의 여러 도시를 돌며 전도했습니다. 이것이 바울의 제2차 전도여행으로, 이때 그리스도의 복음이 처음 유럽에 들어갔습

니다.

6. 고린도에서 돌아오는 도중 예루살렘을 네 번째로 방문한 뒤 안디옥으로 돌아갔습니다.

7. 소아시아 및 그리스로 제3차 전도여행을 떠났습니다.

8. 빈민 구제금을 가지고 다섯 번째로 예루살렘을 방문합니다. 이때 보수파 유대인들이 '이방인의 사도'인 바울을 죽이려는 음모를 꾸몄습니다. 그래서 로마의 총독 벨릭스는 바울을 가이사랴의 감옥에 2년간 보호 감금합니다. 베스도가 그다음 총독이 되었을 때, 바울은 자신의 로마 시민권을 내세워 가이사에게 상고上告를 신청했습니다. 그의 요구가 받아들여짐에 따라 바울은 로마로 호송됩니다.

9. 가이사랴에서 로마로 배를 타고 호송되던 중에 폭풍우를 만나 난파되었습니다. 고초 끝에 멜리데 섬에 상륙했고, 다음해 봄에 로마에 도착했습니다. 로마에서는 세 든 집에서 보초의 감시를 받는 가택연금 생활을 했습니다.

그 후 바울의 생애는 확실하지 않지만, 한 번 석방된 후 스페인에 갔다는 설도 있고, 고린도와 에베소와 같은 동북 도시를 방문했다는 추측도 있습니다. 한 번 석방된 것은 상당한 신빙성이 있습니다. 그 뒤 다시 체포되어 로마로 압송된 후 네로 황제에 의해 순교를 당한 것으로 전해집니다.

바울이 여행한 이정里程을 합치면 굉장한 거리가 나옵니다. 다이스만 교수는 바울이 여행한 지역이 올리브나무가 생육하는 온화한 기후였음을 지적했습니다. 당시 이집트의 알렉산드리아에는 철학자 필론Philon이 있었습니다. 게다가 그곳은 신 플라톤파 철학이 번영한 학문의 도시였지만, 어찌 된 연유인지 바울은 그곳을 방문하지 않았습니다. 바울의 선배 바나바가 알렉산드리아에서 전도했다는 전설이 있습니다. 만일 그렇다면, 남이 놓은 기초 위에 집을 세우기를 바라지 않는 바울이 이집트에 가지 않았던 연유가 수긍이 갑니다. 예루살렘에는 베드로가 있었고, 알렉산드리아에는 바나바가 있었습니다. 그렇다면 나는 서부 그리스, 로마, 스페인으로 가자, 그렇게 생각했을지도 모릅니다. 어쨌든 바울의 발걸음은 남쪽으로 향하지 않고, 서쪽으로 뻗었습니다. 한 덩어리의 빵, 한 모금의 물 그리고 몇 알의 올리브 열매를 가지고, 천막 제조 직공인 나그네 바울은 서쪽으로, 동쪽으로 몇 차례씩 준령을 넘고 대해를 건너, 이르는 곳마다 그리스도의 복음의 씨앗을 뿌렸습니다.

*

바울은 여행자로서의 어려움을 두루 경험했습니다. 그러나 전도자로서의 마음 고생은 그보다 몇 배 더했을 것입니다. 그를 제일 괴롭힌 사람들은 유대주의자였습니다. 그들은 바울이 주장한 자유의 복음을 이해하지 못하고 바울을 신성모독자, 율법의 파괴자로 여겨 몇 번이나 그를 죽이려 했습니다.

둘째는, 이교의 신들을 숭배하여 이익을 얻는 무리였습니다. 에베소에서는 여신 아데미(아르테미스)의 신상을 은으로 제작해 팔면서 돈을 벌던 은 세공인들이 소요를 일으켜 바울을 잡으려 한 일이 있습니다. 바울의 전도로 장사가 안 될까 봐 우려했기 때문입니다.

셋째, 로마의 총독을 비롯한 관리들 역시 유대인의 인기를 얻으려 바울을 감금하고, 공정한 재판을 받게 하지 않았습니다.

넷째, 같은 전도자 중에 바울을 질시하는 사람이 있었습니다. 그들은 바울이 가진 사도로서의 자격을 의심하거나, 그가 전하는 자유의 복음을 비판하거나, 바울의 성격적인 결함을 들어 인신공격을 가했습니다. 이런 것은 그런대로 참는다 해도, 바울이 가르친 신자들마저 이런 비난에 넘어가 순수한 십자가의 복음을 떠나, 율법에 집착하는 형식주의의 신앙으로 후퇴하는 것은 바울에게 견딜 수 없는 고통이었습니다. 그는 신앙의 후퇴를 경험하는 갈라디아 신자들에게 비분에 차서 말했습니다.

어리석도다, 갈라디아 사람들아. 예수 그리스도께서 십자가에 못 박히신 것이 너희 눈앞에 밝히 보이거늘 누가 너희를 꾀더냐? 내가 너희에게서 다만 이것을 알려 하노니 너희가 성령을 받은 것이 율법의 행위로냐? 혹은 듣고 믿음으로냐?(갈 3:1-2)

이것은 바른 신앙의 길에서 떠나가는 율법주의 경향의 신자에 대한, 창자를 쥐어짜는 사랑의 부름이었습니다. 그 길은 바른길이 아니다, 그 가르침은 복음이 아니다, 돌아오라, 돌아오라.

바울의 전도와 사람됨에 왈가왈부한 사람들이 상당수 있었던 것 같습니다. 바울은 베드로와 같은 예루살렘의 사도들과 달리 예수가 직접 택한 제자가 아니니까 사도로서의 자격이 베드로만 못하다든가, 바울이란 인물은 멀리 있으면 강한 듯이 말하지만 실제로 만나보면 약한 사람이다, 즉 횃대 밑 사내라든가, 바울은 전도 여행을 핑계로 돈을 번다든가, 그 밖에 여러 가지 비평과 중상모략이 있었습니다. 그래서 그는 고린도 사람들에게 보낸 편지에서 자기 자랑을 하는 것은 쓸데없는 일이지만 어쩔 수 없다고 전제한 뒤, 다음과 같이 단호한 태도로 말했습니다.

그들이 그리스도의 일꾼입니까? 내가 정신 나간 사람같이 말합니다마는,

나는 더욱 그렇습니다. 나는 수고도 더 많이 하고, 감옥살이도 더 많이 하고, 매도 더 많이 맞고, 여러 번 죽을 뻔하였습니다. 유대 사람들에게서 마흔에서 하나를 뺀 매를 맞은 것이 다섯 번이요, 채찍으로 맞은 것이 세 번이요, 돌로 맞은 것이 한 번이요, 파선을 당한 것이 세 번이요, 밤낮 꼬박 하루를 망망한 바다를 떠다녔습니다. 자주 여행하는 동안에는, 강물의 위험과 강도의 위험과 동족의 위험과 이방 사람의 위험과 도시의 위험과 광야의 위험과 바다의 위험과 거짓 형제의 위험을 당하였습니다. 수고와 고역에 시달리고, 여러 번 밤을 지새우고, 주리고, 목마르고, 여러 번 굶고, 추위에 떨고, 헐벗었습니다. 그 밖의 것은 제쳐놓고서라도, 모든 교회를 염려하는 염려가 날마다 내 마음을 누르고 있습니다. 누가 약해지면, 나도 약해지지 않겠습니까? 누가 넘어지면, 나도 애타지 않겠습니까? 꼭 자랑을 해야 한다고 하면, 나는 내 약점들을 자랑하겠습니다. 영원히 찬양을 받으실 주 예수의 아버지 하나님께서 내 말이 거짓말이 아님을 아십니다(고후 11:23-31, 새번역).

*

참으로 바울은 스스로 "그리스도의 남은 고난을 내 몸에 채운다"고 말할 수 있을 만큼 고난과 전투의 일생을 보냈습니다.

이 모든 건 그리스도의 복음 때문이었습니다. 그것은 이 복음에 인류 구원의 희망이 달려 있기 때문이었습니다. 그에게는 많은 적이 있었습니다. 그는 많은 적과 격렬하게 싸웠습니다. 그러나 그는 그리스도 안에서 늘 이겼습니다. 져도, 이겼던 것입니다.

우리는 사방으로 죄어들어도 움츠러들지 않으며, 답답한 일을 당해도 낙심하지 않으며, 박해를 당해도 버림받지 않으며, 거꾸러뜨림을 당해도 망하지 않습니다. 우리는 언제나 예수의 죽임 당하심을 우리 몸에 짊어지고 다닙니다. 그것은 예수의 생명도 또한 우리 몸에 나타나게 하기 위함입니다(고후 4:8-10, 새번역).

이것이 바울의 생애 경험이고, 그가 실감한 바였습니다.

그러나 바울의 생애에 고투만 있었던 것은 아닙니다. 그에게는 큰 환희가 있었습니다. 그는 감옥에서 빌립보의 신자들에게 이런 편지를 써 보냈습니다.

그리하여 여러분은, 흠이 없고 순결해져서, 구부러지고 뒤틀린 세대 가운데서 하나님의 흠 없는 자녀가 되어야 합니다. 그리하면 여러분은 이 세상에서 별과 같이 빛날 것입니다. 생명의 말씀을 굳게 잡으십시오. 그리하면 내가 달음질한 것과 수고한 것이 헛되지 아니하여서, 그리스도의 날에 내가 자랑할 수 있을 것입니다. 그리고 여러분의 믿음의 제사와 예배에 나의 피를 붓는 일이 있을지라도, 나는 기뻐하고, 여러분 모두와 함께 기뻐하겠습니다. 여러분도 이와 같이 기뻐하고, 나와 함께 기뻐하십시오(빌 2:15-18, 새번역).

여러분의 신앙이 진보할 수 있다면, 바울 자신은 순교의 피를 뿌려도 기쁘다는 것입니다. 슬픔의 사람 바울은 그러므로 환희의 사람이고, 전투의 사람 바울은 그러므로 평안의 사람이었습니다. 그는 자유의 사람이었고 진실한 사람이었습니다. 모순을 모순 그대로 살았던 야인이었습니다. 그를 '성聖 바울'이라면서 떠받드는 사람이 누구입니까? 그는 바울입니다. 그저 바울일 뿐입니다. 우리는 그를 통하여 자유의 평민을 안 것입니다.

바울에 의해 기독교는 유럽에 전해졌습니다. 유럽에 전해진 것은 전 세계에 전해진 것이었습니다. 거대한 인류의 문명사가 여기서 시작되었습니다. 그러나 바울의 영향력은 기독교의 세계적 전파에 그치지 않습니다. 바울이 싸운 싸움은 그 뒤로도 여러 차례 문명의 위기 가운데에서 이어져 인류를 형식주의, 율법주의의 침체와 허위에서 구원했습니다.

아우구스티누스Augustinus가 율법주의자인 펠라기우스Pelagius와 싸운 무기는 바울이었습니다. 루터가 가톨릭교회의 형식주의와 싸운 것도 바울에 의해서였습니다. 우치무라 간조가 일체의 종교인 냄새나는 제사적祭祀的 기독교와 싸운 것도 마찬가지로 바울에 의해서였습니다. 예로부터 모든 종교개혁은 언제나 바울로 돌아가 기치를 들었던 것입니다. 그만큼 바울의 정신은 자유롭고 혁신적입니다. 그리스도의 생명 그 자체이기 때문에 낡아질 수가 없는 것입니다.

한때 학자들 사이에서 바울의 신학은 예수의 단순한 복음을 부자연스럽게 왜곡했다는 주장이 있었습니다. 그들은 우리가 바울을 떠나 예수로 돌아가지 않으면 안 된다고 주장했습니다. 그러나 바울이 예수를 왜곡한 것이 아닙니다. 바울의 가르침을 신학적으로 체계화시킨 사람이 바울도 왜곡하고, 예수도 왜곡한 것입니다.

예수의 발자취는 거의 유대 밖을 벗어나지 않았지만, 바울의 발자취는 널리 세계에까지 미쳤습니다. 예수는 시골 출생이었지만, 바울은 도시인이었습니다. 예수는 학교를 다니지 않았지만, 바울은 가말리엘의 문하에서 학문을 배웠습니다. 그런 차이점은 있었지만, 바울은 가장 자유롭고 가장 신선하게 예수의 복음을 후세에 전한 사도였습니다.

이제 우리는 이중의 의미로 바울을 필요로 합니다. 이 혼란한 세상에서 우리 각자의 구원을 확립하기 위하여, 이 황폐한 세계에 평화가 영원히 계속되기 위하여, 이 미쳐 날뛰는 우주가 완성되기 위하여 우리는 바울이 전한 그리스도의 복음을 사랑하는 우리 겨레의 마음속에 뿌려야 합니다.

　그러나 그 복음의 씨앗에 의식이나 전통이나 율법 같은 불순물을 섞어서는 안 됩니다. 생명의 발아력을 방해하는 일체의 불순물에 미혹됨이 없이 어디까지나 순수한 십자가의 복음을 위해 바울과 같이 사랑하고 괴로워하며 애써 싸워야 합니다.

루터

4

Martin Luther

1483. 11. 10. - 1546. 2. 18.

수도원에 들어가다

    콜럼버스가 미국을 발견한 1492년, 세는나이로 열 살이던 루터는 중부 독일의 만스펠트라는 광산촌에서, 집에서는 호두 몇 알 때문에 피가 나도록 맞기도 하고 학교에서는 오전에만 열다섯 번이나 채찍에 맞으면서 겁 많은 소년으로 전전긍긍하며 살고 있었습니다. 그는 아마도 세계가 지리적으로 이렇게 확장된 줄 몰랐을 것이며, 세계 또한 이 소년이 장차 그렇게 굳센 정신을 가진 종교개혁자가 되리라고는 꿈에도 생각지 못했을 것입니다. 그런데 콜럼버스가 서쪽으로 서쪽으로 배를 운항하여 뜻밖에 미국을 발견한 것과 루터가 안으로 안으로 그의 마음을 파고 들어가 신앙에 의한 구원을 발견한 것으로 인하여 세계 역사는 새로운 시대에 들어섰습니다. 인간에게는 가로의 생활과 세로의 생활이 있다고 하는데, 세계 역사에서도 마찬가지로 가로는 콜럼버스에 의하여 펼쳐지고 세로는 루터에 의해 깊어져, 그 구조 위에 '근대近代'가

건축되어왔던 것입니다.

루터의 집안은 조상 대대로 튀링겐의 숲속에서 가난한 농부로 생활해 왔으나, 그의 아버지는 아이슬레벤이라는 구리 광산촌으로 이주하여 광부가 되었습니다. 마르틴 루터는 장남으로 1483년 11월 10일에 태어났습니다. 그가 태어나고 얼마 지나지 않아 아버지 한스는 가까운 만스펠트 광산으로 이사해 열심히 일하고 얼마간 돈도 벌어, 가난한 살림이지만 루터를 에르푸르트 대학에 보낼 수 있었습니다. 거기서 그는 철학을 배우고 1505년에 문학사文學士의 칭호를 받았으나, 아버지의 희망에 따라 다시 대학에서 법학 연구를 계속하게 되었습니다. 지방의회 의원으로 선출되었지만 법률 지식이 없어 어려움을 겪었던 아버지는, 아들에게 법학을 공부시켜 그 입신출세를 보고 싶었던 것입니다. 자기가 교육을 받지 못한 탓에 도달할 수 없었던 사회적 지위에 아들을 올려 보내기 위해, 쪼들리는 생활 속에서 대학 교육을 받게 하는 이 근면한 아버지의 야심에는 흐뭇한 느낌마저 듭니다.

*

그런데 루터가 문학사가 되어 금의환향한 7월, 갑자기 세상을 등지고 수도원에 들어갔습니다. 일단 수도원의 문을 열고 들어가면 세상에 대해서는 죽은 것과 같습니다. 결혼도, 취직도, 자녀도, 출세도, 무릇 루터의 장래에 대해 아버지가 품었던 기대가 순간의 환영으로 사라지고 말았습니다. 곧은 성품의 아버지가 매우 노여워한 것도 무리가 아닙니다.

아버지에게 실망을 주리라는 사실을 루터가 몰랐을 리가 없습니다. 그러나 그로서는 달리 어찌할 수 없는 사정이 있었음에 틀림없습니다. 직접적인 동기로 전해지는 이야기에 따르면, 루터는 고향에 왔다가 에르푸르트 대학에 돌아가는 길에 큰 천둥과 비를 만나, 두려운 나머지 땅에 엎드려 "성聖 안나여, 도와주십시오. 저는 수도사가 되겠습니다" 하고 외쳤다고 합니다. 그 서약을 이행하기 위해, 그로부터 2주일 뒤 학우들에게 작별을 고하고 수도원에 들어갔다는 것입니다. '성 안나'는 만스펠트의 광부들이 모시는 수호성인으로, 루터가 어려서부터 들어 익숙한 이름입니다. 그래서 순간 그 이름이 입에서 튀어나왔겠지요.

성 안나, 수도승, 서약 지키기. 어느 것이나 중세적입니다. 그렇습니다. 그때 루터는 아직 중세인이었습니다. 그러나 그는 중세로부터 가장 선한 것을 물려받았습니다. 그는 중세의 파괴자로 오지 않고 그 완성자로 왔습니다. 종교개혁자가 된 뒤에 루터는 성 안나든 다른 누구든, 수호성인에게 도움을 비는 일을 더는 하지 않습니다. 유일하신 구주救主에게 비는 사람이 되었습니다. 그러나 그는 도움이 자기 자신에게서 오지 않고 인간 이상의 존재로부터 오는 것을 믿었습니다. 그때 만일 성안나의 도움이 없었더라면 벼락을 맞아 정말 죽었으리라고, 그는 진심으로 믿었을 것입니다.

위에서 오는 이 크신 도움을 갚는 최선의 길은 자기 온 생애를 하나님께 바쳐 깨끗한 삶을 사는 데 있다고 믿었던 것입니다. 훗날 그는 그 목적을 이루는 데 수도원보다 더 선한 길이 있음을 발견했습니다. 그러나 이때는 아직 수도사가 되는 것이 그 최선의 길이라고 믿었습니다. 그는 결코 부모의 노고를 모르는 효성 없는 아이는 아니었습니다. 그러나 그에게는 부모보다 더 두려운 분, 부모보다 더 기쁘게 해드려야 할 분이 있었습니다. 하나님입니다. 만일 루터가 이때 부모 이상 두려워해야 할 분을 알지 못했더라면 그의 효도는 고작 부모의 세속적인 야심을 만족시키는 데 그치고, 종교개혁자로서 그의 시대와 후대의 많은 사람에게 힘과 빛을 주지는 못했을 것입니다.

　그러나 루터가 수도원으로 달려간 것은 천둥과 비로 일어난 일시적 감정 때문만은 아니었을 것입니다. 그가 소년 시절부터 종교 생활을 하면서 느껴왔던 모순과 무거운 짐, 말하자면 그 형체 없고 소리 없는 천둥이 그때 유형有形·유성有聲의 천둥이 되어 그의 머리 위에서 작열했을 것입니다. 어렸을 때부터 가정과 학교에서 엄격한 훈육을 받아 공포 속에 자라난 루터, 악마의 실재를 믿고 두려워 떨던 루터, 한편 신앙을 배우고 기도의 습관이 길러진 그의 젊은 영혼 속에, 어떻게 하면 깨끗한 마음과 아름다운 행위를 가질 수 있고 지옥의 공포에서 자유로울 수 있는가 하는 문제는 숙제가 되어 의식·무의식적으로 그의 마음을 압박했습니다. 학생 시절의 그가 손을 씻으면서 "씻을수록 더러워진다"고 중얼거리는 것을 어떤 친구가 들었다고 합니다(마사이케 진政池仁,《개혁자 마르틴 루터改革者マルチン·ルッター_》, 51쪽). 이런 것은 결벽증이 있는 사람에게 흔히 있는 일이지만, 루터의 경우는 설령 그것이 어느 정도 병적인 신경증이 원인이었다 할지라도 본질적으로는 그의 예민한 도덕적 양심의 고민에서 나온 소리임에 틀림없습니다. 아니, 이것은 루터 개인의 고민이었을 뿐 아니라 실로 그 시대의 고민이었습니다. 중세는 종교적인 시대였습니다. 그러나 또한 미신이 성하던 시대였습니다. 사회적으로는 사제와 세속인世俗人, 제후와 자유귀족自由貴族, Freiherr, 상업 자본가와 국내 소비자, 지주와 농민, 직인장職人長과 도제徒弟, 주교와 가난한 수도사의 대립이 점차 뚜렷해져서, 지배 계급의 권력이 커지고 사치가 심해지면서 중산 계급은 독립된 지위를 위협받고 서민은 무지와 빈궁 속에 신음하여 사회 전체의 도덕적 질서와 의무 관념이 희박해졌습니다. 르네상스의 새벽은 이미 동트고 있었지만, 유럽은 아직 강건한 새 시대를

낳을 정신적 기력은 갖지 못했습니다.

이때 튀링겐의 숲속에서 나온 농민 출신 광부의 아들, 에르푸르트 대학을 갓 졸업한 23세의 청년 마르틴 루터의 머리 위에서 천둥이 커다랗게 울렸던 것입니다. 그는 놀라서 수도원에 들어갔습니다. 그 개인의 마음속에서, 나아가 그 시대의 마음속에서 중세의 압박 세력이 가하는 공포를 제거하고, 자유 독립의 인간을 만들기 위해서였습니다. 이는 그로 하여금 세상을 구하기 위하여 세상을 버리게 하고, 수도원을 버리기 위해 수도원에 들어가게 한 하늘의 소리였습니다.

*

수도원에 들어간 루터는 무척 애를 쓰고 정진하여 규율을 지키고 엄격하게 수행에 임하였습니다. 어떻게 해서든지 죄를 용서받아 하나님의 연민을 입고 지옥의 공포에서 벗어나기 위해서였습니다. 그러기 위해 때로는 금식을 하고 때로는 밤새워 기도하고, 독서와 연구에도 열심을 냈습니다. 수도원에는 그의 정진을 따를 사람이 없었습니다. 그러나 그는 힘쓰면 힘쓸수록 자기 죄를 더 깊이 의식하였으며, 어떠한 것도 그의 양심에 평안을 주지 못했습니다. 그는 참혹하리만큼 수척해졌습니다. 그런데 다행스럽게도 그는 좋은 스승을 한 분 만났습니다. 아우구스티누스 수도원의 총감독 요한 폰 슈타우피츠Johann von Staupitz가 그 사람입니다. 슈타우피츠는 베르나르Bernard de Clairvaux의 사상 경향을 따르는 신비주의자였지만, 이 청년 수도사 마르틴을 눈여겨보고, 그리스도의 십자가를 가르치고, 또 성서를 숙독하도록 권했습니다. 슈타우피츠의 간절한 지도와 루터 자신의 진지한 공부로 그의 정신에 한 줄기 빛이 비치기 시작했습니다. 특히 슈타우피츠를 통해 따뜻한 '아버지의 사랑'을 안 것은, 그에게 무척 다행스런 일이었습니다.

슈타우피츠는 작센 선거후選舉侯 프리드리히가 1502년, 영지인 비텐베르크에 신설한 대학의 신학부장을 겸하고 있었습니다. 그는 루터의 학문을 인정하고 이 대학의 강사로 임명했습니다. 여기에는 루터의 우울증을 누그러뜨리려는 아버지다운 배려도 곁들여져 있었습니다. 1508년, 그가 26세 되었을 때의 일입니다. 루터는 스승의 뜻을 따라 비텐베르크에 옮겨 가 그 지방의 수도원에 소속하게 됩니다.

대학 교수

루터는 1512년에 신학박사의 칭호를 받고, 슈타우피츠의 뒤를
이어 신학 주임교수가 되어 신구약성서 강의를 담당했습니다. 그는 처
음에는 시편을, 이어 로마서를, 그다음에는 갈라디아서를 강의했습니
다. 그의 강의는 명강의로 알려져 대학 내외에서 많은 사람들이 청강하
러 왔습니다. 그의 강의는 독창적이었습니다. 형식에 사로잡히지 않고
언제나 시사 문제와 관련해 성서를 강의하고, 또 성서에 비추어 시사 문
제를 관찰한 까닭에 그의 강의는 매우 실제적이고 힘찼습니다. 로테르
담의 인문주의자 에라스뮈스Desiderius Erasmus는 바울을 바르게 번역했
지만 바르게 이해하지 못한 반면, 루터는 바울이 실제로 느끼고 생각하
고 가르친 정신을 파악하고, 인류를 위해 그를 재발견해 강의했습니다.
　짧은 햇수 동안 루터는 눈부신 진보를 이루었습니다. 저 상한 갈대,
꺼져가는 등불 같던 그가 이제는 밝고 쾌활하고 활기에 넘쳤습니다. 이

것은 그가 마음속에서 일대 변화를 경험하였기 때문입니다. 바꿔 말하면, 그에게 '확신'이 생겼기 때문입니다.

어떻게 하면 죄로 고뇌하는 양심이 평안을 얻을 수 있을까? 앞서 말한 대로 이것이 그의 숙제였습니다. 그는 바울의 책을 연구하며 로마서 1장 17절의 '하나님의 의義'라는 말의 뜻을 해석하기 위해 여러 해 동안 괴로워했습니다. 그는 이 말을 '하나님의 노怒'라는 뜻으로 읽고서 전혀 마음의 평안을 얻지 못하고 오히려 공포에 떨다가, 어느 때엔가 이 말은 "의인은 믿음으로 인하여 살리라"라는 말에 비추어 해석해야 한다는 사실을 깨달았습니다. 곧 '하나님의 의'는 벌을 주고 위협하는 것이 아니라 은혜로 용서한다는 뜻으로 해석해야 한다는 것을 알았습니다.

이로써 그의 마음은 완전한 평안을 얻고, 천국의 문이 그의 앞에 열렸습니다. 그것은 아마도 1512년 연말 혹은 1513년 연초, 즉 그가 신학교수로 임명되었던 초기의 일이었으리라고 추정됩니다(Boehmer, H., *Luther im Lichte der neueren Forschung*, S.52). 나아가 그는 1509년 이후 아우구스티누스의 책을 탐독했는데, 1515년 3월에 그의 저서 《영과 의문儀文에 관하여De spiritu et littera》를 읽고 아우구스티누스가 '하나님의 의'에 대해서 자신과 같이 해석한 것을 발견하고 더욱 강한 확신을 품었습니다. 이 진리를 발견한 그는 다른 사람이라도 된 듯 더욱더 힘차게 로마서를 강의했습니다. 그는 또 성城 교회 및 도시 교회의 강단을 담당하여 민중에게도 이 복음을 설교했습니다.

*

위와 같은 정신과 태도로 강의와 설교에 힘쓰던 루터 앞에 예상치 못한 큰 문제가 닥쳤습니다. 도미니크회의 수도사 테첼Johann Tetzel이 비텐베르크 근처까지 와서 사죄권敕罪權을 판매하여, 루터의 제자 중에도 그것을 사 가지고 와서 자신의 부도덕한 행위에 대한 사죄의 효과를 선전하고 다니는 사람이 나온 것입니다.

교황이 주도하는 '사죄' 제도는 9세기부터 시작된 것이지만, 그것이 유가증권의 형태를 취하여 대리인에 의해 판매되는 '신성한 상품'이 된 것은 1393년 이후의 일입니다. 이제 루터 앞에 나타난 사죄권은 1513년에 교황이 된 레오 10세가 성 베드로 성당 건축비를 마련하고자 팔기 시작한 것으로, 독일에서는 마인츠의 대주교 알브레히트가 그 판매권을 독점하였는데, 알브레히트는 테첼을 고용하여 여러 지역에서 팔게 하였습니다. 테첼은 속악하고 교활한 요설가로, "돈이 상자 속에서 짤랑 소리를 내는 순간, 영혼은 연옥에서 날아간다"라든가, "너희 아버지는 불길 속에 있지 않으냐? 10그로셴만 내면 그를 구원할 수 있지 않느냐?"라든가, "이제 매물도 얼마 안 남았으니, 곧 홍십자紅十字를 내리고 천국 문을 닫아야 하겠네"라는 등 저급한 말로 민중의 구매욕을 자극했습니다(후지이 다케시藤井武 전집 제10권《루터 전》, 48-49쪽).

루터는 1515년 이후 사죄권 문제에 대해 강단에서 논한 일이 있었지만, 이제는 눈앞에서 이 속악한 테첼이 하는 말을 듣게 되었으니 성서의 실제적 가치를 중시하는 신학 교수로서 도저히 방관할 수만은 없게 되었습니다. 그래서 그는 "사죄권의 효력을 밝히기 위한 토론"을 열 목적으로 성城 교회의 문에 95개조의 토론 제목을 게시하였습니다. 이것은 시골의 한 수도사가 로마 교황의 권위에 대하여 도전하는 신파 같은 행동이 아닙니다. 성 교회의 문은 대학의 게시판으로 사용되었으며, 이렇게 게시를 하는 것은 대학 교수가 주최하여 공개토론회를 열 때의 관례였습니다. 종교개혁자의 영웅적 행동이라기보다는 신학을 가르치는 대학 교수의 학자적 양심에서 비롯된 일이었습니다.

그러나 일은 루터 자신이 예상한 것보다 훨씬 중대하게 진행되었습니다. 루터가 게시한 글은 학문적 토론의 논제에 적합하도록 라틴어로 쓰였으나, 즉시 독일어로 번역되어 국내는 물론 국경을 넘어 날개가 돋친 것처럼 퍼져갔습니다. 마치 한 개비의 성냥을 그어 마른 풀밭에 불을 지른 것 같은 기세였습니다. 그것은 민중이 문제 삼고 싶은 것, 토론하고 싶은 것에 불을 질렀기 때문입니다. 이리하여 한 사람의 대학 교수인 루터는 종교개혁자로서 격렬한 투쟁 속에 밀려들어갔고, 중세의 태동이 그치고 근세가 산문産門을 열었습니다. 후세에 루터가 '논제'를 내건 1517년 10월 31일을 종교개혁 기념일로 정한 것도 그런 의미와 무관하지 않습니다. 이때 그의 나이 35세, 인생의 중반에 도달한 장년이었습니다.

보름스와 바르트부르크

루터의 논제는 테첼의 장사와 정면으로 충돌하였습니다. 테첼은 분기탱천하여 곧 반박문을 썼습니다. 그 뒤 교황 측과 루터 측 사이에 몇 차례 논쟁과 조정이 이루어지기도 했지만, 그중 가장 중요한 것은 1519년 라이프치히에서 열린 잉골슈타트 대학 교수 에크Johann Eck와 벌인 토론입니다. 루터 측에서는 비텐베르크 대학의 동료 몇 명 말고도 2백 명가량의 학생이 창과 방패를 들고 호위하며 동행했습니다.

에크는 학식으로나 변론으로나 루터보다 한 수 위처럼 보였습니다. 그는 토론 속에 교묘히 함정을 파놓고, 루터로 하여금 보헤미아의 종교개혁자 후스Jan Hus의 말에도 옳은 것이 있다고 말하지 않을 수 없게끔 몰아갔습니다. 후스는 콘스탄츠의 종교회의에서 이단으로 선고되어 화형된 사람입니다. 이에 에크는 루터를 추궁하여 "종교회의의 결정이라도 오류가 없지 않다"는 말을 이끌어냈습니다. 에크는 쾌재를 부르며,

종교회의의 결정을 인정하지 않는 루터는 이교도라고 낙인을 찍어버렸습니다. 이것은 루터가 전혀 예상치 못했던 결과였습니다. 중세 교회의 신성한 전통으로 생각하던 교황과 종교회의의 무류성無謬性을 부정할 의도는 처음부터 전혀 없었으나, 에크의 추궁을 받고 나서 비로소 자기의 신앙적 입장을 분명히 자각하게 되었던 것입니다. 그는 토론에 지고, 신앙에 이겼습니다. 왜냐하면 그는 자신의 신앙적 주장이, 자신이 의식했던 것보다 훨씬 중대한 의의를 가졌음을 자각했기 때문입니다. 루터가 테첼처럼 야비한 달변가이고 에크처럼 유능한 토론가였다면, 종교개혁가로서의 자각이 그토록 선명하지는 못했을 것입니다. 참으로 진리를 위한 투사에게는 아군보다 악의 있는 적이 항상 이익을 줍니다.

라이프치히에서 돌아온 루터는 달리는 사자 같은 기세로 강의와 저술, 논박에 매진하며 일했습니다. 1519년 한 해에만 그는 50종의 소책자를 썼습니다. 그해 독일 전체의 출판 종수가 모두 110종이니 절반의 책을 루터 한 사람이 쓴 것입니다. 다음 해 1520년에는 총 208종 가운데 133종, 1523년에는 498종 가운데 183종이 루터의 저술이었습니다. 이 수많은 저술 가운데서도 1520년에 나온 〈독일 민족의 그리스도인 귀족에게 드리는 글〉, 〈교회의 바빌론 포수〉 및 〈그리스도인의 자유〉는 3대 종교개혁 논문이라 불리는 가장 중요한 문서입니다.

대수롭지 않게 여기던 루터의 힘이 조금도 쇠하지 않을 뿐 아니라 더욱더 민중에게 강한 영향을 주는 것을 보고 로마 교황이 드디어 움직여, 루터에게 60일의 유예 기간을 주고, 그 기간 안에 주장을 철회하지 않으면 파문하겠다고 위협하는 교서를 발표했습니다. 그러나 바로 그 60일이 되는 날 아침, 비텐베르크 대학의 게시 장소인 성 교회 문에는 루터의 동료이자 동지인 멜란히톤Philipp Melanchton이 다음 게시문을 붙였습니다.

> 복음의 진리와 한편인 사람은 오전 9시, 시의 성벽 밖에 있는 성십자가 교
> 회 앞에 모일 것.

다수의 교수와 학생들이 모였습니다. 쌓아 올린 장작더미에 멜란히톤이 불을 붙이자, 루터가 걸어 나와 말없이 교회법규집과 에크 및 그 밖의 로마파 학자들의 저서를 던져 넣고, 라틴말로 "너희는 하나님의 진리를 소멸시켰기에, 주께서 오늘 너희를 이 불 속에 소멸시키노라" 말하고, 교황의 파문 영서를 타오르는 불길 속에 던졌습니다. 이 자리에 모인 온 회중이 그 말에 "아멘"이라고 화답하였습니다. 루터는 교수들과 함께 조용히 대학으로 돌아왔지만, 학생들은 뒤에 남아 〈테데움Te Deum〉(무슨 일이 있으면 즉시 불렀던 애창 성가)을 부르고 또 장난기도 섞어 장례식 노래를 부르고 나서 해산했습니다. 다음 날 루터는 학생들을 모아, "만일 제군들이 온 힘을 다하여 교황의 지배에서 벗어나지 않으면 여러분은 구원받을 수 없다"고 선언했습니다.

얼마나 놀라운 광경입니까? 중세 천 년을 지배하고 민중의 정신을 노예화하던 교황에게 작은 대학의 일개 교수에 지나지 않던 마르틴 루터가 드디어 완전한 적대자가 되었습니다. 그의 영주 프리드리히는 그를 보호했고 멜란히톤을 비롯한 루터의 동료들 대부분이 그의 동지였습니다. 학생과 시민 역시 그를 지지하고 옹호하였습니다. 당시 인구가 겨우 3천 명에 불과한 시골 마을 비텐베르크는 작지만 온 소읍이 하나가 되어, 전 기독교 국가의 거룩한 도읍으로 인정받던 로마에 맞서 일어섰던 것입니다. 이에 비하면, 진리와 한편인 교수가 한 사람 또 한 사람 도살

장으로 끌려가는 것을 방관하기만 하는 대학과 대학촌은 얼마나 무력합니까?

*

로마 교황청은 새로 신성로마제국의 제위에 오른 황제 카를 5세에게 루터 파문 영서를 집행할 것을 요구했습니다. 마침 1521년 1월부터 라인 강변 보름스에서 신성로마제국 최초의 독일 국회가 열리고 있었으므로 황제는 루터에게 국회에 출두하도록 소환 명령을 보냈습니다.

4월 16일 보름스에 도착한 루터는 다음 날 황제 이하 제후와 자유 도시의 대표자, 교황청의 사절 등이 기라성처럼 늘어선 자리에 불려 나갔습니다. 책상 위에는 그의 저서가 20여 종 진열되어 있습니다. 재판관이 그를 심문합니다. "이 책들이 모두 그대의 저서인가? 만일 그렇다면, 그대가 쓴 것을 계속 고집하겠는가? 또는 그 일부, 또는 그 전부를 철회하겠는가?"

루터는 그것이 모두 자기의 저술인 것은 곧 인정했지만 철회에 대해서는 신앙 및 정신상의 중대 문제이므로 잠시 시간 여유를 달라고 청원했습니다. 그 목소리는 힘이 없고 낮았다고 합니다. 협의 결과 24시간의 여유가 주어졌습니다.

기도의 하룻밤이 지났습니다. 다음 날 다시 황제 앞에 나온 루터는 어제보다 큰 목소리로, 두 시간에 걸쳐 그의 소신을 피력하고 마지막으로 다음과 같이 말했습니다. "나의 양심은 하나님의 말씀에 매여 있습니다. 나는 취소할 수 없습니다. 또 취소할 생각도 없습니다. 왜냐하면 양심에 어긋나는 일은 안전하지도 않고, 또 정직하지도 않기 때문입니다."

그리고 잠시 말을 끊은 뒤, "나는 여기에 서 있습니다. 달리 어떻게 할 수 없습니다. 하나님, 저를 도와주소서. 아멘" 하고, 혼잣말처럼 덧붙여 말했습니다.

아무도 루터에게 손을 댈 수 없었습니다. 그는 4월 26일에 보름스를 떠나 비텐베르크의 귀로에 올랐으나, 교황청 사절 알레안더Alender는 황제에게 요청하여, 루터를 이단자로 화형하도록 명령하는 칙령을 발표하게 했습니다. 그러나 그때 루터는 이미 그들 박해자의 눈에 띄지 않는 곳에 있었습니다. 비텐베르크로 돌아가는 도중 어느 구석진 숲속의 언덕길에 루터의 마차가 들어섰을 때, 숲에서 몇 사람의 기사騎士가 뛰쳐나와 어디론가 그를 납치해 갔기 때문입니다.

루터의 영주인 작센 선거후 프리드리히가 그를 보호하기 위해 취한 조처였습니다. 프리드리히는 루터를 아이제나흐 교외의 성산城山 바르트부르크로 안전하게 피신시켰습니다. 바르트부르크는 바그너의 가극 〈탄호이저〉로 유명한 넓은 홀이 있는 옛 성으로, 루터는 그곳에서 시골 귀족 게오르그라는 가명으로 만 10개월 동안 숨어서 지냈습니다. 거기 머물러 있는 동안 그는 전망이 좋은 외진 방에서 신약성서를 독일말로 번역했습니다. 번역에 걸린 전체 날수는 3개월이었습니다. 이는 매우 짧은 시일로, 그가 얼마나 열심히 노력했는지 알 수 있습니다.

1522년 3월 6일, 루터는 비텐베르크로 돌아왔습니다. 카를슈타트 Andreas Rudolf Bodenstein von Karlstadt 등이 추진하는 개혁이 너무 앞서가는 것을 바로잡는 일이 그를 기다리고 있었습니다. 그 뒤 자유귀족의 난이나 농민전쟁 같은 사건도 일어났지만, 대체로 루터의 종교개혁은 순조롭게 진행되었습니다. 로마 교회의 굴레를 벗어난 여러 나라를 위하여, 그는 새로 국교회國敎會(란데스키르헤Landeskirche)를 조직하고, 민중의 종교 교육을 위해 대/소 교리문답집Kathekismus을 저술했습니다. 그의 이러한 건설적 활동에 대해서는 자세히 쓸 지면이 없습니다. 우리 나라에도 몇 권 나온 그의 전기를 보시기 바랍니다. 그는 마지막까지 비텐베르크 대학의 교수였는데, 1545년의 창세기 강의가 마지막 수업이 되었습니다. 그다음 해 2월 18일 여행지 아이슬레벤에서 이 위대한 투사의 영혼은 창조주에게 돌아갔습니다. 그의 나이 64세였습니다.

전투의 사람

옛 성 바르트부르크의 전망 좋은 외진 방에서 성서 번역에 종사하던 시절, 어느 날엔가 벽 위에 악마의 모습이 불쑥 나타나자 루터는 순간적으로 책상 위에 있던 잉크병을 집어 던졌다는 이야기가 전해옵니다. 그 자국이 남은 흙벽을 후세의 구경꾼들이 기념으로 조금씩 긁어가서 꽤 큰 구멍이 뚫려, 지금은 쇠망을 씌워놓았습니다. 이 잉크병 일화는 사실은 아닌 것 같지만, 꾸민 이야기치곤 루터의 성격이 참 잘 나타난 이야기입니다.

저도 유학 중에 이 벽의 구멍을 보고 왔지만, 그와 비교할 수 있을 만큼 재미난 것을 로마에서 보았습니다. 가톨릭의 대본산 성 베드로 대성당 안에서였습니다. 이 성당의 건축 자금을 마련한다는 명목으로 교황 레오 10세가 판매한 면죄부가 루터의 종교개혁의 직접적인 동기가 되었다는 것은 앞서 말씀드린 대로입니다. 이 거대한 성당에 들어가면 오른쪽에 사도 베드로의 동상이 서 있고, 그가 내민 한쪽 발에는 샌들이 신겨져 있습니다. 거기에 참배하러 온 사람들이 입을 맞추어서 동상의 발가락이 닳아 작아졌기 때문에, 더 이상 닳지 않도록 쇠로 만든 샌들을 신겼다고 합니다. 아닌 게 아니라, 닳아서 작아진 엄지발가락은 반들반들 광이 나고 있었습니다. 이것이 가톨릭의 종교입니다.

로마에는 성 베드로 대성당 버금가는 라테라노 대성당에 부속하여 스칼라 상타scala sancta, 성계聖階라 불리는 건물 계단이 있습니다. 아직 종교개혁자가 되기 전의 젊은 루터가 슈타우피츠에게 파견되어 로마에 왔을 때(1512), 그는 경건한 가톨릭 신자의 의식에 따라 한 계단 올라갈 때마다 정해진 기도를 외면서 28계단이 있는 이 '신성한 계단'을 무릎으로 기어 올라가다가, 갑자기 "의인은 믿음으로 살리라"라는 성서의 말씀이 기억나 벌떡 일어나서 내려왔다고 전해지고 있습니다. 이것은 루터의 아들의 입에서 전해져 내려오는 이야기지만, 최근에 새롭게 발견된 자료에 의하면 이때 루터는 마지막 계단까지 무릎으로 올라가긴 했지만, 위에 섰을 때 '정말 그럴까' 하고 혼잣말 했다고 합니다.

무릎으로 올라가느냐 두 발로 서서 걸어가느냐, 똑같이 쇠망을 쳤어도 입맞춤으로 발가락이 닳은 것과 악마를 향해 잉크병을 던진 것의 차이가, 교황의 종교와 루터의 신앙 사이에 있었습니다. 루터는 어려서부터 악마를 두려워하며 자랐습니다. 악마의 간책 중에서 가장 큰 것은 그의 양심의 평안을 빼앗아가는 것이었습니다. 그는 수행과 의식적 경건으로 마음의 평안과 빛을 구했지만 얻지 못했습니다. 그러다가 마침내 사람은 그리스도의 십자가를 믿음으로써 의롭게 된다, 아니, 그 믿음만으로 충분하다는 복음을 발견한 것입니다. 그러나 그가 처음부터 교황의 권위에 반항할 생각을 가졌던 것은 아닙니다. 그는 3대 종교개혁 논문의 하나인 〈그리스도인의 자유〉(1520)를 썼을 때에도, 교황 레오 10세에게 드리는 글을 써서 교황에게 경의를 표했고, 교황이 개선될 거라는 희망을 버리지 않았습니다. 교황 측에서도 한때는 루터에게 관대하게 말하며 그가 뉘우치기를 기다리는 듯한 태도를 보인 일도 있었습니다. 그러나 둘의 신앙 사이에 큰 간극이 있었습니다.

교황파는 종교의 생명이 의식적 경건에 있다고 하고, 루터는 영이며 마음이라고 주장합니다. 교황파는 구원은 행위에 있다고 하고 루터는 신앙에 의한다고 합니다. 요컨대 의식과 영, 외적인 것과 내적인 것의 차이입니다. 의식적·외적 종교에서는 '신성한 계단'을 무릎으로 기어 올라가거나, 사도 베드로의 상像이나 베드로의 후계자라 칭하는 로마 교황의 발에 입 맞추는 외형적 경건이 중요하지만, 종교를 영의 일로 보는 루터에게는 사람을 하나님 앞에 의롭게 하는 것은 오직 그리스도를 믿는 믿음뿐이고 그 이외 아무 조건도 없습니다. 하나님 이외에 아무것도 두려워할 것이 없고, 그리스도의 사랑에서 어떤 것도 그를 떼어낼 수 없습니다. 그는 그리스도의 사랑으로 하나님 이외의 누구에게도 위협받지 않는, 독립한 심령의 평안을 얻었던 것입니다. 그는 이 은혜를 생명보다 중시했습니다. 그러므로 하나님과 사람 사이에 개입하여 심령의 독립을 빼앗으려 하는 로마 교황에게서 그는 '거짓 그리스도'를 발견하여, 있는 힘을 다해 잉크병을 집어 던졌던 것입니다.

그것은 참으로 격렬한 싸움이었습니다. 로마파 학자들, 아리스토텔레스 철학에 기초를 둔 스콜라 신학의 체계에 도전하여 그는 격렬한 논쟁을 벌였습니다. 글과 강단에서 그가 얼마나 격심하게 싸웠는가는 위에서 이미 쓴 바와 같습니다. 계통적 논술에 능숙하지 못했던 그는 두뇌가 치밀한 동료 멜란히톤으로부터 신학상·언어학상 도움을 받았으나, 지도원리와 전투력은 언제나 그에게서 나왔습니다.

루터는 인문학자처럼 책상 앞에만 앉아서 학문 논쟁을 즐긴 것이 아니라, 사회생활 전반에 걸쳐 전투적인 생애를 보냈습니다. 그 가장 대표적인 사건이 그의 결혼이었습니다. 그는 아우구스티누스회 수도사였고, 수녀가 독신을 유지하는 것은 종단宗團의 엄중한 계율이었습니다. 그랬기에 그가 43세(1525)에 같은 파의 수녀였던 카타리나 폰 보라와 결혼했을 때는 친구인 멜란히톤조차 놀랐습니다. 그가 파계자로서 맹렬한 사회적 비난을 받을 위험을 무릅쓰고 결혼한 것은, 위선적인 중세의 수도원 제도에 폭탄을 터트리는 것 같은 행동이었습니다. 개인의 결혼이 루터의 경우만큼 공적인 의미를 가진 적은 드물 것입니다. 루터는 자신의 결혼으로 중세의 속박에서 결혼을 해방시켰던 것입니다.

그의 싸움은 또한 정치적이기도 했습니다. 로마 교황은 파문한 자를 직접 처형할 권리는 없었지만, 세속적 권력에게 처형 집행을 요구할 권리가 있었습니다. 실제로 교황은 독일의 최고 통치자인 황제 카를 5세에게 루터를 처형하라는 칙령을 내릴 것을 요구했고, 황제는 그에 따라 루터를 사형에 처하라는 명령을 내렸으니, 그는 종교상 최고 권력과 정치적 최고 권력의 연합 협박에 항거하면서, 진리를 옹호하기 위해 싸웠던 것입니다.

이들 모든 격전은 "사람이 의롭게 되는 것은 신앙에 의해서만이다"라는 복음의 진리를 지키기 위해서였습니다. 그가 교황과 교황의 지배 아래 있는 세계에 도전한 싸움의 출발점은, 실로 자기 자신에 대한 그의 내적 싸움이었습니다. 바꿔 말하면 하나님 앞에 의롭고자 하는 자기 양심의 고투가 그의 근본적인 싸움이었습니다. 그리고 이 싸움에서 획득한 양심의 독립을 지키기 위해 이를 위협하는 일체의 외부적 속박과 싸윘던 것이며, 또 이들 일체의 싸움에서 그가 보인 왕성한 전투 정신과 전투력은 그 자신의 내적인 싸움에서 승리를 얻은 결과였습니다. 마르틴 루터 한 사람이 그 마음의 싸움에서 독립을 획득했을 때 근세는 자기 영혼을 얻었던 것입니다. 다시는 다른 사람의 발에 입을 맞추거나 무릎으로 계단을 올라가지 않는 영혼을 말이지요.

*

루터는 독립을 얻은 마음으로 자기가 살고 있는 사회를 보았습니다. 그곳에는 얼마나 많은 불합리와 부도덕이 행해지고 있는가? 그의 심령의 속박자가 동시에 사회생활의 속박자였습니다. 사람의 심령을 마비시키는 자가 동시에 사회도 마비시키고 있었던 것입니다.

보십시오, 얼마나 많은 교회와 수도원이 있었는지, 그리고 여기 기생하는 수도사와 수녀의 수가 몇이었는지를. 당시 보름스는 7천 명의 주민 중 1,500명이 성직자였고, 고타에서는 1천 명의 주민 중 100명이 성직자였다고 합니다. 독일 전체 토지의 3분의 1이 교회에 속했다고 하며, 주민은 십일조 명목으로 높은 현물세를 교회에 납부할 의무가 있었고, 그 밖에도 여러 가지 명목으로 기부해야 했습니다. 성직자는 공공생활상 여러 특권을 누리면서 미사문을 읽는 것, 기도하는 것, 노래하는 것 외는 아무 노동도 하지 않았습니다. 축제일과 순례가 잦아 일반 사람의 노동일도 적었습니다. 거기에다가 가난은 미덕이며 동냥은 존경스러운 생활이라는 사회사상이 있었으므로, 구걸하며 동냥하는 사람의 수가 엄청나게 많아 사회가 매우 비생산적이었습니다.

사회 풍기도 매우 풀어져 있었습니다. 수도사와 수녀는 독신의 계율을 지킬 의무가 있었지만 실제 수도원 안의 성생활은 부패했습니다. 계율을 어겨도 소액의 벌금으로 넘어갔으며, 심지어 벌금을 미리 내면 공공연히 계속 동거 생활을 허락하는 수도원도 있었습니다. 일반 사회의 도덕도 무질서하여, 비텐베르크 거리에도 창기의 집이 몇 채나 있어 시민과 학생이 태연히 드나들었습니다. 콜럼버스의 선원이 아메리카에서 감염되어 들여온 성병은 이미 독일에서 독버섯처럼 번지고 있었습니다.

이런 사회에 루터가 개혁을 선언한 것입니다. 그는 1520년에 독신은 '악마의 가르침'이라 주장하면서, 그다음 해에 수도사 선서에 구속되지 않을 것임을 선언하고, 또 마을 창기의 집을 폐쇄할 것을 주장했습니다. 그는 결혼의 신성함을 강조하고, 남자가 한 명의 아내를 얻어 깨끗한 가정을 영위하는 것은 하나님에 대한 의무라고 가르쳤을 뿐 아니라 자기 자신도 결혼하여 본을 보였습니다.

그는 또 당시 사회의 암적인 존재였던 거지들을 경찰이 단속할 것과 빈민 구제를 위해 공공시설을 조직할 필요가 있음을 역설하고, 축제일과 순례를 줄이고 노동일을 늘려야 한다고 주장했습니다. 그의 종교개혁의 결과로 많은 교회와 수도원이 폐쇄되고, 수도사와 수녀가 해방되고, 교회에 대한 주민의 봉건적 부담이 경감되었습니다.

루터는 나아가 교육 개선에 대해서도 시대의 필요에 부합하는 매우 적절한 주장을 했습니다. 즉, 대학의 신학 교육은 스콜라 신학이나 아리스토텔레스를 가르치는 시간을 대폭 줄이거나 없애고, 성서 연구, 언어 및 역사 등의 학과를 중시할 것을 주장했습니다. 그리고 당시 교회나 수도원에서 행해지던 불완전한 교육에 의지하는 데서 벗어나야 한다면서, 학교의 설립 및 유지는 군주의 의무라는 것, 모든 어린이는 남자와 여자를 가리지 않고 적어도 초등 교육을 받아야 한다는 것, 군주는 어린이를 강제로 취학시킬 권한과 의무를 가질 것이란 세 원칙을 주장했습니다.

이것은 오늘의 초등 과정인 민중학교Volksschule의 기초를 놓은 것으로, 실로 획기적인 교육제도의 혁신이었습니다.

교육, 빈민 구제, 결혼 등 사회생활도 예전에는 교회의 권한에 속했으나, 루터는 이것을 세속적 권력에 맡겨야 한다고 했습니다. 3대 종교개혁 논문 중 하나인 〈독일 민족의 그리스도인 귀족에게 드리는 글〉(1520)에서 그는 황제 이하 제후, 귀족의 지위의 중요성을 강조하여, 위에 말한 사항이나 교황청 예속의 폐지, 기타 많은 실제 문제를 개혁하도록 그들이 분기할 것을 촉구하였습니다.

그는 오컴William of Ockham의 '신 신학新神學'에 바탕을 두어, 사회는 방위하는 계급Wehrstand(왕후, 관리), 가르치는 계급Lehrstand(성직자, 교사), 부양하는 계급Nährstand(농민, 수공업자, 상인)의 세 계급에 의해 성립된다고 보면서, 어느 계급에 속하는 직업이라도 모두 하나님의 부르심召命에 의한 천직이며 동등하게 신성하다고 역설했습니다. 이리하여 그는 정치·경제 분야 등의 세속적 직업에 종교적 가치를 부여했으며, 만일 교황이 인간이 정한 교회 법규를 위반한 사람을 파문에 회부한다면, 하나님의 율법을 어긴 교황에게 농부나 빵 굽는 사람은 빵을 대주지 않겠다고 선언하라고 극단적으로 말했습니다. 이와 같이 직업Beruf에 '소명'의 의미를 부여하는 것은 루터에게서 비롯되었습니다.

위대한 종교가가 흔히 그렇듯이 루터는 경제 문제에는 서툴렀습니다. 그는 스스로 이렇게 말했습니다. "나는 계산은 모릅니다. 그러나 100굴덴을 굴려서 1년 동안에 20굴덴을 얻고, 심지어 1굴덴으로 1굴덴을 얻는 것은 나로선 이해할 수 없습니다. 더욱이 그것이 토지나 가축에서 얻는 것도 아닌데 말입니다"(〈독일 민족의 그리스도인 귀족에게 드리는 글〉 제27항). 따라서 그는 상인의 일은 가장 축복받기 어렵다고 하고, 특히 수

입 무역은 큰 해악이라고 말했습니다. 또 이익을 목적으로 하는 한, 모든 화폐 거래는 차라리 없는 게 낫다고 했으며, 소액의 이자를 받는 것도 비기독교적 고리대로 여겨 배척했습니다. 이와 같은 중세적 견해는 그가 튀링겐의 농부 출신 광부의 아들이라는 점, 그리고 그가 살던 사회의 화폐경제화가 아직 불충분했다는 점에 기인할 것입니다. 당시의 화폐경제는 주로 수입 상품의 거래였고, 이 수입 상품은 푸거Fugger 등 대상인자본가가 들여오는 비단이나 금제품 등 사치품이 주종을 이루어, 독일 국민의 허영심을 조장하고 빈궁화의 원인 중 하나로 작용했던 것입니다. 이런 사정을 생각하면 루터가 수입 무역을 일대 해악으로 단정하고 상업과 화폐 거래에 호의를 보이지 않았던 이유가 이해됩니다.

그럼에도 불구하고 루터는 역시 경제적으로도 근세를 연 사람이었습니다. 그는 많은 교회와 수도원의 폐지, 수도사와 수녀의 해방을 가져왔습니다. 축제일과 거지를 줄이고 재산과 노동력을 생산적으로 쓰는 길을 열었습니다. 또 새로운 직업 관념을 가르쳐 경제 활동에 신앙적 의의와 가치를 부여한 것도 그입니다. 대상인자본의 상업적 착취에서 국민을 지키려 한 것 또한, 자본의 국외 유출을 방지하여 국내 산업의 발달에 사용케 하는 전기가 되었습니다.

로마 교황, 신성로마제국 황제, 상인자본가 푸거. 이 삼자는 서로 연결된 중세적 착취의 세계체계입니다. 특히 교황청과 푸거는 독일 국민의 화폐를 해외에 유출시키는 두 개의 큰 돈줄이었습니다. 교황청과 푸거는 서로 밀접하게 제휴했고, 신성로마제국 황제는 이 양자를 결합하고 양자를 보호하는 정치권력으로 작동했습니다. 특히 당시의 황제 카를 5세는 독일의 생활과 말을 전혀 모르는, 독일로서는 순전히 외래 지배자였습니다. 이런 중세적 착취 세계의 체계에 대항하여, 독일 제후국의 국민운동이 일어났습니다. '로마로부터의 해방', 이것이 이 운동의 지표였습니다. 그리고 이 운동에 영혼을 불어넣고, 그 정신적 추진력이 된 것이 루터의 종교개혁이었습니다.

사회 문제나 교육제도에 관한 루터의 의견은, 그보다 앞서 이미 에라스뮈스가 논한 것이었다고 합니다. 그러나 에라스뮈스가 서재에서만 생각했던 것과 달리 루터는 온 생애에 걸쳐 싸웠습니다. 만일 그의 불요불굴의 전투가 없었더라면, 근세는 산문産門을 열지 못했을 것입니다. 새로운 사회는 사색으로 품어지지만, 태어나는 것은 싸움에 의해서입니다. 그리고 사회의 혁신이 건전하고 활발하게 이루어지려면 먼저 개인의 영혼 속에 건전하고 활발한 혁신이 이루어져야 합니다. 이 정신적 혁신은 먼저 어떤 개인의 양심의 고투를 거쳐 그 영혼 속에서 획득되고, 그의 생애의 고투를 통해서 세상에 전해지는 것입니다. 개인의 영혼 밑바닥에서 솟아나온 혁신이라야, 비로소 새 시대를 여는 참 혁신이 될 수 있습니다. 그렇지 않고 단지 외면과 모방으로 혁신 정책을 시행하려 하면, 기대한 혁신을 실현할 수 없습니다. 근세는 참으로 루터의 영혼 깊숙한 데서 획득한 자유와 독립 위에 세워졌으며, 이로써 그는 인류 역사에 영원한 공헌을 한 것입니다.

루터의 성격

루터는 뼛속까지 평민이었습니다. 용모만 보아도 튀링겐의 농부 모습 그대로이지, 새침한 귀공자 티는 어디를 뜯어보아도 없습니다. 그의 성격은 개방적이고, 언제나 자신의 감정이나 의견을 있는 그대로 드러냈습니다. 말씨와 태도도 때로는 심히 투박했습니다. 독일인 중에는 독설가가 많다고 합니다. 루터도 상당히 말이 험한 사람이었습니다. '독토르 에크Doktor Eck(에크 박사)'를 '독토르 게크Doktor Geck(바보)' 또는 '드렉Dreck(똥)'이라 부르고, '독토르 우징겐Doktor Usingen'을 '독토르 운징겐Unsingen(미치광이)'이라 놀리면서 논전을 폈습니다.

루터는 가끔 불같이 화를 냈습니다. 이것이 그의 성격 중 가장 큰 결점으로 지적되고 있습니다. 그러나 불같이 화를 내는 사람은 대개 정직한 사람입니다. 루터의 경우, 화는 그의 우울을 날려 보내고 정신력을 왕성하게 하는 효과가 있었습니다. 그가 적에게 심한 분노를 터뜨렸을 때는 진리 옹호의 열정이 가장 활발한 때로, 붉으락푸르락 화가 머리끝까지 치밀 때에 곧 펜을 들어 힘찬 문자를 종이 위에 줄달음치듯 한 장 또 한 장 써내려가는 옆에서 인쇄기를 돌렸기 때문에, 마지막 문자를 써서 노여움이 가라앉을 때쯤 새로운 소책자가 완성되었다고 합니다. 그는 스스로 노여움에 대해서 이렇게 말했습니다. "그때 내 피는 완전히 젊어지고, 두뇌는 명석하고 예리하게 되어 유혹은 어디론지 도망가버린단 말이야."

요컨대 진리의 적이 눈앞에 나타나 그의 노여움에 불이 댕겨졌을 때, 그는 홀연히 가장 강한 투사가 되었습니다. 우치무라 간조도 그와 똑같은 유형의 인물이었습니다.

루터는 나이가 들면서 점점 더 성을 잘 내어 자기 감정을 억제하기가 어렵게 되었습니다. 격렬하기 이를 데 없었던 전투에서 과로한 것이 천성이 민감했던 그의 신경을 자극했기 때문이었을 것입니다. 거기에다 그는 여러 가지 병에 시달렸는데, 37세에 라이프치히에서 에크와 논쟁을 할 때는 갈비뼈를 셀 수 있을 만큼 몸이 수척했다고 합니다. 뒤에는 몸이 불었지만, 그의 병력을 헤아려보면 다음과 같습니다. 39세에는 6개월간 소화장애로 고생했고, 41세에는 신경성 두통을 앓았고, 44세에는 신장결석과 류머티즘에 걸렸습니다. 기타 치질, 설사, 치통, 신경성 흉통, 장 카타르, 불면증 등에 시달렸고, 48세에는 신경과민증이 심해져 조로 증세가 나타났으며, 55세에는 귀의 염증 때문에 몇 주간 청각과 수면을 빼앗겼습니다. 이런 몸으로 62세까지 살았던 것이 오히려 이상할 정도입니다. 아니, 이런 몸으로 그렇게 일했으니 이 이상 살 수 없었던 것도 이상하지 않습니다. 선량한 할아버지로 장수하기에 그의 생애는 너무나 격렬한 전투였습니다.

물론 루터가 언제나 성만 내고 있지는 않았습니다. 그는 농담을 잘했습니다. 그의 식탁에는 언제나 손님이 자리를 같이하여 그와 담소를 즐겼습니다. 루터는 어렸을 때부터 음악을 좋아해서 직접 많은 찬송가를 짓고, 또 작곡을 했습니다. 가정에서 저녁식사 후 아이들, 친구들과 함께 찬미가를 부르거나, 때로는 그런 '따뜻한 분위기에 이끌려' 민요를 부르기도 했습니다. 그는 천진난만하여 화가 나면 화를 내고, 우스울 때는 웃는 타고난 평민이었습니다. 그가 남긴 저술은 꽤 많지만 체계적인 대저술이라 할 것은 없습니다. 그의 소책자나 강의나 설교 사이사이에는 모순이나 상반된 의견도 적지 않습니다. 그러나 그 모두가 당시 그의 감정과 사상이 터져 나온 것이며, 모두 독창성과 생기에 넘치고 전투 정신에 불타고 있습니다. 좋건 나쁘건 그에게는 죽은 문자나 죽은 말은 하나도 없었습니다.

　같은 종교개혁가라도 루터와 칼뱅은 전혀 성격이 다릅니다. 칼뱅은 냉철한 법률가이고 루터는 열정적인 시인입니다. 칼뱅은 근엄하여 조금도 흐트러지지 않는 군자이지만, 루터는 다 드러내놓고 사는 솔직한 평민입니다. 칼뱅에게는 체계가 있지만, 루터에게는 활기가 있습니다. 칼뱅형의 인물에게는 빈틈이 적지만, 흔히 그 성격 전체가 결점일 수도 있습니다. 칼뱅에 비하면 루터에게는 결점이 많이 보이지만, 내게는 루터 쪽이 따뜻하고 친근한 인물입니다.

*

　성격이 이러했기 때문에 루터는 꽤 많은 적을 두었습니다. 그 시대의 논적은 말할 것 없고, 후세인 지금에 이르기까지 가톨릭교도는 그에게 추악한 인신공격을 그치지 않습니다. 칼뱅에 대해서는 그다지 비난을 퍼붓지 않는 그들도, 한번 루터 이야기가 나왔다 하면 갑자기 감정적인 악담을 하는 것이 상례입니다. 이것은 칼뱅이 단정하고 근엄한 귀족형의 인물이고 체계적 논리를 존중했기 때문에 형식주의적인 가톨릭이 그와 일맥상통하는 무엇을 느끼는 데 반하여, 거칠고 체계적이지 못한 루터에 대해서는 심한 혐오를 느끼기 때문인지도 모르겠습니다. 또는 루터가 로마 교황을 거짓 그리스도라 부른 데 대한 집요한 보복인지도 모르겠습니다. 그러나 근본적으로는 루터의 "믿음으로만 의롭게 된다"는 주장 속에 언제까지나 가톨릭을 성내게 할 만큼의 생명이 있기 때문이라고 생각합니다.

세상을 떠난 뒤 4백 년에 가까운 요즈음에도 루터는 계속 가톨릭교도로부터 미움을 받고 있습니다. 그는 참으로 "미움받기 위해 세워진 아들"입니다. 그러나 이것은 그의 불명예가 아니라 오히려 명예로 생각할 사실입니다. 내민 발에 입을 맞추거나 계단을 무릎으로 기어 올라가는 종교 정신이 세상에 퍼져 있는 한, 루터의 영은 언제까지나 그 전투를 계속할 것입니다. 영혼의 독립 없이는 어떤 혁신도 있을 수 없기 때문입니다. 이에 대해서는 이미 루터가 〈그리스도인의 자유〉에서 분명히 말했습니다. 그 책의 첫머리에 그가 두 개의 근본 명제로 내건 것은, 그리스도인은 모든 것 위에 서는 자유스런 주인으로 누구에게도 예속되지 않는다는 것과, 그리스도인은 모든 것에 봉사하는 종으로 누구에게나 종속한다는 것이었습니다. 즉, 그리스도인은 완전한 자유가 있어야 비로소 완전한 복종이 있다는 것을 그는 논증한 것입니다.

루터의 종교개혁은 많은 점에서 철저치 못한 자취를 남겼습니다. 그는 성격적으로, 또 사회적으로 급진적인 개혁자가 아니고 오히려 보수적인 인물이었습니다. 따라서 그는 교황파에 반대하여 신앙의 자유를 주장한 뒤에도, 이 자유는 심령의 일이지 형식의 일이 아니라는 입장에서 교회의 예배나 제도 속에 다분히 가톨릭적 잔여물을 남겼습니다. 또 종교개혁 운동을 독일 제후의 권력과 너무나 밀접하게 결부시킨 것은 운동이 정치적 성공을 거두는 요인이 되기도 했으나 신앙 면에서는 불순한 누룩을 뒤섞는 위험도 뒤따르는 일이었습니다. 더욱이 그의 종교개혁은 로마 교회 대신 또 하나의 제도적 교회를 세운 데 그쳐, 만인이 사제라는 영적 종교의 진리를 제시하기만 했지 깊이 철저화하지는 못했습니다. 이 때문에 그의 종교개혁은 개인은 해방시켰으나 교회를 해방시키지 못했고, 결국 교회는 다시 개인을 얽어매는 사슬이 되어 교회 및 교회 신자의 전투적 정신은 위축되고 활기는 소모되어버렸습니다.

이제야말로 루터의 종교개혁의 재개혁이 필요합니다. 그렇지 않으면 새 시대가 태어나려고 고뇌하는 현대에, 종교는 그 정신적 추진력으로서의 사명을 다할 수 없습니다. 그리고 종교가 혁신되지 않고서는, 새 시대는 영혼을 얻을 수 없습니다. 그러면 현대의 종교개혁은 어떤 선線에서 이루어져야 합니까? 그것은 다시 한 번 순수한 루터에게로 돌아가 이것을 더욱 현대의 사회적 필요에 따라 발전시키고, 루터의 철저하지 못했던 부분을 극복하는 일일 것입니다. 루터의 개혁이 '로마로부터의 해방'이었듯이, 현대의 개혁은 '제도교회制度教會로부터의 해방'이라야 할 것입니다. 그것은 이미 일본에서 우치무라 간조가 주창한 무교회주의로 실행되고 있습니다. 루터의 개혁에 자극받아 가톨릭 안에서 내부적 개혁 운동이 일어났듯이 교회도 무교회주의로 인해 내부 개혁의 자극을 받는다면, 신앙은 그 본래의 활력을 되찾을 것입니다. 그러나 만일 예부터 내려오는 제도의 찌꺼기에 집착하여 정부의 방침에 아부, 영합하고 포교의 편의를 얻는 데 급급하여 영적 교회의 본질에 철저하지 못하고 신앙의 본래적 입장을 버린다면, 무엇으로 교회가 땅의 소금, 세상의 빛 구실을 할 수 있겠습니까?

*

누차 말한 대로 루터는 어려서부터 악마를 두려워하며 자란 사람입니다. 교황의 파문 영서를 불태웠던 때도 처음 얼마 동안 떨고 있었다고 하며, 보름스의 의회에서도 첫날은 답변하는 목소리가 낮고 힘이 없었다고 합니다. 그는 원래 겁이 많고 심성이 유약한 사람이었습니다. 그를 변호하는 전기 기자라고 해서 그를 타고난 용자로 만들 필요는 없습니다. 이 겁약한 루터가 새 신앙을 획득한 뒤에는 저렇듯 용기에 넘치는 투사가 되었습니다. 악마를 두려워하던 그가 악마와 싸우는 용사가 되었습니다. 그가 보름스의 의회에 소환되었을 때, 친구 중에는 그의 신변의 안전을 염려하여 출석을 만류한 사람이 있었습니다. 그에 대하여 루터는 "설령 지붕의 기왓장만큼 악마가 있어도 나는 간다"고 말하며 떠나갔습니다. 혼자서도 서는 강한 개인이 나오지 않으면, 새로운 사회는 정말로 이룰 수 없습니다.

루터는 많은 찬송가를 지었습니다. 그중 가장 우수한 것은 〈내 주는 강한 성이요〉라는 노래입니다. 그 일부분을 적어 루터의 소개를 끝맺겠습니다.

설령 마귀가 세계에 꽉 차서
우리를 삼키려 획책하더라도
끝내 우리를 이기지 못하리니
어찌 조금이라도 두려워하리오.

하나님의 명령은 이미 내렸도다.
그를 부술 권위가 어디 있으랴.
하나님은 우리들과 한편이시니
힘과 영혼을 우리에게 주신다.

우리들의 생명을 빼앗아도 좋다.
우리들의 명예를 짓밟아도 좋다.
그들이 얻을 것은 무엇이 있으랴?
하나님 나라는 끝까지 우뚝하다.

_우치무라 간조 역

크롬웰

5

Oliver Cromwell

1599. 4. 25. - 1658. 9. 3.

크롬웰의 시대

　　크롬웰은 1599년 4월 25일, 동부 잉글랜드의 헌팅던이라는 시골 마을에서 태어났습니다. 그는 링컨처럼 비천한 집안 출신은 아니었습니다. 헨리 8세의 대신大臣이었던 에식스 백작 토머스 크롬웰Thomas Cromwell의 후손으로, 아버지 대에는 가세가 기울었으나 그래도 상속받은 재산이 연소득 3백 파운드의 가치가 있었다고 하니, 상당한 중간 지주 계급에 속하는 젠틀맨鄕紳이었습니다.

　　크롬웰은 17세에 케임브리지 대학의 시드니 서식스 칼리지에 입학했으나, 다음 해 아버지가 돌아가시자 학교를 중퇴하고 런던에 가서 법률을 좀 배웠습니다. 그러다가 21세 때 결혼하여 헌팅던에 돌아가, 아버지가 유산으로 남긴 토지를 관리 경영했습니다. 뒤에는 세인트 아이비스로 옮겼다가 다시 엘리로 이사해서 방목지放牧地를 경영했습니다. 그가 거주했던 동부 잉글랜드는 독립파獨立派, Independent라는 종파의 영향력이 강한 지방으로, 크롬웰도 매우 신앙에 열심이었고 성서 강의를 하는 마을 교사를 보호하고 또 자기도 일꾼들을 모아 성서 얘기를 하면서 조용한 나날을 보내고 있었습니다.

여기서 잠시 당시 영국의 정치 및 종교 사정에 대해 설명해두겠습니다. 국왕은 찰스 1세였습니다. 잉글랜드, 스코틀랜드, 아일랜드는 같은 왕이 통치하고 있었지만, 나라마다 각각 따로 의회가 있었습니다. 아일랜드 의회는 잉글랜드 의회에 종속되었지만, 스코틀랜드는 완전히 독립해 있었습니다.

종교상으로 잉글랜드에서는 이미 가톨릭이 폐지되고 감독교회監督敎會, Episcopalian가 국교였습니다. 아일랜드는 아직 가톨릭이었고, 스코틀랜드에는 존 녹스John Knox가 전한 칼뱅주의 장로교회長老敎會, Presbyterian가 지배적이었습니다. 잉글랜드에도 장로파가 있었고, 특히 런던의 상인들 사이에 퍼지고 있었습니다. 그 밖에 동부 잉글랜드에는 같은 칼뱅주의의 줄기이지만 독립파라는 파가 있어, 이들이 이른바 청교도淸敎徒, Puritan의 중심을 이루고 있었습니다.

이러한 여러 교파의 차이를 교회제도와 조직을 중심으로 간단히 말한다면, 가톨릭은 로마 교황을 수뇌로 한 세계적인 통제, 감독파는 영국 국왕이 임명하는 감독을 머리로 하는 전국적인 통제, 장로파는 몇 명의 장로를 수반으로 하는 전국적인 통제라고 할 수 있습니다. 이 모두가 중앙권력에 의한 획일적인 통제를 중요하게 여기는 데 비해, 독립파에서는 개개의 교회가 자유 독립할 권능을 갖는다고 주장했습니다. 따라서 종교상의 관용이 독립파가 특히 요구하는 정책이었습니다. 당시는 오늘과 달리 매우 종교적인 시대여서 사람들이 종교적으로 생각하고 말하고 행동하였고, 정치와 군사도 종교와 뗄 수 없는 관계를 가지고 있었습니다.

청교도 지방에서 태어난 청교도로서 크롬웰이 신앙의 자유를 생명보다도 귀중히 생각하면서 시골에서 조용한 농목의 생활을 하는 동안에, 찰스 1세는 인민의 종교적 자유와 정치적 자유를 압박하는 정책을 강화해갔습니다. 그가 기용한 대주교 로드William Laud는 가톨릭 성향이 짙은 인물로, 감독파의 기도서를 각 파의 교회에서 사용도록 강제하였고, 다른 교파의 집회나 설교를 탄압했습니다. 그리고 특히 교회의 성직자가 아닌 사람, 곧 평신도 교사의 성서 강의를 금지시킨 것이 청교도의 격심한 반발을 불러일으켰습니다. 필그림 파더스pilgrim fathers들이 미국에 이주한 것은 로드가 탄압한 결과이고, 그것은 크롬웰이 결혼한 해의 일이었습니다. 크롬웰 자신도 미국으로 이주하려고 생각한 적이 있었습니다.

찰스 1세는 로드의 종교 정책을 스코틀랜드에도 확대하려고 했지만, 스코틀랜드인은 강경하게 그것을 거부하여 '서약'을 맺고 종교적인 사항에 대해서는 장로파 총회의 결정에, 또 정치적인 사항에 대해서는 스코틀랜드 의회의 결정에 따르겠다고 주장했습니다. 즉, 왕의 전제專制를 물리치려 한 것입니다. 찰스 1세는 표면상 이를 승인했지만 실행할 마음이 애초부터 없었기 때문에, 스코틀랜드 군은 국경을 넘어 잉글랜드에 쳐들어갔습니다. 찰스 1세는 무력으로 진압하려고 했으나, 군사비가 없기 때문에 어쩔 도리가 없었습니다. 결국 오만했던 전제군주도 굴복하여, 역사상 유명한 '장기의회長期議會, Long Parliament'를 소집했습니다. 1640년 11월의 일입니다.

크롬웰은 케임브리지시에서 선출되어 이 의회에 진출하였습니다. 18세 때 아버지가 세상을 떠나자 가산을 상속받고 나서 23년간 농목에 종사하고 가정을 돌보며 기도 속에 고요히 보내왔던 크롬웰의 시골 생활은 끝났습니다. 그는 의회 만에 설치된 18의 위원회에 가입하여, 본회에서나 위원회에서 활발한 정치적 활동을 시작했지만, 특히 관심을 가진 것은 종교 정책의 문제였습니다. 의회와 왕의 충돌이 결국 내란으로 번지면서, 그의 군사적 활동이 시작되었습니다. 그는 나폴레옹과 비견되는 무장이었지만 군사 경력이 시작된 것은 이와 같이 매우 늦어, 43세가 되었을 때였습니다.

내란의 세력 관계를 보면, 지역적으로는 동부와 남부에는 의회당議會黨이 많고 북부와 서부에는 왕당王黨이 다수였습니다. 계급적으로 보면, 지주의 대부분은 왕당이었지만 의회를 지지한 사람도 적지 않았습니다. 농민은 대체로 지주를 따랐지만, 독립파가 많은 동부 지방의 프리홀더free holder(자유보유재산 소유자)나 요만yeoman(소지주, 자작농) 등 자작농 계급은 의회를 지지했습니다. 종교 도시(요크나 체스터 등)는 왕당, 경제 도시는 의회당, 특히 장로파가 많은 런던은 의회 지지자의 중심 세력지였습니다. 요크셔, 서머싯셔, 글로스터셔 등의 신흥 제조업 도시도 열렬한 의회당이었습니다. 요컨대 정치적으로는 전제군주와 의회, 종교적으로는 감독교회파와 장로파 및 독립파, 경제적으로는 대략 봉건 세력과 신흥 자본주의 세력이 서로 다투었다고 볼 수 있습니다. 그 전체를 꿰뚫는 것은 전제와 자유의 사상 대립이었습니다.

크롬웰과 군대

의회는 1642년 7월, 1만 명의 모병募兵을 결의하였습니다. 크롬웰은 처음부터 의회군을 위해 적극적으로 활동했습니다. 그가 참전한 이유는 "인간으로서 정치적 자유, 기독자로서 종교적 자유"를 지키기 위해서였습니다. 모병이 시작된 다음 달, 그는 60명의 기병을 거느리고 자진하여 에식스 장군Robert Devereux, 3rd earl of Essex의 진영에 가담했습니다.

해군이 가담한 것과 런던이 재정으로 지지한 것은 의회군의 강점이었으나, 기병력에서는 왕당군만 못하였습니다. 따라서 크롬웰은 다음 해 1월부터 동부 지방에서 기병을 모집하고, '하나님을 두려워하는 사람' 만으로 이루어진 1,100명의 기병 연대를 조직했습니다. 그는 특히 장교 선임에 힘을 기울였습니다. "하나님을 믿는 정직한 사람을 장교로 뽑으면 정직한 부하가 나온다"고 그는 말했습니다. 장교는 되도록 젠틀맨鄕

紳이면 좋지만 평민이라도 좋다, 무엇 때문에 싸우는가, 그 목적을 알고 그 목적을 사랑하는 평민 장교는, 향신이라는 이름 말고는 아무것도 없는 사람보다 낫다고 그는 말했습니다. 그리하여 그의 연대는 신앙을 함께하는 사람들의 굳건한 정신적 단결이며, 그가 장교들을 모아 개최하는 군사 회의는 기도회였습니다. 전투 전날 밤에는 온 연대의 장병이 무릎을 꿇고 기도를 드렸습니다.

이에 더해 크롬웰은 부하의 연대에게 좋은 장비를 주고, 말과 무기의 손질을 엄중히 하며, 필요하면 말과 함께 땅바닥에서 자게 하고, 무기는 언제든 쓸 수 있도록 늘 닦아두게 하였습니다. 장병의 군사규율과 훈련을 엄중히 한 것은 말할 것도 없었습니다.

크롬웰의 연대가 처음 실전에 참가한 곳은 마스턴 무어Marston Moor입니다(1644년). 이 격전에서 그는 부상을 입었으나 굽히지 않고 분전하여, 마침내 왕당군의 정예인 루퍼트 공Prince Rupert의 기병 부대를 격파했습니다. 이때 루퍼트 공이 크롬웰을 평하여 '철기鐵騎'라고 한 말이, 그의 연대의 별명이 되었습니다. '철기'란 요샛말로 하면 장갑裝甲과 같은 말입니다.

의회군의 장군 에식스는 우유부단해서 가끔 싸워서 승리할 수 있는 기회를 놓쳤으나, 용장 페어팩스Thomas Fairfax가 대신 사령관으로 임명되고 크롬웰이 부사령관으로 임명되자 의회군의 사기가 크게 올라가 1646년 6월 옥스퍼드를 함락시킴으로써 제1차 내란은 끝났습니다.

*

내란이 일어났을 때 175명의 의원은 왕당군에 가담하고, 나머지 300명 정도가 의회를 계속했습니다. 그 대부분은 장로파로, 스코틀랜드

교회의 본을 따라 잉글랜드의 국교를 개혁하려는 의지를 가지고 내란이 끝난 해에 삼위일체 및 하나님의 아들 예수가 인간으로 오신 교리를 부정하는 자를 사형에 처하는 법안과, 평신도의 설교를 금지하는 법안을 제출했습니다. 독립파는 이렇게 교리를 강권으로 통일하는 데 반대하고 항상 종교상의 관용을 주장하여, 평온한 시민으로 생활하는 한 신앙상의 교리나 예배 형식으로 개인의 자유를 제한해서는 안 된다는 의견을 가졌습니다. 독립파는 의회에서는 소수당이었지만 군대 안에서는 힘이 있었습니다. 이렇듯이 의회와 군대 사이에 종교 정책에 대한 의견 대립이 있다가 내란이 끝나고 군대를 해산했을 때, 급료 지불의 문제와 관련하여 양자 간 정면충돌이 일어났습니다.

이때 군에서는 보병은 18주, 기병은 43주나 급료가 체불되었습니다. 군이 진정陳情하자 의회는 6주분을 지불할 것을 약속하고, 이를 다시 크롬웰 등의 노력으로 8주분으로 증액했습니다. 그러나 나머지 급료에 대해서는 군의 요구를 보장해주는 조처가 따르지 않았습니다. 오히려 장로파의 간부들은 비밀리에 스코틀랜드 군을 불러들여 런던의 의용군과 협력하여 의회군의 해산을 강행하고, 진정을 낸 장교 대표를 처벌하려고 했습니다. 이 음모가 전해지자 군은 해산을 거부했습니다. 이제 사태는 단순한 급료 미불 문제에 그치지 않고 잉글랜드 전체의 복지에 관한 문제로 확대되어 군은 극단적으로 강경한 태도를 취하기에 이르렀습니다. 크롬웰은 런던을 떠나 군대에 몸을 던져 일하게 됩니다.

크롬웰이 군대에 뛰어든 것은 소요로 일어날 무정부 상태를 막기 위해서였습니다. 그는 군대의 절대적인 신임을 얻고 있었습니다. 그는 군대의 요구의 정당성을 의회를 향해 대변하고 나아가 군의 정치적 의견 작성을 지도하는 한편, 군의 정치 관여에 반대하면서 정치는 의회의 업무임을 설복하여, 군인들이 혈기에 넘쳐 일을 그르치려는 것을 진정시켰습니다. 한때(1647년 11월 15일) 수평파Levellers, 水平派의 선동으로 2개 연대의 군인들이 상관의 명령을 받지 않고 멋대로 회합하여 시위를 벌인다는 정보를 듣고, 그는 홀로 칼을 휘두르며 말을 타고 달려갔습니다. 부사령관 크롬웰의 의연한 위풍에 압도되어 군인들은 모자에 끼웠던 시위 표어를 적은 종이쪽지를 뽑아버리고, 그의 명령을 따라 평화롭게 해산했습니다.

수평파는 독립파 중에서 가장 좌익으로, 공화주의共和主義나 재산의 평등을 주장하는 극단파였습니다. 크롬웰은 수평파의 주장에 반대하고 왕정하의 정치개혁을 주장했습니다. 그는 이를 위해 왕과 협상까지 시도했지만 찰스 1세는 의회와 군대 양쪽을 조종하면서 스코틀랜드 군의 원조를 받아 전제권력의 회복을 획책했고, 이에 1648년 2월, 또다시 내란이 일어났습니다. 그러나 8월이 되자 조기에 전쟁이 끝나 찰스 1세는 와이트섬에 유폐幽閉되었습니다.

*

앞서도 말했듯이 런던을 비롯한 대도시의 상인이나 제조업자는 잉글랜드 장로파의 중심 세력이고, 그들의 세력은 의회의 다수당을 차지했지만 그들은 상업적인 이유로 정권의 안정을 바랐습니다. 사상에서도 자유보다는 질서를, 독립보다는 권위를 중시하는 점에서, 그들은 왕당파와 공통점이 있었습니다. 그러므로 감독교회의 강요나 의회를 거치지 않은 과세에는 강력하게 반대했지만, 이런 문제에 타협할 수 있다면 언제고 왕당파와 손잡으려는 움직임이 있었습니다. 그래서 의회의 대표자는 "3년간 장로파의 교회제도를 실시한 뒤 감독교회제로 복귀할 것"과 그 밖에 찰스 1세의 제안을 기본 조건으로 그들과 협상을 시작하려 했습니다.

군대는 이런 교섭에 반대했습니다. 그리고 급료 지불 보장을 요구했습니다. 또한 장로파건 감독파건, 그러한 전제는 종교의 자유를 침해하는 것이라며 배격했습니다. 나아가 찰스 1세가 내란에 대한 책임을 지고 퇴위할 것을 요구했습니다. 이와 같은 진정이 잇따랐지만 의회 다수파는 방침을 고치려 하지 않았습니다. 그 태도에 진이 빠진 장교들과 독립파 의원들은 드디어 공모하여 쿠데타를 강행했습니다.

12월 6일(1648년), 프라이드Thomas Pride 대령이 장로파 중진의원 명부를 손에 들고 의회 입구에 버티어 서고 그의 옆에는 독립파 의원 글로비 경이 서서 본인 여부를 확인하였습니다. 그리고 한 사람 한 사람 등원하는 의원들의 얼굴을 보고 "이 사람은 들여보내지 말라", "이 사람은 체포!" 하며 지시해서, 6일과 7일 이틀간 45명의 의원을 체포하고 96명을 쫓아냈습니다. 그리하여 장로파 의원을 제하고 독립파만으로 의회를 계속하였습니다. 이 숙청에 크롬웰은 참여하지도 사전에 알지도 못했지만, 사태가 그렇게 된 이상 그도 이를 지지하여 50-60명의 잔류 의원과 함께 의석에 앉았습니다.

찰스 1세는 마침내 단두대의 이슬로 사라지고 의회는 1649년 5월, 공화국共和國, commonwealth을 선언했습니다. 그런데 이때 찰스 1세의 아들 찰스 2세가 스코틀랜드 의회에서 왕으로 추대되어 1650년 3월 망명지 네덜란드에서 스코틀랜드에 상륙했습니다. 이에 영국 의회는 아일랜드의 반란을 진정시키기 위해 원정 중이던 크롬웰을 다급히 소환하여 페어팩스 대신 그를 사령관으로 임명하고 스코틀랜드 군에 대항하게 했습니다. 그의 군대는 에든버러 부근까지 진군했으나 날씨가 계속 나

빠 바다로부터 병참 보급을 제대로 받지 못해 식량 부족과 질병에 시달리면서 던바Dunbar로 후퇴하였습니다. 레슬리David Leslie 장군이 거느리는 스코틀랜드 군은 그를 추격하여 던바를 내려다보는 두운 언덕에 진을 쳤습니다. 크롬웰 군은 1만 1천 명, 레슬리 군은 그 배가 되는 병력이었습니다.

잠시 대치하다가 크롬웰이 군대를 거두어 던바의 항구에서 승선하는 것으로 판단한 레슬리는 9월 2일 군대를 이동시켜 두운 언덕을 내려와 다음 날 크롬웰 군을 공격할 계획이었습니다. 이를 안 크롬웰은 결전의 기회를 놓치지 않았습니다. 마침 스코틀랜드 군의 좌익은 골짜기에 가려 제 기능을 발휘할 수 없는 지형에 있었기 때문입니다.

그날 밤은 줄기차게 비가 내렸지만 크롬웰은 전군에 기도와 공격 준비 명령을 내렸습니다.

두려워 말라, 나의 군병들아
믿으라, 하나님의 구원을
기도하고 게을러지지 말라.
화약을 적시지 말라.

수확 달의 그림자 짙고,
소리치는 가을바람은 차다.
내일은 이 목숨 다할지라도,
수치와 영광의 갈림길이다.

기도하고 기도하라 나의 벗이여

마지막 지새우는 이 세상 의무

내일은 자유의 피에 젖어서

천국서 하나님 영광 찬양하리라.

_우치무라 간조, 〈던바의 전쟁〉에서

날이 밝자, 크롬웰은 전력을 기울여 스코틀랜드 군의 우익과 중앙을 공격 또 공격하여, 적군 3천 명을 전사하게 하고 1만 명을 포로로 잡는 대승을 거두었습니다.

그다음 해(1651년), 찰스 2세는 스코틀랜드 군을 거느리고 서해안으로 잉글랜드에 침입하여 곳곳에서 왕당군을 모병하면서 랭커셔로 남하했지만, 9월 3일, 바로 던바 전투 1주년 기념일에 크롬웰은 이들을 우스터에서 격파하여 거의 섬멸하는 전과를 올렸습니다. 그의 군사 행동으로 아일랜드와 스코틀랜드가 모두 평정되고 잉글랜드의 승리가 확립되면서 공화국의 기초도 굳건해져 이제까지 호의를 보이지 않던 대륙 여러 나라도 마지못해 이를 승인하는 형세가 되었습니다.

*

공화국의 주권은 의회에 있었습니다. 행정 기관으로 국무원國務院을 두었지만 이것은 의회가 해마다 선출하는 위원회로서 41명의 평의원 중 10명을 뺀 나머지는 모두 의회의 의원이었습니다.

이 의회는 1640년에 찰스 1세가 소집하였지만, 자기 결의가 아니면 해산할 수 없다고 정한 이른바 '장기의회'로, 말하자면 무기한의 의회였습니다. 프라이드의 쿠데타와 의원의 자연 감소로, 처음 490명이었던 의원이 이제 90명만 남게 되었습니다. 따라서 영국 국민을 대표한다고 볼 수 없고, 헤리퍼드셔, 하트퍼드셔, 컴벌랜드, 랭커셔에서 온 의원이 한 명도 없고, 웨일스에서 세 명, 런던에서는 단지 한 사람 의원이 있을 뿐이었습니다. 그리하여 이 의회를 해산하여 평등한 선거구제로 의원을 뽑아 새 의회를 구성하는 것과 공고하고 지속적인 행정권을 확립하는 것이 국민 전체, 특히 군의 강한 요망이었습니다.

당시 공화국에는 왕당의 특사, 사법제도 개혁, 교회제도 재조직 등 정치 문제가 있었지만, 군의 거듭되는 진정에도 의회는 이런 문제를 처리하는 데 매우 느리고 불성실한 태도를 보였습니다. 그리하여 1652년 10월에는 무력에 의한 의회의 즉시 해산을 주장하는 소리가 높아져 크롬웰의 압력으로 겨우 진정되는 일도 있었습니다.

이런 정세에 몰려, 의회도 마침내 '신의회법안新議會法案'의 심의를 시작했지만, 그 법안의 내용은 여전히 현재 의원의 지위를 영구화하는 것이 골자였습니다. 크롬웰도 군대도 여기에 찬성할 수는 없었습니다. 1653년 4월 19일, 크롬웰과 장교 대표자는 의회의 간부와 만나 '의회는 이 법안을 폐기하고 즉시 해산할 것', '의회는 임시 내각 각료를 임명할 것'이라는 타협안을 제시했습니다. 의원 측도 이를 승인하여 장교들은 희망을 품고 물러갔습니다.

그러나 그날 밤 사이에 의회는 다시 태도가 바뀌어 다음 날 이 법안의 독회讀會를 전격적으로 진행시켜 막무가내로 통과시키려 했습니다. 보고를 받은 크롬웰은 처음에는 그럴 리가 없다며 의구심을 표했으나, 두 번 세 번 전령의 보고가 이어지자 군복을 갈아입을 틈도 없이 서둘러 의회에 달려가 평상시의 의석에 앉았습니다. 의사가 진행되어 이제 채결되려는 순간, 그는 옆에 앉은 소장 해리슨Thomas Harrison을 돌아보며 "드디어 내 차례다"라고 나지막이 말하며 자리에서 일어났습니다. 처음에는 온화한 목소리로 연설을 시작했으나, 차츰 열기를 더하여 모자를 쓴 채 의석 사이를 걸어 다니면서 눈에 띄는 의원을 노려보며 불신과 부패를 면책했습니다. "당신들은 의원이 아니오. 나는 말하오. 당신들은 의원이 아니오. 나는 당신들 의석을 여기서 끝나게 하겠소" 하고 외치면서 해리슨에게 방청석에 있는 20-30명의 병사를 의사장에 불러들이도록 명했습니다. "내가 이렇게까지 하게 한 것은 당신들이오. 나는 밤낮으로 주께 구하여, 이 일을 내게 맡기시느니 차라리 나를 죽여달라고 기도해왔소!"

장기의회는 마침내 칼의 힘으로 해산되었습니다. 이 일은 국민 전체에게 환영을 받아 크롬웰 자신의 말대로 "개 한 마리 짖지" 않았습니다. 그 뒤의 건설에 대하여 크롬웰은 뚜렷한 구상은 없었으나, 군은 전국 각 현縣의 독립파 교회에 통첩을 보내 적임자를 임명시키고, 장로 평의회가 전형하여 그중에서 140명의 의원을 내게 한 뒤, 1653년 7월 4일 그들을 웨스트민스터에 소집했습니다. 이 의회는 의원수가 적었기 때문에 '소의회'라고 불립니다. 개회 연설에서 크롬웰은 앞날의 큰 희망을 피력하고, 하나님이 약속하고 예언하신 일이 실현될 문이 여기 열린 것을 느낀다고 말하며 시편 68편으로 끝을 맺었습니다.

그러나 크롬웰의 기대는 즉시 배반당했습니다. '소의회'의 의원들은 모두 신앙적인 퓨리탄淸敎徒이었지만 정치 경험이 없었고 과격한 개혁을 단행하려 했기 때문에 국내 질서가 불안정하게 되었습니다. 거기에 예산이 궁핍한 때, 고급 장교는 전쟁으로 수입을 많이 올렸으니 1년간 무급으로 일하라는 등 상식에서 벗어난 동의서가 제출되면서 군도 이 의회에 매우 불만이 많았습니다. 드디어 의회의 온건분자와 장교가 공모하여 '소의회'를 자살적으로 종결시켰습니다. 곧 12월 12일, 50-60명의 온건파 의원이 이른 아침 등원하여 의회를 해산시키고 정권을 장군 크롬웰에게 돌릴 것을, 반대파 의원이 등원하기 전에 일사천리로 결의해버렸습니다.

군의 대표자는 크롬웰에게 와서 프로텍터protector(호국경護國卿)라는 칭호를 받기를 요청했습니다. 만일 그가 그 자리를 맡지 않으면 나라는 무정부 상태에 빠질 것이고, 그 유혈과 혼란의 책임은 그가 져야 할 것이라면서 그의 수락을 강력히 권고했습니다. 사나흘 의논한 뒤, 크롬웰은 드디어 이를 승낙하고 12월 16일(1653년) 성대한 의식과 함께 프로텍터에 취임했습니다.

장기의회 소집 후 13년, 짧은 기간에 영국은 엄청난 경련과 진통을 겪었습니다. 여러 정치·종교 당파의 대립 항쟁이 있었고, 잉글랜드, 스코틀랜드, 아일랜드 세 왕국의 세력 투쟁이 더해져 새 시대의 정치 질서와 안정을 위하여 서로가 죽기 살기로 싸웠습니다. 만일 찰스 1세가 좀 더 신의를 중시했더라면 왕위를 잃지는 않았을 것입니다. 또한 만일 의회가 공공의 책임감과 자기를 버리는 정신을 가졌더라면, 여러 차례 쿠데타가 일어날 일은 없었을 것입니다. 안타깝게도, 그들은 모두 자기의 지위를 유지하는 데 급급하여 성실성을 잃었고, 국민이 무엇을 원하는지 제대로 볼 눈이 없었습니다.

군은 내란을 진정하고 아일랜드 및 스코틀랜드를 평정한 세력으로, 정치에 발언권이 있었습니다. 군에도 군 나름의 이익이 있었습니다. 장교나 병사는 자기의 급료 문제에 매우 민감했고, 그것이 그들이 정치에 관여한 최초의 계기가 되었습니다. 그러나 원래 군이 품었던 포부와 정치적 의견은 막 새 시대를 낳으려는 진보적 요구의 선과 나란히 갔던 것입니다. 이것은 군을 구성하는 이들의 경제적 기반이 대지주나 대상인이 아니라 중소지주gentleman와 자작농yeoman으로 이루어진 것, 사상적으로는 독립파 신앙의 소유자였다는 것으로 설명할 수 있으리라고 생각합니다. 한편 수평파나 제5 왕국파와 같이 과격하고 광신적인 이들도 그들 사이에 끼어들려고 했습니다. 이들 과격분자를 억누르면서 동시에 사회의 보수적 세력에게 군의 혁신적 요구를 대변한 사람이 크롬웰입니다. 그의 신앙과 상식이 군의 요구를 적정한 테두리 안에 머물게 하였습니다. 그러면서 장교들의 주장의 대세를 보면서 일단 자기 자신이 그 주장에 공감했을 때는 확고부동하게 그 결의에 책임을 졌습니다.

찰스 1세를 처형한 것도, 장기의회를 무력으로 해산한 것도, 크롬웰 자신의 말대로 '가혹한 필연'이었습니다. 그 자신이 호국경이 된 것도 그가 하고자 해서 된 것이 아니고 어쩔 수 없이 그리된 '필연'이었습니다. 그 필연을 그는 하나님의 경륜으로 믿었습니다. 크롬웰을 비난하는 사람은 그가 그 지위에 오른 것은 모두 그 자신의 계획된 음모이며, 그는 비할 대상이 없는 야심가이며 위선자라고 했습니다. 그러나 이러한 비난이 근거 없는 무고誣告임은 오늘날 역사가에 의해 밝혀지고 있습니다. 그의 심경은 성실무사誠實無私했습니다. 이런 지도자를 가진 것은 군의 행복일 뿐 아니라 국민의 행복이었던 것입니다.

크롬웰의 정치

　《영국 헌정사The Constitutional History of England》의 저자로 유명한 헬럼Henry Hallam은 크롬웰을 나폴레옹과 비교하여 그에게는 입법자의 정신으로 보면 인정할 만한 것이 없으며, 사회제도 개선이라는 가장 고귀한 기초 위에 자기의 명성을 쌓을 뜻도 없었다고 평했지만, 사실은 이 비평과 정반대로 크롬웰만큼 깊은 의미에서 사회 개선을 위하여 노력한 정치가는 적었습니다.

　첫째로, 그는 사법제도를 개선했습니다. 1647년 이래 군은 소송 수속을 명확, 신속하게 하고 비용을 줄일 것을 요구했는데, 크롬웰은 호국경이 된 이후 이 개혁을 실행했습니다. 그는 또 형법 개정도 도모하여, 살인죄 이외의 죄로 사형 판결을 받은 죄수를 모두 특사했습니다. 이런 개혁은 세상의 약자, 가난한 사람의 권리를 구제하는 것으로, 그의 목적은 국가의 법률을 "하나님의 의로운 율법에 합치시키는" 데 있었습니다.

둘째로, 그는 사회 도의道義 개선에 주력했습니다. 도의 개선은 청교도들이 열심히 주장한 것으로, 장기의회에서는 이미 주일主日 엄수를 명하고 맹세를 엄벌에 처하고 간음을 중죄로 다스렸지만, 크롬웰은 거기에 결투, 닭싸움, 부랑자들을 벌하는 명령을 내고, 또 1655년 전국에 둔 군정장관major-generals, 軍政長官으로 각 담당 지역 안에서 사회 도의 개선을 장려하게 했습니다. 그 이듬해 소집한 제2 의회의 개원식에서 그는 이 사업을 지속적으로 강화할 것을 언명하며 다음과 같이 연설했습니다.

우리들의 자유와 번영은 이 개혁에 좌우될 것이라고 나는 확신합니다. 제멋대로 죄와 더러운 행동을 하는 사람을 여러분 속에 보는 것을 치욕으로 여기십시오. 그러면 하나님은 여러분을 축복하실 것입니다. 참으로 이 개혁은 인간의 심령을 높이는 것입니다. 마음은 사람입니다. 마음을 깨끗이 지니지 못하면 인간에게 무슨 의미가 있겠습니까. 그러지 못하면, 나는 사람과 짐승 사이에 무슨 구분이 있는지 발견하기 어렵습니다.

셋째로, 크롬웰은 교육을 장려했습니다. 교육에 열심인 것도 청교도의 한 특색이었습니다. 전국 방방곡곡에 학교를 세워 지식과 예의와 교양을 보급할 것을 크롬웰의 서기관書記官 밀턴은 그의 교육론에서 주장했습니다. 국가의 교육 의무라는 근대적 관념은 그들 청교도에게서 나온 것입니다. 크롬웰은 밀턴을 비롯한 학자들을 등용하여 보호했고, 그의 보호와 장려로 옥스퍼드와 케임브리지, 두 대학의 학예가 크게 번영했습니다. 나아가 그는 교육의 지역 보급을 도모하여 북잉글랜드의 더럼에 새 대학을 창립하였습니다.

종교계를 쇄신하는 것 또한 크롬웰의 사업이었습니다. 그는 목사의 생활 기반을 튼튼히 하고 대우를 개선했습니다. 국립교회의 제도를 유지하고 공인된 목사의 급료는 조세로 지출하였습니다. 청교도 중에서도 벤이나 밀턴 등은 국가와 교회의 완전 분리를 주장했습니다. 교회 지원의 재원인 십일세를 즉시 없애라고 요구하는 급진파도 있었습니다. 그러나 크롬웰은 이런 점에는 실제적이고 온건한 생각을 가져, 목사의 생활을 도와 복음을 널리 전하는 것이 나라의 중요한 일이라면서, 달리 적당한 재원을 발견할 때까지는 십일세를 유지하기로 했습니다. 그러나 이렇게 국가의 지원을 받는 목사는 복음 전도에 참으로 자격 있는 사람이라야 합니다. 크롬웰은 목사 후보자의 자격심사위원회Triers 위원을 임명하여 행동, 지식, 의견을 심사하도록 하고, 거기 합격하지 않으면 목사에 취임할 수 없게 하였습니다. 또 각 현에 추방위원회Ejectors를 두어 불량하고 무능한 목사 및 학교 교사를 추방했습니다. 이 두 위원회는 매우 잘 활동했기 때문에 종교계와 교육계에 참신하고 유능한 인물이 넘쳤습니다. 크롬웰에 반대하는 태도를 취하던 장로파의 신학자 백스터 Richard Baxter조차 이 제도의 양호한 결과를 높이 칭찬했습니다.

이 제도로 목사가 될 수 있는 사람의 범위는 청교도의 각 파를 망라했습니다. 가톨릭 및 감독교회는 여기서 제외되었는데, 전자는 우상숭배라는 것, 후자는 우상숭배적이면서 왕당파와 공모하여 정치적 치안을 해칠 위험이 있다는 것이 그 이유였습니다. 그러나 크롬웰은 그들에 대해서도 사정이 허락하는 한 관대한 태도를 취하였습니다. 친우교도親友敎徒, Quaker 및 유대교도에게도 관대했습니다. 그는 같은 시대의 누구보다도 종교적 관용 정신이 풍부한 사람이었고, 종교적 자유는 정치적 자유보다 중요하다고 믿는 정치가였습니다.

요컨대 청교도의 신앙으로 영국 국민의 정신을 고귀하게 하고 깨끗이 하려는 것이 크롬웰의 정치 목적이었습니다. 입법 사업의 규모에서는 그가 나폴레옹에 못 미칠지라도, 그 정신의 깊이에서는 세인트헬레나의 유배자가 도저히 그를 능가할 수 없었습니다.

*

국내 정치의 기조를 청교도 신앙에 두었던 크롬웰은 외교의 지도 정신도 이 신앙을 옹호하는 데 두었습니다. 당시 프랑스에서는 위그노파에 대한 박해가 있었는데, 크롬웰은 프랑스와 평화조약 체결을 위해 교섭할 때 위그노의 이익을 위해 간섭할 권리를 요구하여, 그 때문에 담판이 결렬되는 것도 개의치 않았습니다. 사보이 대공이 피에몬테 골짜기에 거주하는 신교도 왈도파Waldenses를 박해한 것이 영국에 보고되었을 때, 크롬웰을 비롯하여 청교도의 뜨거운 피는 의분과 동정으로 끓어올랐습니다. 크롬웰은 프랑스에 강경한 항의를 제기함과 동시에, 당시 지중해에 있었던 블레이크 함대에 명하여 무력 개입조차 불사하려 했습니다. 프랑스는 그 퍼런 서슬에 놀라 사보이 대공에 압력을 가해 왈도파 박해를 중지시키고 이들 무고한 백성이 그 평화스런 골짜기로 돌아가 살게 했습니다. 이로써 크롬웰은 유럽 신교도의 보호자임을 나타냈을 뿐 아니라, 영국의 국위를 크게 해외에 떨쳤습니다.

네덜란드와 영국은 장기의회 이후 오랫동안 교전 상태에 있었지만, 크롬웰은 신속하게 네덜란드와 평화를 회복해야 한다고 생각했습니다. 네덜란드가 신교국新教國이라는 것이 하나의 이유이고, 전쟁 비용이 늘어가는 것이 둘째 이유이며, 네덜란드를 근거지로 하는 왕당파의 복귀 운동을 그치게 하려는 것이 셋째 이유였습니다. 네덜란드와의 평화조약 체결과 함께, 그 동맹국이었던 덴마크와도 평화가 회복되었습니다. 이리하여 크롬웰은 영국, 네덜란드, 덴마크, 스웨덴, 브란덴부르크(프로이센) 등 신교국가 간의 동맹을 계획했으나, 이 계획은 스웨덴 왕이 폴란드를 정복하겠다는 야심을 보이면서 무산되었습니다. 그러나 영국 국내뿐 아니라 유럽 대륙에서도 신교의 옹호자가 되고자 했던 크롬웰의 포부는 여기서도 나타났습니다.

신교국 네덜란드와 평화조약을 맺은 크롬웰은 구교국 스페인과 전쟁을 시작하게 되었습니다. 그 무렵 프랑스는 스페인과 전쟁 중이었습니다. 두 나라 모두 구교국이지만, 프랑스 쪽이 어느 정도 신교도를 관용했던 점과 왕당파의 운동을 저지할 필요 때문에, 크롬웰은 프랑스에 원병을 보내어 플랑드르의 스페인 군과 싸워 됭케르크를 함락시키고, 프랑스에 원병을 보낸 대가로 이 항구를 양도받았습니다. 즉, 영국은 유럽 대륙에 발판을 마련했고, 나아가 왕당파가 대륙 방면에서 영국을 침입하는 위험을 막을 수 있었습니다.

스페인과 전투를 치른 곳은 플랑드르만이 아니었습니다. 넓은 대양에서 해전이 벌어져, 서인도제도에서는 영국군이 큰 희생을 치른 뒤 스페인 식민지 자메이카를 공략하여 자기 영토로 만들었습니다. 크롬웰 밑에서 영국 해군은 유럽 여러 나라에서 가장 강력한 함대를 갖게 되었으며 지중해, 발트해, 대서양, 그리고 서인도제도에서 영국의 상권商權은 강대한 지위를 얻었습니다. 그러나 스페인과 전쟁을 개시한 까닭에 크롬웰은 런던 상인 계급의 인기를 잃었습니다. 그들이 스페인 및 그 식민지들과 해오던 유리한 상업이 전쟁으로 타격을 받았기 때문입니다. 많은 정치가와 상인 계급들은 스페인이 아니라 네덜란드를 영국의 적으로 여기고 있었습니다. 그것은 당시 영국의 어업, 해운 및 무역상의 실리에 입각한 생각이었습니다. 그러나 크롬웰이 영국 외교의 근본 방침으로 규정한 것은 상업상의 실리보다 종교적 자유의 확립에 있었습니다.

*

크롬웰이 태어나던 때, 영국은 해외 식민지가 전혀 없었습니다. 제임스 1세가 버지니아 회사에 특허장을 준 것은 크롬웰이 일곱 살 되던 해이며, 필그림 파더스가 메이플라워호를 타고 출발한 것은 그가 결혼하던 해였습니다. 장기의회가 제정한 항해조례航海條例는 영국의 본국과 모든 식민지 전체를 묶어 하나의 정치 조직의 구성 부분이 되도록 입법한 최초의 시도였으며, 크롬웰은 영국의 식민지 획득을 위해 온 국력을 조직적으로 기울인 최초의 통치자였습니다. 앞서 말한 스페인령 서인도 제도를 공략해 경영한 것이 그것으로, 그렇게 하여 그 지역의 영국 식민지를 안전하게 하고 해상의 패권을 장악했던 것입니다.

크롬웰은 아메리카에 생긴 여러 식민지의 내정內政 및 그들 사이의 관계에는 그다지 간섭하지 않았습니다. 그는 각 식민지의 번영과 발전을 바라고 그들 사이에 우호적 관계가 이루어지도록, 예를 들면 경계의 분쟁 조정 등을 도왔습니다. 그는 특히 뉴잉글랜드의 여러 식민지에 호의를 보였습니다. 신대륙 청교도 신앙의 보루로 생각했기 때문입니다. 뉴잉글랜드의 여러 식민지 또한 크롬웰에게 애정을 표하고, 그가 호국경이 되었을 때 매사추세츠 식민지는 대표를 보내어 진심으로 축하해주었습니다.

크롬웰은 이와 같이 영국과 해외 식민지의 우호적 관계를 수립하기 위해 노력하는 한편, 영국 내에서는 잉글랜드, 스코틀랜드, 아일랜드 세 왕국을 하나의 공화국(커먼웰스)으로 결합하는 정책을 추진했습니다. 스코틀랜드는 장로파 국가이므로 잉글랜드와 정신적 융합이 비교적 쉽게 이루어졌으나, 아일랜드는 가톨릭 국가이기 때문에 크롬웰은 강경한 탄압 정책을 취했습니다. 그가 장기의회의 명으로 아일랜드 원정군으로 파견되어 드로이다와 웩스퍼드를 함락했을 때는, 마을에서 무기를 들고 있는 사람은 발견되는 즉시 모두 살육하게 했습니다. 이것은 아일랜드를 굴복시킨 효과는 있었지만, 그들 가슴 깊이 잉글랜드에 대한 역사적 증오심을 새기게 만들었습니다.

아일랜드의 토지정책도 같은 결과를 초래했습니다. 곧 의회는 가톨릭 지주의 토지를 몰수하여, 출정한 군인이나 군비 출자자, 군용품 납품 상인들에게 보상으로 주었던 것입니다. 크롬웰이 낸 안은 아니었지만 그는 이것이 좋은 정책임을 확신하고, 잉글랜드에서 청교도를 이주시킴으로서 아일랜드를 신교 국가로 만들고 번영과 자유를 줄 수 있다고 생각했습니다. 하지만 이 정책은 실패하고 말았습니다. 이 정책으로 토지가 몰수되고 주거를 강제로 옮겨야 했던 아일랜드인은 철천지한을 품게 되었으며, 한편 잉글랜드에서 이주해온 이들은 아일랜드인을 청교도화하기는커녕, 오히려 그들의 종교와 생활이 아일랜드인에게 동화되어버렸던 것입니다.

크롬웰의 아일랜드 정책은 후세에 아일랜드 문제의 화근이 되었습니다. 그의 실패는 다른 민족, 다른 종교를 가진 국가에 강행한 동화 정책의 실패입니다. 그의 정책이 성공하려면 아일랜드 인구의 과반을 차지할 정도로 잉글랜드인이 이주해야 합니다. 사회적·경제적 조건도 충분해야 합니다. 실패하기는 했지만, 그의 다른 모든 정책과 공통되는 지도 정신이 이때도 작용하고 있었습니다. 첫째로, 청교도 신앙에 바탕을 둔 복음의 보급입니다. 둘째로, 세 왕국의 통일과 결합으로 영국이 번영하는 것입니다. 그는 호국경의 의회에 스코틀랜드와 아일랜드의 의원도 참여시켰습니다. 바른 신앙을 확립하고 그 위에 정치적 자유를 이루는 것, 그리고 자유에 기초를 두고 국내와 식민지 그리고 국제적 결합을 이루는 것, 이것이 크롬웰이 편 정치의 목적이었습니다.

*

크롬웰의 힘찬 정치 아래 국내 치안은 확립되고 영국의 국위는 해외에 빛났습니다. 그러나 불평파의 꿈틀댐이 아주 멈춘 것은 아닙니다. 계속된 대외 전쟁으로 재정난은 점차 심각해지고 있었습니다. 그보다 더한 공화국의 위험 신호는, 크롬웰의 체력이 눈에 띄게 쇠약해진 것입니다. 고된 업무와 심려가 그의 건강을 짓눌렀습니다.

그는 1648년에 중병에 걸렸고, 1651년에도 큰 병을 앓았습니다. 공무에 바쁜데다 가정의 비애가 겹쳤습니다. 1658년 2월, 그의 막내 딸 프랜시스가 결혼 후 4개월 만에 남편과 사별하였습니다. 같은 해 8월 그가 가장 사랑하던 둘째 딸 엘리자베스 클레이폴이 심한 병고 끝에 세상을 떠났습니다. 그를 간병하던 크롬웰은 2주일 동안 아무 일도 손에 잡지 못했고 얼굴은 참혹하도록 야위었다고 합니다. 엘리자베스의 장례 직후에 크롬웰은 말라리아가 발병하여, 결국 9월 3일, 잊을 수 없는 던바 및 우스터의 기념일에 그의 위대한 영혼은 흙의 그릇에서 해방되었습니다. 이때 그의 나이는 59세였습니다.

아들 리처드가 대를 이어 호국경이 되었으나 민심은 급격하게 호국경 정치를 떠나, 다음 해 5월 7일에 호국경 제도를 폐지하여 장기의회를 부흥시키고, 1년 뒤에는 외국에 도망 중이었던 찰스 2세를 맞아 왕위에 오르게 하였습니다.

왕정복고王政復古 뒤 크롬웰의 입법은 닥치는 대로 취소되었습니다. 그가 창립한 더럼 대학도 폐교되었습니다. 사법제도의 개혁도, 사회 기강의 개선도, 종교의 개선도, 그가 낸 명령은 모두 무효로 선언되었습니다. 그것으로 끝난 것이 아닙니다. 웨스트민스터 사원에 매장되었던 크롬웰과 브래드쇼John Bradshaw와 아이어턴Henry Ireton 세 사람의 관을 파내어, 연도沿道의 시민이 저주의 고함을 지르는 가운데 썰매에 실어 타이반의 처형장으로 옮겨 가, 거기서 유해를 나무에 달고, 목을 잘라 웨스트민스터 홀의 문 위에 걸어 사람들 눈에 띄게 했습니다. 1661년 1월 30일, 찰스 1세 처형 제12회 기념일이었습니다. 참으로 잔혹한 복수였습니다.

모욕은 그것으로 끝나지 않았습니다. 왕당파인 클래런던Edward Hyde, 1st earl of Clarendon이 저술한《잉글랜드의 반란과 내전의 역사History of the Rebellion and Civil Wars in England》에서는 크롬웰을 "용감한 악인"이라 평했고, 의회의 공화파는 그를 이기적인 야심가라 비방하였습니다. 이들 평가는 오랫동안 후세의 역사가를 지배하였고, 18세기 전후의 비평가들은 모두 크롬웰을 악평했습니다. 흄David Hume이 그를 평하여 "위선적인 광신자"라고 한 말이 대표적입니다. 1839년이 되어서도 존 포스터John Forster는 "크롬웰은 위선자로 살고, 반역자로 죽었다"고 쓰고 있습니다.

크롬웰의 진가를 처음 인정한 사람은《영국사History of the Common-wealth》를 쓴 윌리엄 고드윈William Godwin입니다. 칼라일Thomas Carlyle이 '영웅 숭배론' 강의에서, 그를 "왕으로서의 영웅"이라고 찬양한 것은 1840년 5월 22일입니다. 그 뒤 5년 후 칼라일이 편집한《올리버 크롬웰의 편지 및 연설집Oliver Cromwell's Letters and Speeches》이 출간되어 그가 허위의 사람이 아니라 진실한 사람임이 입증되고 나서야 영국인은 크롬웰의 지성과 공적을 인정하게 되었지만, 1899년에 가서야 겨우 소니크로프트Sir Hamo Thornycroft가 만든 그의 동상이 웨스트민스터 궁의 의회 구내에 세워졌습니다. 하나님과 나라를 위해 온 힘을 쏟아 분투했던 순결하고 진지한 사람이 위선자, 야심가, 반역자라는 누명을 쓰고 실로 300년 동안이나 먼지에 묻혔던 것입니다.

나는 런던 유학 중 웨스트민스터의 가도街道에서 철책 너머로 의회 구내의 그의 동상을 보고, 세평이란 것이 얼마나 공허한 것인가를 생각하며 인간의 일생에서 무엇을 목적으로 살아야 할지 깊은 생각에 잠겼던 일이 기억납니다.

크롬웰의 신앙과 성격

크롬웰의 용모는 렐리Peter Lely나 쿠퍼Samuel Cooper가 그린 초상화에서 볼 수 있듯이 모난 얼굴, 짙은 눈썹, 큰 코, 꾹 다문 입, 그리고 이마에 주름살이 잡힌 과격한 표정이 특징이지만, 그 어딘가에 우울이 숨어 있는 것이 느껴집니다. 그는 노여울 때는 불같았지만, 약자와 압박받는 사람들에 대해서는 늘 자상한 동정심을 가졌습니다.

그는 청년 시절, 아버지를 여의고 케임브리지 대학을 중퇴하여 헌팅던의 시골에 돌아가 살고 있을 때, 심한 우울증에 걸려 한밤중에 마을 의사를 깨워 치료받은 적이 여러 번 있었습니다. "죽을 것 같다"고 말했다고 합니다. 그의 우울은 육체의 병이라기보다는 영적 고민의 결과였습니다. 심각한 죄의식이 그의 영혼을 밑바닥부터 위협했던 것입니다. 기도하고, 성서를 읽고, 설교를 듣고, 헌팅던의 언덕에서 일리Ely의 목야牧野에서, 그의 영혼은 평안을 구하며 신음했습니다. 그가 구원의 확신을 얻은 것은 30세를 넘어서였던 것 같습니다.

그는 생애를 기도로 산 사람이었습니다. 그는 성서를 먹고 살았습니다. 그가 호국경이 되고 나서, 퀘이커의 창시자 조지 폭스George Fox가 진정할 일이 있어 크롬웰을 방문한 일이 있습니다. 그 최초의 만남을 폭스는 이렇게 기록하고 있습니다.

내가 말했을 때 그는 몇 번이고 "그건 정말 옳아. 그건 진리야"라고 말했다. 그리고 내가 물러 나오려 하자, 그는 내 손을 잡고 눈물을 글썽거리며 말했다. "내 집에 또 오시오. 당신과 내가 하루 중 한 시간이라도 함께 지내면 우리는 서로 더 가까워질 테니까."

생각해보십시오. 영국 최고의 권력을 가진 호국경이, 신기료장수 출신의 설교자가 말하는 신앙의 말을 눈물을 글썽거리며 듣고 있는 모습을. 크롬웰의 편지와 연설도 신앙적인 열심에 넘쳐 있습니다. "나는 이 나라에서 여러 일에 부름 받았다. 그리고 하나님과 하나님의 백성의 이익을 위하여, 또 이 공화국을 위하여, 정직한 인간의 의무를 다하려고 노력했다." 이렇게 그는 자신의 말로 자기 공생애의 목적을 고백했습니다. 그가 남긴 이런 말은 무수히 인용할 수 있습니다. 다만 그가 죽기 사흘 전 침상에서 한 기도는 생략하기에 너무나도 아름답습니다.

당신(하나님)은 이 심히 쓸데없는 자가 그들(하나님의 백성)에게 약간의 선을 행하고, 또 당신이 쓰시기 위한 천한 도구가 되게 하셨습니다. 그들 가운데 많은 사람은 나에 대해 너무 높이 평가합니다. 그러나 다른 사람은 내 죽음을 바라고, 그것을 기뻐하는 사람도 있습니다. 그러나 주님, 당신이 나를 어떻게 처리하시든, 부디 그들을 위하여 선을 베풀어주십시오. 그들에게 확고한 판단과 하나의 마음을 주시고, 서로 사랑하게 해주십시오. 그리고 그들의 구원과 개혁의 사업을 진행시켜주십시오. 그리고 예수의 이름을 온 세계에 빛나게 해주십시오. 당신의 도구에 대하여 너무 많이 기대하는 사람을 가르쳐, 당신을 한층 더 의지하게 해주십시오. 그들도 또한 당신의 백성이 아닙니까? 그리고 이 짧고 어리석은 기도를, 예수 그리스도를 인하여 용서해주십시오. 그리고 당신의 뜻에 합당하다면, 우리에게 좋은 잠을 주십시오. 아멘.

자기에 대해서도, 자기 집에 대해서도 한마디도 하지 않았습니다. 오직 하나님과 그 백성만이 그의 염두에 있었습니다. 이 최후의 병상에서 그는 어느 날 보살피는 목사에게, "한 번 구원받은 사람은 멸망에 이르지는 않습니까" 하고 물었습니다. "안전합니다"라는 답을 듣고, "그러면 안심입니다. 나는 한 번 구원받았으니까"라고 말했습니다. 그는 병으로 고통을 겪는 동안 심하게 자기를 가책하는 말을 하고, 자신의 비천함을 고백하고, "살아 계신 하나님 손에 빠져드는 것은 얼마나 무서운 일인가"라는 히브리서 10장 31절 말씀을 힘주어 세 번 되풀이했습니다. 그러나 그가 이보다 더 자주 말한 것은 "사실 하나님은 선하시다. 정말 그렇다"였습니다. 싸움터에서는 자기보다 몇 배나 되는 적의 병력도 두려워하지 않았고 의회에 서서는 부패한 의원을 준열히 꾸짖던 용장이었지만, 하나님 앞에서는 살아 계신 하나님의 손에 떨어지는 것을 두려워 마지않던 죄인이었고, 자기의 무가치함을 뼛속 깊이 알고 있는 "한 마리의 가련한 구더기"였습니다. 그리고 그리스도의 십자가의 그늘에 몸을 숨기고서야 비로소 안심하고 자기 영혼을 아버지이신 하나님의 손에 맡겼던 것입니다. 이 신앙이야말로 실로 그의 용기와 진지함의 근원이었습니다. 전장에서 그가 얻었던 빛나는 승리보다도, 그가 건설했던 강력한 영국의 패권보다도 더 뛰어나고 위대한 것은, 살아 계신 하나님을 두려워하고 그분을 의지하는 신앙이었습니다.

*

19세기의 저명한 역사가 존 몰리John Morley는 크롬웰의 됨됨이가 진지한 것은 인정했지만, 뒷날 영국 정치의 발달에 그가 공헌한 것은 적다고 논했습니다. 영국의 정치사는 "좋건 나쁘건" 크롬웰의 정치와 반대의 방향으로 발전해왔으며, 호국경의 독재정치와 현대의 여론정치 사이에는 일치보다는 대립이 있다는 것입니다. 하지만 몰리의 이 같은 말은 정치의 형태만 보고 그 밑바닥에 흐르는 정신을 보지 않는 피상적 비평이라고 생각합니다. 민주주의의 기초는 인민의 자유에 있고 인간의 자유가 근본적으로 영혼의 자유에 있다면, 크롬웰이야말로 영국의 정치에 인민의 자유를 확립한 최초의 정치가이고, 가장 깊은 의미에서 자유를 파악한 정치가였습니다. 그를 이끈 원리는 정치적이라기보다는 오히려 종교적이었습니다. 그는 정치적 자유보다 종교적 자유가 더 근본적이라고 생각했습니다. 정치적 자유는 대부분 편의의 문제입니다. 따라서 상대적입니다. 그러나 종교적 자유, 즉 양심의 자유는 절대적입니다. "좋건 나쁘건"과 같은 표현은 자유주의자의 기회주의적인 말입니다. 크롬웰은 선은 선, 악은 악이라 단호하게 주장하는 정치가였습니다. 그에 의하여 영국에 민주주의적 정치의 기초가 확립되었던 것입니다. 그의 정부는 당시의 객관적 정세를 피할 수 없어 호국경의 독재적 형태를 취했으나, 그의 정신은 어디까지나 민주적이었습니다. 그의 혼잡하지 않은 순수하고 굳센 신앙과 무쇠 같은 실행력으로, 자유의 정신은 처음으로 강력하게 영국의 정치를 꿰뚫었으며, 그것이 후대에 불멸의 영향을 남겼습니다. 실로 근대 영국은 크롬웰에서 비롯했다고 보아도 좋습니다.

크롬웰의 죽음과 함께 호국경 정부는 힘없이 무너졌습니다. 그것은 그 정권이 칼로 세워졌기 때문입니다. 칼로 일어선 자는 칼로 넘어진다는 성서의 말씀은 한 치의 어긋남이 없이 크롬웰의 경우에도 진리였습니다. 그러나 그의 정신은 결코 무너지지 않았고, 왕정으로 복고하였지만 이미 그 이전의 전제군주와는 같은 것이 아니었습니다. 크롬웰이 넘어지면서 청교도 정치도 넘어졌지만, 그것은 청교도의 정치 목적이 오류였기 때문이 아니라 영국 국민이 그 수준을 따라갈 수 없었기 때문이었습니다. 나라의 법률을 하나님의 율법에 맞추고 나라의 정치를 하나님 나라의 정치를 따라 정화하는 것이, 크롬웰이 실제 정치에 불어넣은 정치 이상이었습니다. 안타깝게도 그가 실시한 여러 청교도 개혁 사업은 왕정복고와 함께 폐지되었고, 그 자리에 후대의 실리적 공리주의자의 나라가 들어섰습니다. 생각해보면 링컨이 미국 사람 아닌 미국 사람이었던 것 같이, 크롬웰은 영국 사람 아닌 영국 사람이었습니다. 예부터 정치를 성화聖化한 사람으로, 나는 이 두 사람을 넘어서는 인물을 보지 못했습니다.

링컨

6

Abraham Lincoln

1809. 2. 12. - 1865. 4. 15.

청년 시절

유럽 유학에서 귀국하는 길에 뉴욕에 도착해 어느 호텔에 묵었을 때였습니다. 초인종을 눌렀더니 얼굴이 새까만 웨이터가 불쑥 방에 들어와서 흠칫 놀랐습니다. 여긴 일본과 다르고, 유럽과도 다른 나라로구나 실감했습니다. 링컨의 나라였습니다.

미국을 잠시 통과만 했던 나는 링컨을 딱 한 번, 그것도 우연히 거리에서 만났을 뿐입니다. 물론 살아 있는 사람은 아닙니다. 그는 내가 태어나기 28년 전에 세상을 떠났으니까요. 내가 만난 것은 그의 동상이었습니다. 장소는 시카고였습니다. 시카고에서 하루밖에 머물 수 없었던 나는 가축 시장과 변두리 흑인 거리를 둘러봤습니다. 전자는 세계적으로 유명합니다. 후자는 이렇다 하게 유명한 곳은 아니지만, 북부의 큰 도시 가운데 흑인이 많이 사는 곳은 시카고뿐이라, 남부에 갈 겨를이 없었던 나는 여기서나마 흑인의 생활을 보고 싶었던 것입니다. 노예 해방

후 남부에서 북부로 이동하는 흑인이 점점 늘어났는데, 특히 세계대전 때 북부의 공업이 급격히 확장되었기 때문에 노동력을 보급할 필요가 생겨 흑인의 북부 이동이 크게 증가하였고, 시카고는 그 최대의 중심지였습니다.

나는 꽤 오랜 시간 혼자서 발길 닿는 대로 흑인 거리를 걷다가 지쳐서 미시간 호수의 작은 공원에 들어갔는데, 거기서 문득 링컨의 동상과 마주쳤습니다. 그는 호수에서 불어오는 바람을 맞으면서, 소박한 좌대座臺 위에 우두커니 서 있었습니다. 그 여섯 자 네 치(193센티미터가량―옮긴이)의 큰 키에 프록코트를 걸치고, 길게 늘어진 두 손을 깍지 끼고, 머리를 숙이고 서 있었습니다. 링컨이여, 당신은 무엇을 그렇게 슬퍼하고 있습니까? 당신 나라의 현상입니까? 또는 세계의 현상입니까?

*

에이브러햄 링컨은 1809년 2월 12일, 켄터키 시골 구석 가난한 농부의 집에서 태어났습니다. 그에게는 자랑할 만한 가문도 집안 내력도 없었습니다. 그가 대통령이 된 뒤에, 그를 명사名士로 떠받들어 전기傳記의 재료를 찾는 사람에게 "나의 조상이나 어린 시절을 아무리 찾아보아도 나올 게 아무것도 없어요"라고 말한 대로, 그의 부모는 모두 이름 없는 집안의 사람들이었습니다. 아버지 쪽 조상은 펜실베이니아에 있었던 퀘이커교도였으나 뒤에 버지니아에 이주하였고, 그의 할아버지 대에 다시 켄터키로 이주하였습니다. 그런데 할아버지는 숲속에서 나무를 베고 밭을 일구어 그 일대를 개간하던 중 인디언에게 습격당해 살해되었습니다. 그때 링컨의 아버지는 여섯 살이었습니다. 더구나 집이 매우 가난했기 때문에 어려서부터 노동을 하느라 전혀 교육을 받지 못했고, 서툰 필적으로 자기 이름을 쓰는 것이 고작이었습니다.

링컨의 어머니는 그가 여덟 살 때 돌아가셨는데, 외가 쪽 가계 역시 내세워 자랑할 것이 없습니다. 링컨은 평민의 아들인 평민이었습니다. 그는 뼛속까지 평민이었습니다. 대통령의 지위와 직무는 그라는 인물을 크고 깊고 위대하게 했지만, 어떤 의미로도 그를 귀족이 되게 하지는 않았습니다. 링컨의 위대함은 실로 평민의 위대함이었습니다.

링컨의 아버지는 켄터키를 떠나 인디애나로 와서, 여기저기 집을 옮겨 살다가 1830년 링컨이 스물한 살 때 일리노이주로 이사했습니다. 집이 가난했던 링컨은 어렸을 때부터 여러 노동을 하며 아버지를 도와야 했습니다. 그는 학교를 여덟 살에서 열다섯 살 사이에 띄엄띄엄 다녀, 그 기간을 다 합쳐봐야 열두 달에 지나지 않았습니다. 그의 멀대 같은 키에 가슴팍이 얇은 체격은 어린 시절의 영양 부족 탓이겠지요. 그러나 팔 힘은 세었습니다. 그 때문에 그는 늘 고용주의 눈에 드는 노동자였습니다.

어린 시절에 오하이오강에서 나룻배의 노를 젓던 일도 있었습니다. 청년이 되어, 동료 두세 명과 함께 짐배로 미시시피강을 저어 뉴올리언스까지 내려갔던 일도 있습니다. 두 번째로 뉴올리언스에 왔을 때 그는 우연히 노예 시장과 마주쳤습니다. 멀쩡한 흑인 소녀의 팔을 비틀거나 쿡쿡 찌르면서, 말이 걷듯이 보조를 맞추어 방 안을 돌며 걷게 합니다. "자, 이 물건을 보시오" 하고 노예 상인은 소리를 지릅니다. 이 광경을 본 링컨은 입술을 굳게 다물고 한마디도 하지 않았습니다. 노예제도에 대해 들은 적은 있지만, 목격한 것은 그때가 처음이었습니다. 눈으로 본다는 것은 중요합니다. 그때의 첫 인상은 링컨의 마음에 깊이 새겨졌습니다. 노예 해방자로서 그의 생애는 그때 시작되었다고 해도 과언이 아닐 것입니다. 링컨이 스물두 살이 되던 해였습니다.

뉴올리언스 여행에서 돌아온 링컨은 뉴세일럼이라는 새 개척지의 작은 소읍에 살았습니다. 그곳은 닭싸움과 음주로 유명했습니다. 링컨은 술은 가까이하지 않았지만 닭싸움이든 씨름이든 소읍 사람들과 어울리며 생활했습니다. 학교의 보조교사 일이나, 울타리에 쓸 나무를 패는 노동이나, 상거먼Sangamon강의 뱃일 등을 전전하다가 어느 잡화점의 점원이 되었지만, 그 가게는 일 년을 못 채우고 파산했습니다.

다음 해인 1832년, 23세의 그는 일리노이 주의원 선거에 입후보했습니다. 그 당시의 연설 하나가 남아 있습니다.

여러분, 여러분은 제가 누군지 잘 아시리라 믿습니다. 저는 하찮은 에이브러햄 링컨입니다. 이번에 여러 친구들의 권고로 주의회 의원에 입후보했습니다. 저의 정책은 늙은 할머니의 댄스처럼 짧고 우습습니다. 저는 국립은행에 찬성합니다. 저는 국내 개량정책과 고율 보호관세에 찬성합니다. 제 기분과 정책은 이상과 같습니다. 만일 당선이 되면 고맙겠지만 당선되지 않아도 마찬가지입니다.

백 단어가 안 되는 짧은 연설입니다. 그 간명 솔직함, 그 구체성, 그 유머는 뒷날의 링컨을 예상케 하여 미소를 금할 수 없습니다.

링컨은 낙선했습니다. 대장간을 할까 변호사를 할까 고민하던 중에 급작스레 한 상점을 양도받게 되어 베일이라는 사람과 공동으로 가게를 냈습니다. 그러나 곧 사업은 실패했고 베일도 과음 끝에 죽는 바람에 링컨 혼자 부채를 모두 떠안게 되었습니다. 이 빚을 다 갚기까지 그는 15년간 애써 일하며 절약해야 했습니다.

링컨은 경제적인 감각은 별로 없었던 것 같습니다. 장사도 그에게는 맞지 않았습니다. 그러나 그는 정직했습니다. '정직한 사람'은 젊었을 때부터 그를 따라다니던 별명이었습니다. 장사에서나 정치에서나 그는 속임수 없이 의무를 끝까지 이행하는, 신뢰할 수 있는 사람이었습니다.

장사에 실패한 링컨은 잠시 농업 노동자 생활도 했으나 뒤에 측량 조수가 되었고, 이어 독립적인 측량사로 일했습니다. 우체국장 지위도 얻었지만 우편물이 적어 "모자 속에 우체국을 넣고 다닐" 정도여서 그다지 수입에 보탬은 되지 않았다고 합니다. 하지만 링컨의 측량과 우체국 업무는 일이 정확해서 사람들에게 만족을 주었다고 합니다.

1834년에 주의회 의원으로 다시 입후보하여, 이번에는 무난히 당선했습니다. 그때 나이는 25세입니다. 1837년에는 새롭게 주청州廳이 들어선 스프링필드에 정착하게 되었습니다. 여기에 친구 스튜어트와 공동으로 법률사무소를 차리기로 했습니다.

스프링필드에 도착했을 때 링컨은 수중에 돈 한 푼 없었습니다. 그는 스피드라는 젊은 상인의 가게에 들어가, 가장 값싼 침대와 기타 필수품의 가격을 물었습니다. 모두 17달러밖에 안 되었으나 링컨에게는 큰돈이었습니다. 뉴세일럼의 사업 실패로 떠안은 부채에다 또 이렇게 많은 빚을 져야 하는가 하는 생각에 링컨의 얼굴엔 당혹감이 떠올랐습니다. 이를 본 스피드는 빚을 지지 않아도 되도록 한 가지를 제안했습니다. 링컨을 2층으로 데리고 올라가 자기의 큰 침대를 반씩 나누어 쓰자고 한 것입니다. "좋소, 스피드. 난 감동했습니다." 그리 말하고, 링컨은 잠 잘 장소를 얻었습니다. 스피드는 그때부터 평생 링컨의 좋은 친구가 되었지만, 훨씬 뒤에 그 첫 대면 때의 인상을 이렇게 말했습니다.

나는 그를 쳐다보았다. 내 일생 동안 그렇게 가라앉고 울적한 얼굴을 본 일이 없었다. 그때도 그리 생각했고, 지금도 그렇게 생각한다.

당시 링컨은 사업의 야심과 가난과 실연까지 겹쳐 더욱 우울했습니다. 그 심각한 표정이 스피드의 마음을 움직여 동정심이 우러나게 했던 것으로 보입니다. 3-4년 후, 링컨은 다시 결혼 문제로 고민하느라 심한 우울증에 걸려, 1841년 1월 1일에는 완전히 마음의 활동이 정지될 만큼 중증 상태에 빠졌습니다. 23일자로 스튜어트에게 보낸 편지에는 다음과 같은 대목이 있습니다.

지금 나는 살아 있는 사람 중에서 가장 가련한 인간이다. 만일 내가 느끼고 있는 것을 온 인류에게 골고루 나누어 준다면, 지구 위에 유쾌한 얼굴은 하나도 없을 것이다. 내가 회복될 수 있을지 어떨지 나는 모르겠다. 회복할 수 없으리라는 느낌이 강하다. 지금의 상태 그대로는 도저히 지낼 수 없다. 죽든지 회복하든지 둘 중 하나가 될 수밖에 없다.

스피드는 이렇게 심한 신경쇠약에 걸린 링컨을 자기 고향 켄터키의 본가로 데리고 갔습니다. 거기서 그와 그의 어머니가 함께 간호한 덕에 링컨은 간신히 건강을 회복했습니다.

이런 우울증은 링컨을 자주 엄습했습니다. 훨씬 젊었을 때 그는 한 소녀를 사랑했는데, 그 소녀가 갑작스러운 병으로 죽자 견디기 어려운 슬픔 때문에 거의 상심 상태에 가까운 신경쇠약에 걸렸습니다. 칼을 지니고 있다간 어떤 일이 생길지 모르겠다는 두려움 때문에 그것을 버릴 정도였습니다. 그 후 또 한 소녀를 사랑했지만, 이 소녀는 링컨을 버리고 서부의 고향으로 돌아갔습니다. 그때도 그는 우울증에 시달렸습니다. 세 번째로, 뒤에 링컨의 부인이 된 소녀와 약혼을 하였으나, 한때 그 약혼이 깨어져 또다시 심한 우울증에 사로잡혔습니다. 위에 인용한 편지를 스튜어트에게 쓴 것이 바로 이때입니다. 그러나 링컨의 우울이 꼭 환경 때문에 생긴 것만은 아닙니다. 환경으로 강화는 되었겠지만, 그 솟아나오는 근원은 훨씬 깊은 데 있었습니다. 링컨의 슬픔은 환경보다는 성격에서 오는 것이었으리라 생각합니다.

그러나 한편 그는 매우 쾌활하여 우스갯소리를 잘하고 농담을 좋아했으며 이야기꾼으로도 유명합니다. 뉴세일럼에서 학교 보조교사를 한 이후로 그가 이야기꾼이라는 소문이 퍼졌습니다. 잡화상을 할 때도 남자 손님이 오면 장사는 제쳐놓고 이야기에 정신이 팔렸으나, 여자 손님 앞에서는 긴장하여 말도 제대로 못했으며, 그 때문에 장사에 실패했다고 합니다. 대통령이 되고서도 특별히 곤란한 문제를 각의閣議에 부칠 때는 먼저 유머 있는 이야기를 한다든가 재미있는 소설의 한 구절을 읽어 사람들을 웃기고 자기도 웃어 분위기를 부드럽게 하고 나서 의논을 시작하는 것이 상례였습니다. 남북전쟁이 한창일 때 어느 주간지에 실린 만화에 이런 내용이 있었습니다.

컬럼비아(미국을 상징하는 여성) (육군성陸軍省 앞에 서 있는 링컨을 꾸짖으며) "프레드릭스버그에서 죽은 나의 1만 5천 명 아들들은 어디에 있는가?"
링컨 "그에 대하여 하나의 우스개가 생각나는데…"
컬럼비아 "우스개는 스프링필드에 가서 하시오."

링컨은 그 정도로 이야기를 좋아했습니다. 그래서 사람들과 함께 있을 때는 이야기의 중심이 되어 왁자지껄 웃고 떠들다가도, 사람들이 모두 떠난 뒤에는 혼자 묵묵히 방에 앉아 넋 잃은 사람처럼 밤을 지새우는 일도 이따금 있었습니다. 링컨의 성격에는 깊은 슬픔과 온화하고 쾌활한 양면이 있었지만, 그 어느 쪽도 위선이 아니었고, 꾸미거나 흉내 내는 일도 아니었습니다. 극히 자연스러우면서도 독창적으로 그의 성격 밑바닥에서 솟아나오는 것이었습니다. 언뜻 보면 모순된 두 성격이 아무 유기적 관계도 없이 결합된 것처럼 보이기 때문에 이중인격자가 아닌가 의심받을 정도입니다. 이에 대해서는 뒤에 다시 말하겠습니다.

링컨이 풀어놓는 거의 무진장할 만큼 많은 화제는, 그의 넓은 인생경험과 독서에서 길어 올린 것입니다. 앞서 말했듯이, 그는 어렸을 때부터 아버지를 따라 여러 곳을 돌아다녔고, 여러 지방과 많은 사람을 보았습니다. 변호사로 안정되기까지 그는 밭일꾼, 뱃사람, 벌목꾼, 학교 보조교사, 점원, 측량 기사, 우체국장 등 매우 다채로운 노동에 종사했습니다. 그래서 그는 다양한 평민 생활을 접했던 것입니다. 그리고 평민 생활은 실로 살아 있는 이야깃거리의 보고寶庫입니다.

링컨이 청년 시절에 접할 수 있었던 책의 가짓수는 그다지 많지 않았습니다. 집이 극도로 가난해서 거의 학교에 갈 수 없었던 터라 읽고, 쓰고, 셈하는 것은 혼자서 어렵게 익혔습니다. 그가 소년 시절에 손에 넣을 수 있었던 책들은《성서》,《이솝 우화》,《로빈슨 크루소》,《천로역정》그리고 간단한 미국사와 워싱턴 전기 정도였습니다. 얼마 후에 그는 자기가 살고 있는 주의 법률을 배우고자 〈인디애나주 법〉을 손에 넣었습니다. 그는 몇 번이고 되풀이하여 이들 책을 읽었습니다. 그저 되는 대로 공상적으로 또는 단순한 지식욕에서 읽은 것이 아니라, 실생활의 무기와 인생의 모범으로 삼고자 잘 생각하면서 읽었습니다. 그가 건초더미 위에서 책을 읽는 것을 발견한 주인이 "이봐, 자네, 무얼 읽고 있나" 물었더니 "읽는 게 아닙니다. 연구하고 있는 거예요"라고 대답했다는 일화가 전하고 있습니다.

뉴세일럼에 온 지 얼마 안 되어, 그는 휴식 시간에 영어 문법을 배우려고 몇 마일을 걸어가 문법책을 한 권 빌렸습니다. 이 문법책을 다 읽었을 때, 그는 일리노이주 의회 의원 선거에 입후보하여 앞서 인용한 최초의 정치 연설을 했던 것입니다. 당시 그는 또 산수도 공부했습니다. 상점을 경영하는 동안에도 몇 마일을 걸어서 책을 빌려다가 기번Edward Gibbon이나 롤랭Charles Rollin의 역사책을 읽고, 블랙스톤Sir William Blackstone의 법률서를 공부하기 시작했습니다. 게다가 소설 읽는 취미까지 생겨서 장사 쪽은 신통치 않았습니다. 볼테르Voltaire 등의 회의적인 책을 읽은 것도 이 무렵입니다.

스프링필드에 정착하고 나서, 링컨이 되풀이해 숙독한 것은 성서와 셰익스피어와 번스Robert Burns입니다. 특히 1849년에서 1854년까지 정치에서 손을 떼고 있을 때, 그는 열심히 이 책들을 읽었습니다. 성서와 셰익스피어는 평생 링컨의 마음을 기른 양식으로, 그는 자기 이야기 속에 그 내용을 자유로이 인용했습니다. 이 시기에 그는 또 유클리드의 기하학을 공부하여 처음 여섯 권의 책을 떼었습니다. 복잡한 정치 문제를 될 수 있는 한 간단한 명제로 귀착시키는 사고능력에서 링컨 이상 가는 사람이 없다고 하는데, 유클리드가 도움이 되었음은 의심의 여지가 없습니다.

링컨은 많은 책을 읽을 수는 없었습니다. 특히 철학이나 종교 책은 별로 읽지 않았습니다. 그러나 그는 성서와 셰익스피어를 달달 외울 만큼 많이 읽었습니다. 성서와 셰익스피어는 모두 여러 인물의 생생한 생활의 기록입니다. "링컨의 공부는 몇 권의 책과 다수의 인간에서"라고 말하지만, 그것을 하나로 요약하면 많은 사람으로부터 배운 것입니다. 링컨은 고금의 여러 사람을 만나고 여러 사람과 생활을 함께하며, 그 가운데 사람에 대하여 알고 또 사람을 돕는 것과 통솔하는 것, 즉 정치를 배웠던 것입니다.

주 의원에서
대통령 당선까지

1834년에서 1842년까지, 링컨은 일리노이주 의회 의원으로 일했습니다. 이 기간에 그가 관심을 가졌던 것은 노예제 폐지와 금주 운동이었습니다. 그러나 그는 이 문제들을 정치보다 사상 문제로 보았습니다. "이런 문제는 가장 진보한 사람들의 마음에 깃들고 그들의 자발적 의사로 제거되어야 할 사항이다. 그렇게 되면 하나님이 정하신 시기에 법률로 조직되어 우리 나라 제도의 체계 속에 편입될 것이다"는 것이 그의 의견이었습니다. 링컨은 노예제도가 죄악임을 확신했습니다. "그러나 이 문제는 사상전思想戰으로 싸워야 할 문제이며, 그 급격한 폐지를 도모하는 정치 운동은 오히려 사태를 악화시킨다. 만일 사람들에게 노예제도가 죄악이라는 생각이 일반화되면, 과격한 방법에 의하지 않고도 극히 자연스럽게 노예제 폐지가 법제화될 수 있을 것이다. 그리고 그렇게 하는 것이 급격한 방법에 의한 폐지보다 폐해가 없고, 또한 영구적

효과를 갖는다." 링컨은 이렇게 생각하였으며, 당시 기세가 높던 급진적 '전폐론자全廢論者, abolitionist'의 운동에는 반대했습니다.

당시 미국의 노예제도는 헌법상 주의 권한에 속하는 사항으로, 대체로 북부의 여러 주는 노예제도를 인정하지 않고, 남부의 여러 주는 이 제도를 인정하고 있었습니다. 노예제도를 인정하지 않는 주를 자유주, 인정하는 주를 노예주라고 불렀는데 1820년 무렵부터 북부에서는 노예제도에 관한 주의 자치권을 무시하고 미국 전역에 걸쳐 단번에 이 제도를 전폐시키기를 주장하는 '전폐론자'들의 급진적 운동이 일어났습니다.

링컨이 살던 일리노이주는 노예제도를 인정하지 않는 이른바 자유주의 하나였지만, 주민들은 대부분 남부에서 온 사람들이라 노예제도에 동조하는 사람들이 적지 않았습니다. 그런데 1836년 알톤이라는 소읍에서 노예 전폐론자 한 사람이 폭도들에 의해 살해된 사건이 일어나, 여기 자극을 받아 다음 해에는 노예제 폐지론자의 운동이 맹렬하고 과격한 성격을 띠게 되었습니다. 일리노이주 의회는 폐지론자의 선동적 운동을 배척함과 동시에, 국회가 남부 여러 주의 노예제도에 간섭할 헌법상의 권리가 없다는, 남부에 대한 타협안을 결의했습니다. 이 결의의 내용에는 링컨도 동의했으나 동기나 속마음으로는 마뜩지 않아서 수정동의안을 제출하여 주의회의 기록에 남겼습니다. 링컨이 제출한 수정안의 요점은 다음 두 가지였습니다.

우리들은, 노예제도는 부정不正하고 악정惡政 위에 세워졌다고 믿는다. 그러나 전폐론자의 선전은 그 해악을 감소시키기는커녕, 오히려 증가시킬 위험이 있다.

우리들은, 합중국 국회가 각 주의 노예제도에 간섭할 헌법상의 권리는 없다고 믿는다.

링컨의 수정 동의안은 겨우 한 사람의 지지표를 얻었지만, 이것은 뒷날 노예 해방자 링컨의, 정치가로서의 출발점이었습니다.

금주 운동 이야기는 이렇습니다. 1842년 워싱턴 탄생일에 스프링필드의 어느 교회에서 이 도시의 하급 계층 사람들이 조직한 금주회가 열렸는데, 링컨은 그 자리에서 격려 연설을 했습니다. 모인 사람 가운데는 그간 술주정뱅이였으나 이제부터 착실하게 생활하겠다고 다짐하는 사람들도 있었습니다. 당시의 금주 운동은 겨우 첫걸음을 뗀 상태였기 때문에, 고상한 사람들은 그런 무리와는 거리를 두어야 한다는 여론이 높았습니다. 링컨은 그런 말을 하는 사람들에게 항의하였습니다.

만일 그들이 입으로 말하는 대로 하나님께서 자신을 낮추어 죄인의 모습을 취하여 치욕스런 죽음을 당하셨음을 믿는다면, 저렇듯 방황하는 다수 동포들이 이 세상에서의 그리고 아마도 영원한 구원을 위하여, 그리스도에 비하면 정말 얼마 안 되는 겸손으로 자신을 낮추기를 거절하지는 않을 것입니다. 또 그것은 심하게 자신을 낮추는 일도 아닙니다. 내 판단으로는 음주 습관에 빠지지 않았던 우리들은 그 기호嗜好가 없었기 때문에 습관에 빠지지 않았을 뿐이지, 이 습관에 빠진 사람에 비하여 우리가 정신이나 도덕면에서 결코 우월하기 때문은 아닙니다. 실제로, 습관적 음주가들을 한 계급으로 볼 때, 그들의 두뇌와 마음은 어떤 다른 계급 사람들과 비교해도 손색이 없다고 나는 생각합니다.

이 연설은 많은 '고상한' 사람들을 분노하게 했습니다. "교회 안에서 우리를 이렇게 모욕하다니, 괘씸하다"고 사람들은 말했습니다. 이 사건은 이 도시에서 정치가로서 링컨의 인기를 손상시켰다고 하는데, 그는 개의치 않고 금주회를 위한 활동을 계속했습니다. 링컨은 노예건 하층계급의 주정뱅이건 세상에서 학대받고 세상에서 멸시받는 사람들의 벗이었습니다.

*

1847년, 링컨은 2년 임기의 국회 하원의원에 선출되었습니다. 이 임기 중에 멕시코와 전쟁이 일어났습니다. 멕시코는 1826년에 스페인으로부터 독립한 신생국인데 1833년에는 텍사스가 멕시코로부터 독립했습니다. 그런데 텍사스 주민의 대부분은 미국에서 이주한 사람들이기 때문에, 1845년에 미국은 텍사스 공화국을 병합했습니다. 멕시코는 여기에 항의했습니다. 이 분쟁은 평화적으로 해결 못할 것은 아니었으나, 남부 여러 주 및 그들이 지지하는 대통령 포크James Knox Polk는 캘리포니아와 기타 멕시코의 영토를 획득할 의도로, 독단적으로 개전開戰을 하고 말았습니다. 대체로 남부 여러 주는 노예주였고, 노예를 부려야 하는 경영은 아무래도 약탈적이고 조방적粗放的인 대농 경영이므로, 넓은 면적의 토지가 필요합니다. 그러나 북부 여러 주는 자유주라 강경하게 노예제도를 거부하기 때문에, 북부로 노예제 경영을 확장할 여지는 없습니다. 남부 여러 주의 지주나 농업 자본가는 새 영토를 획득하고 그곳에 노예제도를 실시해야 노예제를 경영하는 토지를 확장할 수 있기 때문에, 텍사스 합병과 멕시코 전쟁에 돌입하였던 것입니다.

멕시코 전쟁이 국회에서 문제가 되었을 때, 링컨은 자신이 소속한 휘그당의 한 의원으로 전쟁에 반대하는 연설을 하고 반대 투표를 했습니다. 멕시코 전쟁은 순전히 침략 전쟁이었으나 미국에겐 매우 유리하다고 여겨졌기 때문에 링컨의 선거구 친구들 가운데도 그의 반대 연설이나 반대 투표를 달가워하지 않는 사람들이 많았고, 그의 행위는 비애국적이라는 비난마저 받았습니다.

같은 회기 중 링컨은 노예제도 폐지에 관해 한 법안을 제출했습니다. 이 법안은 전폐론자나 반대자 어느 편의 시사도 받지 않고, 링컨 혼자의 판단에서 제출한 것입니다. 그 내용은 수도 워싱턴이 있는 컬럼비아구의 노예제도를 점진적으로, 노예주에게 배상을 하며 폐지하자는 것이었습니다. 그리고 이 구의 대표적 주민은 본안에 찬성하고 있다는, 주의 깊은 의견을 덧붙여 제출했습니다. 컬럼비아구는 연방의 직할 행정구로 자치권이 있는 주가 아니기 때문에, 국회의 의결에 따라서 아무런 헌법상의 저촉을 받지 않고 노예제도를 폐지할 수 있습니다. 그러나 노예 소유자의 이익을 해치지 않고 사회적으로 급격한 변화에 따르는 나쁜 영향을 피하기 위하여 유상 또는 점진적으로 폐지하자는, 매우 온건한 제안이었습니다. 그러나 당리당략으로 아무 준비 공작도 하지 않고 링컨 홀로 독자적 입장에서 제출한 것이었으므로 물론 부결되었습니다.

임기는 불과 2년이고, 더구나 시골에서 갓 올라온 청년 의원이었으므로, 국회의 복잡한 의사議事 방법을 터득하는 데도 적지 않게 애를 먹었습니다. 링컨이 국회에서 두각을 나타내지 못한 것은 당연했습니다. 그런데도 그는 반대할 것은 반대하고 주장할 것은 주장했습니다. 그런 활동의 결과, 그는 자기의 정치적 장래에 실망하였고 그에게 표를 던진 사람들은 그에게 실망했습니다. 그 뒤 수년 동안 링컨은 정치 일선에서 물러나 변호사 일에 온 힘을 기울였습니다.

멕시코 전쟁으로 획득한 새 영토에 노예제도를 인정할 것인가 말 것인가를 두고 논란이 일었습니다. 북부의 정치가는 인정할 수 없다고 주장했습니다. 남부의 정치가는 거기 반대하여, 미국 시민은 자기 재산을 가지고 어디든지 이주할 자유가 있다, 노예도 일종의 재산이니 노예, 따라서 노예제도도 새로 얻은 영토에 이주하면서 들여올 수 있어야 한다고 주장했습니다. 그런데 1848년, 새 영토의 하나인 캘리포니아에서 금광이 발견되어 세계 각지에서 수많은 이주자가 모여들었고, 주 헌법을 제정하는 회의에서 노예 금지 조항을 포함하는 헌법을 가결했습니다. 이 노예 금지 헌법이 있는 캘리포니아를 합중국合衆國의 한 주로 수용할 것인가 말 것인가가 북부와 남부의 정치가들 사이에서 논쟁이 되었습니다. 1850년 웹스터 클레이 협정으로 캘리포니아는 노예 없는 주로서 합중국에 편입되었고, 대신 남부는 두 가지 양보를 얻어냈습니다. 첫째, 뉴멕시코와 유타, 두 영토에는 노예에 대해 아무 제한도 하지 않을 것. 둘째, 도망간 노예를 자유주로부터 귀환시키기 위해 새 법률을 만들 것. 요컨대 멕시코 전쟁 결과, 노예제도가 미국의 정치 문제로 갑자기 중요해진 것입니다.

여기 자극을 받아 북부에서는 정당의 판도가 새로이 형성되었습니다. 즉, 휘그당은 노예제도에 대하여 주관이나 목표가 뚜렷하지 않은 중립적인 입장이었기에 급속히 해산되었고, 원래 휘그당의 대부분과, 북부 민주당에서 떨어져나간 다수의 탈당자가 새로이 공화당이라는 큰 정당을 조직했습니다. 그 정강政綱은 현재 및 장래의 합중국 영토에서 현재 이상 노예제도의 연장을 허락하지 않는다는 것이었습니다. 공화당에 가입할 만큼 뚜렷한 태도도 취하지 못하고, 민주당에 적을 옮기기도 원하지 않는 옛 휘그당원은 따로 아메리카당이라는 정당을 조직했습니다.

이들은 노예제도에 대해서는 아무 의견도 없었던 기묘한 정당이어서, 항간에서 '모르겠당know-nothing party', '부지당不知黨'이라 불렸습니다.

이러한 새 정세에 자극을 받아 링컨은 정치 활동을 다시 시작하고 1854년 이후 일리노이주에서 공화당 확대를 위해 회의로, 연설로, 서신 왕래로, 상담으로, 끊임없이 활동했습니다. 1858년에 일리노이주의 상원의원 보궐선거가 있어 링컨은 민주당의 유력한 정치가 더글러스 Stephen Arnold Douglas와 함께 출마하여 싸웠습니다. 비록 패배하긴 했지만, 더글러스와 7회에 걸쳐 겨룬 선거 유세에서 링컨의 정치가로서의 주장과 역량이 사람들에게 인정받았습니다.

공화당의 정강은 앞에 말한 대로, 다음 두 항목이었습니다. 첫째, 노예제도는 현재 존재하는 주에서는 허용할 것. 왜냐하면 그것은 헌법 및 연방 유지상 필요한 요구이므로. 둘째, 노예제도는 현재 존재하는 주의 한계를 넘어서 허용하지 말 것. 왜냐하면 그것은 근본적으로 부정不正이므로.

링컨은 이 두 점을 가장 명확히 파악하고, 그에 관해 어떠한 사상의 모호함이나 의견의 흔들림도 보이지 않았습니다. 더글러스와 각축전을 벌인 최초의 연설에서 링컨은 다음과 같이 말하였습니다.

우리가 노예제도로 인한 사회적 동요를 끝막기 위해 스스로 공언한 목적과 확고한 약속으로 정책을 세운 이래, 이제 5년을 맞이하게 되었습니다. 그러나 이 정책이 실시되는 동안에 이 운동은 그치기는커녕, 점점 기세가 높아 갔습니다. 내 의견으로는, 이 운동은 미래에 하나의 위기가 와서 사라질 때까지 결코 멈추지 않을 것입니다. '나누어진 집은 일어설 수 없다.' 나는 이 나라가 반은 노예, 반은 자유의 상태로는 영속할 수 없다고 믿습니다. 나는 유니언union(연합)이 와해되기를 기대하지 않습니다. 나는 집이 무너지기를 기대하지 않습니다. 나는 분열이 그치기를 기대합니다. 그것은 어느 쪽이건 하나로 결정이 나겠지요. 노예제도 반대자가 현재 이상의 확장을 막고 이 제도는 결국 소멸을 향하고 있다는 신념 속에 여론을 진정시키든가, 또는 노예제도 주장자가 승리를 거두어 이 제도가 새 주에서나 예전 주에서나 남부에서나 북부에서나, 모든 주에서 똑같이 합법화되든가, 둘 중 하나입니다.

링컨은 복잡하게 뒤엉킨 객관적 정세 속에서 종래의 누구보다도 간단명료하게 문제를 파악하고 그것을 대담하고 명쾌하고 진실하게 국민 앞에 제시하였습니다. 이 연설의 원고를 미리 한 친구에게 보였더니, '나누어진 집'이란 구절은 정치적이지 않다는 비평을 받았습니다. 링컨은 이렇게 대답했습니다. "내 연설에서 이 말을 생략해서 이기기보다는, 이것을 넣어 민중 앞에서 논하고 그 때문에 진다면 지는 편이 낫겠네."

링컨은 합중국 헌법에 포함된 국시國是에 긍지를 느꼈습니다. 그 첫째는, 이 헌법으로 각 주가 하나의 합중국에 결합되어 있다는 것입니다. 둘째는, 이 헌법이 인간 평등 사상에 바탕을 두고 있다는 것입니다.

합중국 성립의 역사상 주州의 자주권은 상당히 뿌리가 깊습니다. 링컨도 그것을 존중했다는 사실은 앞서 말한 노예제도에 대한 그의 태도에서도 알 수 있습니다. 그는 사상적으로는 노예제도를 절대 반대했지만, 현재 노예제도를 실시하는 주가 이를 존속시키느냐 폐지하느냐 여부는 그 주에서 결정할 문제지, 연방 정부는 간섭할 권리가 없다는 것이 그의 의견이었습니다. 그러나 링컨에게 합중국의 결합은 각 주의 자주권이 중요한 것과 마찬가지로, 아니 그 이상으로 중요했습니다. 그는 헌법에 의해 합중국의 하나로 결합된 주가 그 결합에서 분리될 권리가 있다고는 결코 생각하지 않았습니다.

미국에서도 동부 대서양 연안 지방과 중부 및 서부 지방에서는, 연방과 주의 헌법적 관계에 대한 인식에서 심리적 태도를 다소 달리했습니다. 동부에서는 북부 여러 주와 남부 여러 주의 경제적 구조가 뚜렷이 달라서, 북부는 자유주의적 공업 중심이지만 남부는 노예제도에 의존하는 경작농업 중심이었습니다. 이렇게 남북은 경제적으로나 사상적으로 대립 관계에 있었기 때문에 각기 주의 자주권을 강력히 주장했고, 분리를 무릅쓰고라도 자기의 경제적 구조를 고수하려는 경향이 있었습니다. 남부 여러 주에서만 그랬던 것이 아니고, 북부에서도 마찬가지로 분리를 꺼리지 않는 의견이 있었습니다. 특히 민주당이 그랬습니다. 그에 비해 중부에서는 남북부 사회의 경제적 구조의 차이가 동부보다 뚜렷하지 않아 주의 자주권을 고집하거나 연방의 결합을 경시할 위험은 적었습니다. 또한 중부의 여러 주는 새로 개척한 주여서 자체로는 독립할 역량이 없었기 때문에, 오히려 합중국으로 결합을 중시하는 기운이 강했습니다. 링컨도 중부 사람이라 그의 눈에는 합중국의 결합이 움직일 수 없는 것으로 비쳤습니다. "나뉘어 다투는 집은 설 수 없다"는 것이 그의 정치적 확신이었습니다.

링컨이 미국 헌법을 존중한 또 하나의 이유는 거기 표명된 인간 평등 사상 때문이었습니다. 링컨은 이 사상이 미국의 건국 정신이고 그것이 있기 때문에 미국 헌법은 존귀하다고 믿었습니다. 노예제도는 이 건국 정신에 어긋나는 사상입니다. 따라서 노예제도에 반대하는 것은 링컨에게는 단지 도덕적 정의의 요구일 뿐 아니라, 애국심의 문제이기도 했습니다.

인간 평등 원칙을 유지하는 것은 미국 헌법에 절대적으로 필요하며, 이 원칙을 희생하면서 합중국을 유지하는 것은 무의미합니다. 그런데 남부 여러 주는 노예제도를 시인하고, 이를 유지하기 위하여 합중국에서 이탈도 불사하려는 태도를 보입니다. 차라리 남부 여러 주의 이탈을 인정하여 인류 평등의 원칙을 살려야 하느냐 하면, 결코 그렇지 않습니다. 합중국은 절대로 분열할 수 없습니다. 헌법상 인간 평등의 원칙도 필요하고, 주의 자주권도 필요하고, 합중국의 결합도 필요해, 이 삼자를 다 살려야 합니다. 노예제도를 인정하느냐 않느냐와 주의 분리권을 인정하느냐 않느냐는 당시 미국 정계의 2대 문제로, 양자의 관계가 뒤섞이고 각종 의견이 난립하여 귀추를 알 수 없는 상황이었습니다.

앞서 말한 대로 이 문제에 대하여 공화당이 세운 정강은 현재의 노예주에서는 주에서 노예제도 폐지를 결의할 때까지 존속을 인정한다, 그러나 현재의 노예주 이외의 곳에 이 제도를 확장하는 것은 허용하지 않는다, 또 주가 합중국에서 분리할 권리는 절대로 부정한다는 것이었습니다. 이 원칙을 정확히 파악하는 데는 링컨을 따를 사람이 없었습니다. "우리들은 현재의 노예주에는 노예의 존재를 인정하지만, 그것은 이 제도가 옳기 때문이 아니라 유니언의 필요 때문이다"라고 그는 말했습니다.

노예제도는 편의의 문제가 아니라 정의의 문제라는 것이 링컨의 기본 입장이었습니다. 그러나 현재 노예제도를 인정하는 주에 연방의 법률로 일거에 이를 전폐하라고 강요하는 것은 헌법이 인정하는 주의 자주권에 저촉될 뿐 아니라 노예제도 폐지에 따르는 사회적 결과에도 좋지 않을 것이다, 노예제도가 부정하고 불의하다는 원칙을 항상 명확히 하면서 현재의 노예주 밖으로 이 제도가 확대되는 것을 방지한다면 지금 노예제도를 인정하는 주도 시간이 흐르면서 소멸할 것이다, 연방의 법률로써 강제적으로 폐지하는 데 비하면 시일이 걸리겠지만, '백년이 지나지 않아' 자연히 소멸될 것이다, 그리고 이렇게 평화적 방법으로 각 주에서 자발적으로 폐지하는 것이 연방 법률로써 강제로 폐지하는 것보다 노예 소유자나 노예 자신에게 훨씬 나은 결과를 가져올 것이다, 이것이 링컨의 의견이었습니다.

현실적인 정치가는 이것이 너무나 이상적인 생각이라고 비평할지 모릅니다. 당시의 급진적인 사람들은 이 의견이 너무 보수적인 생각이라고 비난했습니다. 어쨌든 링컨은 이상을 갖고, 원칙에 따라 일어선 정치가였습니다. 또한 그는 복잡한 현실의 여러 문제를 간명한 명제로 정리하는 독창적 능력을 가지고 있었습니다. 그리고 이렇게 공리적公理的으로 파악한 원칙을 그는 아무 동요나 망설임 없이 일관되게 고수했습니다. 미국 독립 이후 일찍이 없었던 정치적 난국으로 불리던 시기에, 링컨은 이 명확한 파악과 일관된 주장으로 일반 국민에게 신뢰할 만한 정치가라는 인상을 자연스럽게 주었던 것입니다.

그러나 그에 대한 국민적 기대는 그 후 서서히 높아진 것이고, 당장 링컨은 상원의원 후보자로 더글러스와 각축을 벌이다 무참히 참패를 당했습니다. 더글러스는 이미 저명한 정치가였고, 링컨은 지위와 경력에서 그를 따를 수 없는 후배였으므로 많은 노력의 보람도 없이 낙선의 쓴잔을 마셨습니다. "아마도 나 자신을 다 잊어버린 뒤에 열매를 맺을 몇 마디 말을 했다"고 자위하면서 링컨은 일상의 법률 사무로 돌아갔습니다. 선거에 패한 직후에는 예전의 우울증이 그를 괴롭혔다고 합니다.

선거에는 패했지만 더글러스와의 불꽃 튀는 토론 연설은 링컨의 이름을 전국에 알리는 계기가 되었습니다. 1859년 12월에 그는 캔자스와 기타 서부 지방에서 몇 차례 연설을 하고, 다음 해 2월에는 뉴욕의 쿠퍼 유니언Cooper Union에서 연설하였습니다. 쿠퍼 유니언의 청중은 교양 있고 세련된 동부의 지식 계급입니다. 그런 청중 앞에서 연설하기는 처음이라, 평소 외모에 무관심했던 링컨도 연설 회장에 가는 도중 복장에 상당히 신경을 썼다고 합니다. 아무튼 그는 부인과 재단사가 협력해도 꼭 맞는 옷을 짓기 어려울 만큼 태가 안 나는 체격을 가졌으니까요.

그러나 연설은 대성공이었습니다. 그는 노예제도는 부정이라는 원칙을 단언하고, 이 제도를 정당시하는 사람과 공동의 입장에 설 수 없다는 것을 분명히 했습니다. 정치적 정세가 복잡하게 분규하고 있을 때, 무엇이 옳고 그른가를 원칙적으로 구별하여 국민이 나아갈 길을 간명하고도 솔직하게 가리킬 수 있는 사람이 대정치가입니다. 링컨에게 이 능력이 있었습니다. 그는 더 이상 중부의 시골 정치가가 아니라 전국적으로 주목을 끄는 인물로 탈바꿈해갔습니다.

그해 11월에 대통령 선거가 시행되었습니다. 링컨은 시카고에서 열린 공화당 대회에서 대통령 후보자로 지명되었습니다. 이 대회에서 그와 경쟁한 사람은 수어드William Henry Seward와 체이스Salmon Portland Chase, 두 사람이었습니다. 수어드는 뉴욕주의 지사이고 체이스는 오하이오주 지사로 두 사람 다 교양, 지위, 경력 및 행정관으로서의 경험이 링컨보다 월등했습니다. 사실 링컨은 그때까지 관리 생활이라곤 뉴세일럼에서 우편물을 자기 모자 안에 넣어 배달할 수 있을 만큼 작은 우체국의 우체국장을 지낸 것이 고작입니다. 하지만 민주당 측의 대통령 후보자 더글러스에 맞서 대항할 수 있는 사람은 그와 상원의원 선거에서 겨루어 전국의 피를 끓게 한 링컨밖에 없다고 인정받았던 것입니다.

링컨은 더글러스를 격파하고 당당히 대통령에 당선되었습니다.

1860년 11월 6일의 일입니다. 그러나 그는 북부 전체를 휩쓸었으나 남부에서는 하나의 표도 얻지 못했습니다. 그가 타협할 여지없이 두루 알려진 노예제도 반대론자였기 때문입니다.

남북전쟁

링컨의 당선은 남부 여러 주의 태도를 강경해지게 만들었습니다. 대통령 선거가 끝난 것은 11월 6일이었으나 취임식은 다음 해 3월 초였습니다. 링컨이 대통령에 취임하면 남부에 어떤 압박을 가할지도 모른다는 두려움에서 12월 20일에 사우스캐롤라이나주 의회가 솔선하여 '분리조령分離條令'을 통과시켜 합중국으로부터 분리·탈퇴를 선언했습니다. 이로써 '분리'를 기정 사실로 만들려 한 것입니다. 다음 해인 1861년 2월 4일에는 미시시피, 플로리다, 앨라배마, 조지아 및 루이지애나 여러 주가 연합하여 새 연방을 조직했습니다. 합중국이 분열될 위기가 임박했습니다. 실로 건국 이래의 대난국이었습니다. 이런 정세 속에서 드디어 링컨 대통령의 취임일이 다가왔습니다.

2월 11일, 링컨은 오래 정들었던 스프링필드를 떠나 수도 워싱턴을 향했습니다. 이것이 스프링필드에서의 마지막 생활이었습니다. 그는 살아서 이곳으로 두 번 다시 돌아오지 못했습니다. 그는 열차의 맨 마지막 칸의 승강구 발판에 서서 전송하러 몰려온 시민들에게 작별 인사를 했습니다.

여러분, 제 입장에 서보지 않은 분에게는 이 이별의 슬픔이 이해되지 않을 것입니다. 이 토지와 이곳 여러분들의 친절에 나는 많은 것을 빚지고 있습니다. 여기에서 나는 사반세기를 살았습니다. 청년에서 노인이 되었습니다. 여기서 나의 아이들이 태어났고, 그중 하나는 죽었습니다. 이제 나는 작별을 고합니다. 언제 돌아올지, 과연 다시 돌아올 수 있을지 알 수 없습니다. 나의 앞에는 워싱턴에게 맡겨졌던 것보다 더 큰 일이 있습니다. 워싱턴을 도와주셨던 하나님의 도움 없이 저는 성공할 수 없습니다. 그 도우심이 있으면 나는 실패하지 않을 것입니다. 나와 함께하시고, 또 여러분과 함께 계시며, 언제 어디서나 우리와 함께 계셔서 선을 이루시는 하나님을 신뢰하면서 모든 일이 잘되리라는 것을 확신을 가지고 희망하지 않으시렵니까? 하나님이 여러분을 지켜주시기를 바라며 여러분에게 그리운 작별을 고합니다. 여러분도 부디 나를 하나님이 지켜주시도록 기도해주십시오.

링컨은 도중에 몇 군데 기차를 멈추어 연설을 하면서 수도 워싱턴으로 갔습니다. 볼티모어에서 그를 암살하려는 계획이 있다는 정보를 받았기 때문에 그곳에 하차하기로 했던 것을 갑자기 바꿔 2월 23일 돌연 워싱턴에 도착했습니다. 그가 도착하리란 사실을 미리 알고 있던 사람은 극히 소수였습니다.

3월 4일에 링컨의 대통령 취임식이 거행되었습니다. 취임 연설에서 그는 분리는 불가능하다고 남부 여러 주에 호소하면서 다음의 말로 연설을 마쳤습니다.

불만을 품은 나의 동포 여러분, 내란 발발의 열쇠는 여러분 손에 있지, 나의 손에 있지 않습니다. 정부는 여러분을 공격하지 않을 것입니다. 여러분 스스로가 공격자가 되지 않는다면 충돌은 일어나지 않을 것입니다. 나는 이 연설을 끝맺고 싶지 않습니다. 우리들은 적이 아니라 친구들입니다. 우리들은 적이 되어서는 안 됩니다. 설령 감정이 격해지는 일이 있더라도, 그것이 우리들의 사랑의 끈을 끊어서는 안 됩니다.

그러나 남부 여러 주의 감정은 점점 격해질 뿐이었습니다. 4월 14일, 섬터 요새에서 남부군이 합중국기合衆國旗를 포격한 것을 계기로 북부도 마침내 무기를 들어 남북전쟁이 시작되었습니다. 그때까지도 태도를 정하지 않았던 버지니아, 노스캐롤라이나, 테네시, 아칸소 등 여러 주도 남쪽에 가담했습니다. 조지 워싱턴은 13주를 결합하여 영국과 싸워 그 굴레에서 벗어나는 일을 성취했으나 지금 링컨에게 맡겨진 사업은 남부 여러 주의 분리를 막아 합중국을 유지하기 위해 국내 전쟁을 수행하는 것입니다. 그의 사명은 워싱턴에 비하여 훨씬 힘들고 비극적이었습니다.

왜, 남북은 싸우지 않으면 안 되었을까요?

노예제도에 대한 남부와 북부의 감정은 불과 물같이 서로를 용납할 수 없었습니다. 북부 사람은 노예제도는 도덕적 죄악이며 인간 평등의 이상에 어긋난다고 생각했습니다. 이와 반대로 남부에서는 노예 이외의 모든 계급이 노예제도를 옹호하여 인간 불평등이야말로 사회의 이상이라고 공언했습니다. 노예제도로 경제적 이익을 얻는 노예 소유자나 노예 상인뿐 아니라 백인 하층 계급도 자기 사회의 우월감 때문에 노예제도를 지지했습니다. 기독교회조차 성서에 근거하여 노예제도를 변호하고 이 제도의 도덕성을 주장했습니다.

이와 같이 남부의 여론은 노예제도를 정당화했으므로 합중국이 새로 획득한 지역에 노예제도를 확장시키는 것도 정당한 일로 요구했고, 그 목적으로 새 영토를 획득하기를 원했습니다. 그러나 북부의 여론은 현재의 노예주 이외에 이 제도를 확장하는 것을 허락하지 않았습니다.

남부는 북부가 허락하지 않으면 합중국에서 분리해서라도 노예제도의 유지와 확장에 힘쓰자, 주州는 합중국에서 분리될 헌법상의 권리를 가지고 있다고 주장했습니다. 그러나 북부는 헌법상 주의 분리권을 인정하지 않습니다. 남부는 북부가 그것을 인정하지 않으면 무력에 호소해서라도 분리하겠다고 결심했습니다. 그에 대해 북부는 전쟁을 무릅쓰고라도 분리를 막으려고 했습니다. 그리하여 남북전쟁이 일어났던 것입니다.

그러므로 전쟁에 이르게 된 직접적인 원인은 주의 분리권을 인정하느냐 않느냐는 헌법의 해석 문제였지만, 남북이 다른 해석을 하게 된 것은 노예 문제에 대한 의견 차이에서 비롯되었습니다. 그리고 노예 문제에 대한 의견 차이는 남북 양 사회의 경제적 구조 차이 때문이었습니다.

링컨은 상당히 난처한 입장에 놓였습니다. 남부 여러 주는 일치단결하고 있는데, 북부에서는 정당 간에 의견이 갈려 있었습니다. 즉, 민주당은 비교적 주의 자주권을 존중하고, 노예 문제에도 걸핏하면 남부와 타협하려는 경향이 있었습니다. 공화당 가운데도 노예 문제에 관심이 없는 사람이 있는가 하면, 한편으로는 즉시 전폐할 것을 주장하는 급진파가 있었습니다. 이렇게 의견이 다른 사람들의 보조를 맞추어 북부의 여론을 통일하도록 지도하기란 여간 힘든 게 아니었습니다. 이 일은 링컨만이 이룰 수 있었던 것입니다.

링컨은 주의 분리권을 인정하지 않는 것, 현재의 노예주 이외에 이 제도의 확장을 허락하지 않는 것, 이 두 원칙을 명확하게 견지하고 온 국력을 기울여 이 목적을 달성하는 데 매진했습니다. 남쪽이 무조건 굴복하는 것 말고는 전쟁에 종지부를 찍을 수 없다는 것이 그의 생각이었습니다. 그러나 그는 이 전쟁으로 당시 노예주의 노예제도를 폐지하려고 생각하지는 않았습니다.

*

1861년 7월 4일, 링컨 취임 후 최초의 국회가 열렸습니다.

국회는 개전 이래 링컨이 취한 비상조치를 추인하고, 또한 그가 제출한 군사비 예산을 가결했습니다. 그리고 양원의 결의로 전쟁의 목적을 분명히 하고, 이 전쟁은 결코 정복을 목적으로 하거나 남부 여러 주의 권리 또는 제도를 전복 간섭하기 위함이 아니고, 오직 합중국 유지를 위해서라고 선언했습니다.

전선戰線은 범위가 넓었습니다. 남군은 준비된 군대였고, 명장 리Robert Edward Lee 장군이 지휘했습니다. 이와 반대로 북군은 준비 부족에 병력도 모자라고 적당한 지휘관도 찾지 못하여 여러 차례 전투에서 패배를 거듭했습니다. 북부의 민심을 통일하려면 전투에서의 승리가 필요했으므로, 링컨은 육해군 통수자의 권한으로 용병 작전까지 신경을 썼으나, 총지휘관 매클렐런George Brinton McClellan 장군은 우유부단하여 링컨의 적극적인 진격책을 받아들이지 않아 여러 차례 전기戰機를 놓쳤습니다. 매클렌런은 민주당에 동조하고 링컨과 정치상의 의견이 달라, 전쟁 수행에 대하여 고의로 미온적 태도를 취했다는 의심도 받았습니다. 링컨은 그를 신뢰할 수 없었습니다. 개전 후 3년이 지나, 그때까지 서부 전선에서 활동하던 그랜트 장군을 발탁하여 총지휘관으로 임명하고 나서야 안심하고 전투를 맡기게 되었으며, 링컨은 군령상의 업무에서 해방되었습니다.

육군의 전과가 시원치 않은 데 비하여 해군은 처음부터 북군이 우세했고, 또한 기민하게 행동하여 남부의 해안을 봉쇄했습니다. 이것은 남부 여러 주뿐만 아니라, 남부 여러 주로부터 방적 원료인 목화를 사들이던 영국에게도 큰 타격이었습니다. 당시 영국에서는 자유무역주의가 풍미했지만, 미국의 북부 여러 주에서는 국내 공업을 발달시키기 위하여 보호 관세정책을 요구하고, 남부 여러 주는 면화를 비롯한 농산물이 주요 생산물인 지방이었던 터라 자유무역을 표방하였습니다. 이 점에서 영국과 남부는 이해관계가 일치했고 북부와는 반대였습니다. 따라서 남북전쟁에 대한 영국의 여론도 처음에는 남쪽에 유리하여 군함을 파견해 북부 해군의 봉쇄선을 침입하고 공공연히 밀무역을 원조하기까지 했습니다.

링컨과 대통령 후보 경선에서 겨루었던 수어드는 링컨 내각에서 국무 장관을 맡고 있었는데, 그는 영국과 개전이 불가피하다는 의견으로 강경한 항의를 영국 정부에 보냈습니다. 그러나 링컨이 그 항의문 초안을 보고 두서너 글자를 수정했기 때문에 전체의 어조가 온건하게 되어 영국을 자극하여 전쟁을 도발할 위기를 모면한 일도 있었습니다. 당시 영국의 정치가와 사상가 가운데 코브던Richard Cobden, 솔즈베리Robert

Arthur Talbot Gascoyne-Cecil, 3rd marquess of Salisbury, 글래드스턴William Ewart Gladstone, 디킨스Charles John Huffam Dickens 등은 남쪽을 지지했고 테니슨Alfred Tennyson과 다윈Charles Robert Darwin은 북쪽을 지지했다고 하는데, 남북전쟁에 대한 영국의 여론은 혼돈 상태였고, 오히려 남쪽에 동정하는 이들이 많았다고 볼 수 있습니다. 이것은 문제를 무역의 자유라는 관점에서 보았기 때문이고, 인간의 자유 문제, 즉 노예제도의 문제로 보지 않았기 때문입니다. 요컨대 미국의 사정에 대한 인식이 부족했던 것입니다. 따라서 영국의 여론을 계몽하여 북쪽에 유리하게 인도하는 것도 링컨의 과제였습니다. 이 일은 1862년 9월 22일의 노예 해방령을 통해 성취됩니다. 이로써 영국인은 남북전쟁이 단지 보호무역주의와 자유무역주의의 싸움이 아니라, 인간의 자유에 관한 근본적 문제를 포함하는 것임을 각성하여 북쪽 지지로 일변하였습니다.

그러나 노예 해방령 발포發布는 링컨이 처음부터 예정한 정책은 아니었습니다. 앞에서도 말했듯이 그는 남부 여러 주의 현행 제도에 간섭할 의사는 처음부터 없었습니다. 본디 그는 노예 해방의 문제에 대하여 급진파는 아니었습니다. 노예제도를 폐지하느냐 마느냐는 현재의 노예 주 결정에 맡겨야 하며, 폐지할 경우에는 점진적으로 보상하면서 해방하기를 주장한 보수가였습니다. 그러나 전투가 진행되면서 옛 주인에게서 탈주하여 북군 지역으로 월경한 뒤, 노동 또는 군사 행동을 돕는 노예가 다수 있었습니다. 전선의 지휘관들에게는 이들 탈주 노예를 어떻게 다룰 것인가가 문제였습니다. 만일 남부 여러 주의 제도에 간섭하지 않으려면 탈주 노예는 옛 주인에게 송환해야 합니다. 그러나 그런 불합리한 조치는 취할 수 없었습니다. 전선에서는 잇달아 보고와 요청이 왔습니다. 링컨은 깊이 생각한 끝에, "각 주의 반란 노예들은 1863년 1월 1일이래 영구히 자유"임을 선언했습니다. 원래 대통령은 한 사람의 노예도 해방시킬 헌법상의 권리가 없습니다. 국회라 해도 그 권리가 없습니다. 노예는 신성한 사유재산의 하나였습니다. 링컨의 위와 같은 포고는 전시 군대의 최고 지휘관으로서 군사상 필요를 위해 행사한 비상수단이었습니다. 그는 전투 진행에 따르는 군사적 필요로 인해 노예 해방령을 발포하지 않을 수 없게 되었던 것입니다.

링컨은 해방 선언을 발포하기 전 고심에 고심을 거듭했습니다. 전쟁과 노예의 관계를 인식함에 따라 이 선언을 발포할 필요를 느꼈지만, 가장 적당한 시기를 기다리고 있었습니다. 드디어 선언을 발포할 것을 결심하고, 이 안을 각료들에게 내보이면서 링컨은 이렇게 말했습니다.

반군叛軍이 프레데릭에 있을 때, 나는 그들이 메릴랜드에서 격퇴되면, 즉시 가장 유익하리라고 생각되는 내용의 해방 선언을 내리려고 결의했습니다. 나는 아무에게도, 한마디도 하지 않았습니다. 다만 나와 창조주 사이에 약속한 것입니다. 이제 반군이 격퇴되었으므로 나는 그 약속을 지키려고 합니다. 나는 여러분이 이렇게 모여 내가 쓴 것을 들어주시기 바랍니다. 그 내용에 대하여 여러분의 충고를 구하는 것은 아닙니다. 그것은 나 자신이 결정한 것입니다.

말을 마치고, 그는 자구와 용어에 대하여 각료들의 의견을 구한 뒤, 그가 어떻게 이 결의에 도달했는가를 고백했습니다. 그는 이 문제에 대해 고심한 끝에, 앤티텀Antietam 전투 전에 어린아이같이 무릎을 꿇고 기도하면서 만일 이 전투에서 승리를 얻어 적을 메릴랜드 밖으로 몰아낼 수 있다면 그것을 그가 전진해야 할 의무의 신호로 삼겠다고 하나님께 약속했습니다. 그는 말했습니다.

내가 해야 할 일이 내 마음에 명료하지 않을 때, 사건을 이런 식으로 조치하기로 정한 것을 여러분은 이상하게 생각할지 모르지만, 하나님은 이 문제를 노예에게 유리하도록 정하셨습니다.

노예 해방 선언에 대해 각 방면으로부터 반대의 소리가 빗발쳤습니다. 민주당은 대통령의 월권이라고 공격하고 링컨이 이 전쟁을 노예제도 폐지를 위한 전쟁으로 몰고 간다고 비난했습니다. 한편, 노예제도 전폐를 주장하는 공화당 안의 급진 분자는 이 선언이 너무 미온적이라고 공격했습니다. 위의 해방 선언에는 반란에 가담하지 아니한 지방의 노예는 제외되었기 때문입니다. 양 방면으로부터 쏟아지는 비난에 링컨은 소신껏 답변하면서 국가라는 배의 키를 침착하게 잡았습니다. 선언에 명시된 1863년 1월 1일이 왔을 때, 링컨은 해방의 실제적 조치를 지시하고, 해당되는 모든 노예를 군무軍務 특히 수비대에 임용하도록 했습니다. 그해가 저물 무렵에는 10만 명의 흑인이 북군을 위해 군인과 노동자로 일했고, 전쟁이 끝날 때까지 그 숫자는 18만 명에 이르렀습니다.

1863년 7월 3일에 게티즈버그에서 큰 전투가 벌어져, 북군은 9만 3천 명의 병력 중 2만 3천 명을 잃고, 남군은 7만 8천 명의 병력 가운데 북군과 거의 같은 수의 손실을 입었습니다. 남군은 퇴각했지만, 북군은 아직 결정적 승리를 얻지 못했습니다. 그해 11월 19일, 이 싸움터에서 북군 전사자의 공동묘지 헌당식獻堂式이 거행되었습니다. 당일의 주요 연설자 에드워드 에버릿Edward Everett의 세련된 두 시간의 웅변이 청중을 도취시킨 뒤, 사회자는 링컨에게 마지막으로 무언가 한 말씀을 해달라고 부탁했습니다. 그때 링컨이 일어나 한 짤막한 연설은 영어 연설의 고전으로 유명하게 되었지만, 그것을 들었던 청중은 그토록 명연설인 줄은 깨닫지 못했다고 합니다. 그가 쓰는 말은 수식이 없는 극히 쉬운 말로 자극적이거나 선동적인 말은 하나도 없습니다. 그러나 쉬운 말 속에 깊은 감정이 깃들어 있고, 담담하고 간소한 말 가운데 세월이 가도 빛이 바래지 않는 운치가 있습니다. 이것은 평민의 말의 아름다움입니다. 그 아름다움을 제대로 번역할 수는 없지만, 의미는 대강 이렇습니다.

87년 전 우리 조상들은 이 대륙에 하나의 새로운 나라를 만들었습니다. 그 나라는 자유의 정신으로 품어지고, 모든 사람은 평등하게 창조되었다는 신조에 바쳐졌습니다. 현재 우리는 커다란 내전의 한복판에 서 있습니다. 이 나라, 또는 이와 같은 정신으로 품어지고 이와 같이 바쳐진 모든 나라가 과연 영속할 수 있느냐 없느냐 시험을 받고 있습니다. 우리는 이 전쟁의 일대 격전장에 모였습니다. 우리는 이 나라를 살리기 위해 자기 목숨을 버린 사람들을 위해, 마지막 안식처로 이 전장의 일부분을 바치기 위해 이곳에 왔습니다. 우리가 이 일을 하는 것은 참으로 적절하고 올바른 일입니다. 그러나 더 큰 의미에서 우리는 이 땅을 바칠 수 없습니다. 정화할 수 없습니다. 신성하게 할 수 없습니다. 여기서 싸운, 살아남은 사람과 죽은 용감한 사람들이 이 장소를 거룩하게 한 것이지, 거기에 더하거나 줄이는 것은 우리의 힘을 훨씬 넘어서는 것입니다. 세계는 우리가 여기서 하는 말을 거의 주의하지 않을 것입니다. 또 오래 기억하지도 않을 것입니다. 그러나 그들이 여기에서 한 일은 결코 잊히지 않을 것입니다. 오히려 바쳐져야 할 것은 살아 있는 우리들입니다. 여기서 싸운 그들이 이렇듯 고결하게 추진해온 미완성의 사업을 위하여, 우리는 이곳에 몸을 바쳐야 할 것입니다. 이들 명예의 전사자들이 마지막까지 충성을 다해 목표한 일에 우리의 충성을 보태야 할 것입니다. 이들 전사자의 죽음이 헛되지 않도록 우리는 여기서 굳게 결심해야 합니다. 이 나라는 하나님이 지키시는 가운데 새로운 자유의 탄생을 경험해야 합니다. 그리하여 인민의, 인민에 의한, 인민을 위한 정부는 지구에서 멸망해서는 안 됩니다.

전쟁을 수행하는 데 필요했기에 링컨은 대통령의 전시비상권戰時非常權을 행사했습니다. 그는 징병령을 내렸습니다. 또 계엄령을 선포하여 반군에게 도움을 주는 것을 비롯한 언론 행동을 탄압했습니다. 전쟁을 오래 끌게 되면서 민주당은 링컨의 독재적 행동에 대하여 반감을 품었고 '에이브러햄 1세 왕'이라며 욕하는 사람도 있었습니다. 남부와 타협하여 전쟁을 끝맺기를 바라는 소리도 있었습니다. 그러나 링컨은 바위와 같이 움직이지 않았습니다. 남부의 무조건 항복 외에 그는 일체의 타협적 평화 공작을 거부했습니다. 어떤 희생이 따르더라도 전쟁에서 이겨야 했습니다. 그러나 아직 확실한 승리의 가망은 없었습니다.

군사상의 심려, 노예 해방에 따르는 구체적 조치, 전선의 위문, 백악관에 드나드는 다수의 면회자, 크게는 군의 총지휘관에 대한 지시에서, 작게는 잘못하여 군율을 어긴 소년 병사의 특사特赦에 이르기까지—그런 일화가 많이 있는 것을 독자도 아실 것입니다—산더미 같은 일이 링컨에게 밀려왔습니다. 그는 눈에 띄게 피로해졌습니다. 측근들은 일을 줄이기를 권했지만 링컨은 응하지 않았습니다. 그는 주변의 가까운 사람들과 있을 때는 자주 시, 특히 비극을 말했습니다. 셰익스피어의 〈리처드 2세〉에 나오는 "하나님을 위해 우리는 땅 위에 앉아 / 모든 죽임을 당한 / 왕들의 죽음에 관한 슬픈 이야기를 하자" 같은 구절을 읊조리는 일도 가끔 있었습니다. 때로는 특유의 유머로 모두를 웃겼지만, 그의 건강은 눈에 띄게 쇠약해져, 얼굴의 깊은 주름은 점점 깊어졌고 기다란 발은 언제나 차가웠습니다.

대통령 재선

링컨의 대통령의 임기는 전쟁이 끝나기 전에 만기에 가까워졌습니다. 공화당 대회는 만장일치로 그의 재선을 결정하고, 또 노예제도 폐지를 위해 합중국 헌법의 수정을 결의했습니다. 대통령 선거는 1864년 11월에 실시되어 링컨은 재선되었습니다. 민주당 후보자는 조지 매클렐런이었습니다. 만일 타협적인 매클렐런이 승리하여 대통령이 되었더라면 미국의 역사는 매우 다른 경로를 거쳐 노예제도는 상당히 오랜 기간 미국의 국토를 더럽혔을 것입니다. 만일 매클렐런이 당선되면 링컨이 전쟁을 무릅쓰고 수행하려 했던 큰 목적이 한순간에 무너질 염려가 있었으므로 그는 이 선거의 결과를 깊이 걱정했습니다. 선거가 끝난 뒤 에머슨은 친구에게 편지를 써 보냈습니다. "인민의 투표에 이렇게 많은 것이 달려 있던 적은 역사상 매우 드물었다. 역사상 일찍이 없었다고 나는 생각한다."

재선된 링컨은 두 가지 중요한 일을 결의했습니다. 하나는 노예 해방을 위한 헌법 수정입니다. 1865년 1월 31일 하원은 3분의 2의 찬성표로 그 의안을 가결했습니다. 그때 방청석을 메우고 있던 군중은 선례를 무시하고 열광적으로 환호했다고 전해집니다. (링컨이 죽은 뒤 8개월이 지나, 그해 12월에 상원에서도 수정안이 통과되어 노예제도의 전국적 폐지가 확정되었습니다.)

또 하나는 전쟁의 신속한 마무리입니다. 1864년 3월 그랜트를 총지휘관으로 임명한 뒤에도 승패는 쉽게 가려지지 않았습니다. 리는 그랜트에 비하여 우수한 지휘관이었지만, 남군은 점차로 병력이 줄어들었고 그랜트는 집요하게 리를 추적했기 때문에 1865년 4월 9일에 이르러 마침내 리는 항복했습니다. (5월 26일에 가서야 남부는 항전을 완전히 포기하고, 개전 이후 4년 44일 만에 전쟁은 끝났습니다. 그러나 그때 링컨은 이미 세상을 떠난 뒤였습니다.)

4월 14일 오전에는 각의가 열려 남부 여러 주의 부흥 문제를 의논했습니다. 북부 사람 중에는 남부 여러 주를 징벌하고 반도叛徒의 수령들을 사형에 처하라고 주장하는 사람도 있었지만, 링컨은 그런 의견을 거들떠보지도 않았습니다. 그는 이 각의에서 이렇게 말했다고 합니다.

만일 우리가 현명하고 사려 깊게 행하면, 질서를 유지하고 또한 합중국의 결합을 재건하면서 남부 여러 주에 다시 활기를 불어넣고, 그 정부가 잘 활동하도록 할 수 있을 것입니다.

내가 반도들을 교수형에 처하거나 죽이는 데 동의하리라고는 아무도 기대하지 않기를 바랍니다. 나는 그들 중 최악의 사람에게도 그렇게 해야 한다고 생각하지 않습니다. 우리가 조화와 일치를 바란다면 원한을 품어서는 안 됩니다. 우리 친구들 가운데는 남부 여러 주의 주인이 되어 그들에게 간섭하고 지도하기를 바라며, 그 인민들을 형제로 대하고 싶지 않다고 하는 사람이 많이 있습니다. 남부 여러 주의 권리에 대한 존중이 너무나도 부족합니다. 나는 그런 감정에는 동감하지 않습니다.

이것이 정치상의 문제에 대하여 링컨이 전한 최후의 말이 되었습니다. 각의가 끝난 뒤 라몬Ward Lamon이 특사장特赦狀에 대통령의 서명을 받으러 왔습니다. 링컨은 그에게 "파타고니아 사람이 굴 먹는 법을 아는가" 하고 물었습니다. 라몬이 모르겠다고 대답하자 링컨이 말했습니다. "그들의 방식은, 될 수 있는 대로 빨리 굴을 먹고 그 껍질을 창밖으로 내던지는 거야. 그리고 쌓인 껍질의 높이가 집보다 높아지면, 말뚝을 뽑고 집을 옮기는 거지. 그러니 라몬, 또 특사장 서류 쌓기를 시작해볼까? 이제부터 시작하는 것이 좋겠네."

그날 오후, 링컨 내외는 마차를 타고 산책하러 나갔습니다. 드라이브하면서 링컨이 부인에게 말했습니다. "워싱턴에 온 이후 어려운 때도 있었지만, 이제 전쟁도 끝나고 하나님의 은혜로 앞으로 4년간은 평화와 행복을 누릴 수 있을 것이오. 그런 다음 일리노이에 돌아가 조용히 여생을 보냅시다. 그간 저축도 조금 했고, 4년 동안 또 얼마쯤 더 할 수 있잖겠소? 하지만 살아가기엔 빠듯할 테지. 어쨌건 우리 일리노이에 돌아갑시다. 스프링필드나 시카고에서 법률사무소를 차려 변호사 일을 하면, 먹고살 수는 있을 테지."

그날 밤 내외는 연극을 보러 극장에 갔습니다. 그리고 남부 비밀 암살단의 한 흉한이 쏜 탄환에 저격되었습니다. 시인 휘트먼Walt Whitman이 애도하여 노래했듯이, 위업을 성취한 '선장'은 어려운 항해를 마치고 이제 배를 안전하게 이끌어 항구에 입항하여, 해안에서 환영하는 인파가 던지는 꽃이 흩날리고 환호가 울려 퍼지는 가운데, 싸늘한 시체가 되어 갑판에 누워 있습니다. 그의 나이 56세 때였습니다.

대통령에 재선된 링컨의 취임식은 이 비극이 있기 40일 전, 3월 4일에 거행되었습니다. 흑인 병사 한 대대大隊가 그의 마차를 호위하는 모습이 사람들의 눈을 끌었습니다. 그날 취임 연설에서 그는 개전에 이르기까지의 정치적 경과를 간명하게 설명한 뒤, 이렇게 말했습니다.

…전 인구의 8분의 1은 흑인 노예로, 그들은 합중국 전체에 분포하지 않고, 남부에 주로 거주하고 있습니다. 이들 노예는 특수하고 강력한 이해관계를 이루고 있습니다.

이 이해관계가 어느 정도 이 전쟁의 원인인 것은, 모든 사람들이 알고 있습니다. 이 이해관계를 강화하고 영구화하고 확대하려는 것이, 전쟁을 무릅쓰면서까지 합중국을 분열시키려는 반군의 목적이었습니다.

그에 대하여 정부는 노예제도의 지역적 연장을 제한하려 했을 뿐, 그 이상의 권리는 주장하지 않았습니다.

어느 쪽도 전쟁이 현재와 같이 확대되고 계속되리라고는 예상하지 않았습니다. 이 싸움의 종결과 동시에, 또는 전쟁이 종결하기 전에, 전쟁의 원인이 사라지리라고는 양쪽 모두 예측하지 않았습니다. 양쪽은 모두 더 쉬운 승리를 상상했습니다. 이렇게 중대하고 또한 놀라운 결과가 오리라고는 생각하지 않았습니다. 양쪽 모두 같은 성서를 읽고 같은 하나님께 기도드렸습니다. 양쪽 모두 적을 이기기 위해 하나님의 도우심을 구하고 있습니다. 만약 남이 피땀 흘려 얻은 식량을 탈취하기 위하여 의로운 하나님의 도움을 구하는 자가 있다면, 이상한 일이라 생각될 것입니다.

그러나 우리가 스스로 심판받지 않기 위하여, 우리도 남을 심판하는 일은 하지 맙시다. 양쪽의 기도가 모두 이루어지는 일은 없습니다. 그들의 기도도 우리들의 기도도 완전히는 들어주지 않으셨습니다. 전능하신 하나님은 당신 자신의 목적을 갖고 계십니다.

"사람을 걸려 넘어지게 하는 일 때문에 세상에는 화가 있다. 걸려 넘어지게 하는 일이 없을 수는 없으나, 걸려 넘어지게 하는 일을 일으키는 그 사람에게는 화가 있다"(마 18:7).

만일 미국의 노예제도가 그 걸려 넘어지게 하는 일의 하나여서 그것이 하나님의 섭리에 따라서 오지 않을 수 없었으나, 하나님이 정하신 기간 계속된 다음 하나님께서 이제 그것을 제하기를 바라시고, 이 걸려 넘어지게 하는 일을 오게 한 사람이 당연히 받아야 할 화로 남북 양쪽에 이 무서운 전쟁을 주신 것이라 생각하면, 살아 계신 하나님을 믿는 사람은 이 점에서도 늘 그분의 것으로 돌리는 하나님의 성품에서 떠날 곳을 발견할 수 없을 것입니다. 우리가 항상 바라고 절실히 기도하는 것은, 이 전쟁이라는 강대한 채찍(하늘로부터의 참화)이 속히 지나가는 것입니다. 그러나 만일 하나님의 뜻이 노예제도 250년간에 걸친, 갚아지지 아니한 고역으로 축적된 부富가 모두 소멸되기까지, 또 채찍에 의하여 흘려진 피 한 방울 한 방울이 칼로 흘려지는 피로 보상되기까지 이 전쟁이 계속되는 데 있으시다면, 3천 년 전에 한 말씀대로 지금도 또한 '주의 심판은 모두 진실하시고 옳습니다' 하고 말하지 않으면 안 됩니다.

아무에게도 악의를 품지 않고, 모든 사람에 대하여 사랑을 갖고, 하나님이 우리에게 제시한 정의를 위해서 우리들이 착수한 사업을 완성시키기 위하여 노력하지 않으시겠습니까? 국민의 상처를 회복시키고자 전투에 참가해 쓰러진 사람, 또 그의 과부, 그의 고아를 원조하고 위로하기 위하여, 우리 국민 안에서 그리고 모든 국민 사이에서 바르고 또한 항구적인 평화를 가져오고 이를 자라나게 하기 위해, 모든 노력을 다하지 않겠습니까?

이것은 게티즈버그 연설과 함께 링컨의 2대 연설로 꼽힙니다. 그는 여기에서 정치가라기보다 예언자와 같이 말했습니다. 남북전쟁은 처음에는 누구도 예상치 못하던 큰 전쟁이 되어, 노예제도 전폐라는 큰 결과를 가져왔습니다. 거기에 링컨은 남북 양군의 의도를 넘어 하나님의 손길을 느꼈습니다. 4년에 걸쳐 인명과 재산에 엄청난 손실을 가져온 남북전쟁은 '내란內亂'이라는 개념으로 덮을 수 없는 대규모의 것이었습니다.

어떻게 이런 큰 전쟁을 같은 동족끼리 치러야 했을까요? 이것은 과거 250년의 오랜 기간 노예를 착취하여 부를 축적하였던 미국민의 죄에 대한 하나님의 심판이고, 그 죄는 남북을 가리지 않고 온 미국민이 보상해야 한다, 그리고 하나님은 이 전쟁 속에서 노예 해방이라는 하나님 자신의 목적을 성취하셨다, 모든 인간의 행동을 통하여 이루어지는 것은 하나님의 뜻뿐이다, 하나님의 심판 앞에 겸손하고 하나님의 뜻에 순종하여 "아무에게도 악의를 품지 말고 모든 사람에 대하여 사랑을 갖고 With malice toward none, with charity for all" 전쟁으로 생긴 국민의 상처를 회복시키기에 힘쓰면, 바르고 영속적인 평화를 수립할 수 있을 것이다, 이것이 링컨의 심경이었습니다.

무릇 전쟁 수행의 책임자로서 이 이상의 숭고한 정신을 갖기는 어떤 사람에게도 기대하기 어려울 것입니다. 이 연설 하나만으로도 링컨의 이름은 영구히 기억될 가치가 있다고 생각합니다.

남북전쟁과 같은 규모, 또는 그 이상의 큰 전쟁을 수행한 사람은 역사상 적지 않습니다. 그러나 전쟁의 의미를 링컨과 같이 생각한 사람은 없었습니다. 만일 모든 전쟁 수행의 책임자들이 링컨과 같이 전쟁을 생각했다면, 전후戰後의 평화는 참으로 정의의 영속성의 기초 위에 재건될 수 있었을 것입니다. 그러나 많은 경우 전쟁이 시작되기 전에도, 전쟁 중에도, 또 전쟁이 끝난 뒤에도, 적국에게만 책임이 있고 자기 나라는 아무 죄도 없다는 입장을 고집하기 때문에, 그 교만과 완고함이 화를 끼쳐 국민을, 또 나라와 나라 사이를 영구적인 전화戰禍에 갇히게 하는 것입니다. 전쟁 수행자가 겸손을 배우지 않는 한, 평화의 새 질서는 건설되지 않습니다.

길게 끌던 큰 전쟁도 끝나 남북은 한 국민으로서 융합했습니다. 분열은 저지되고 합중국은 구출되었습니다. 링컨은 전쟁 수행의 목적을 달성하였습니다.

자주 말했듯이, 노예 해방은 링컨의 전쟁 목적이 아니었습니다. 그것은 전쟁의 결과로 전쟁에 수반하여 실행되었습니다. 링컨은 숙려를 거듭한 뒤 이 선언을 발표했으며, 전시 중임에도 해방 후 노예의 취급에 대해서도 열심히 연구하였습니다. 점진적으로 노예제를 폐지해야 한다는 의견을 가지고 있었던 링컨은 해방 후 노예의 취급에 대해서도 점진적인 건설 정책을 갖고 있었습니다. 그는 서인도제도에 흑인 식민지를 세울 방안을 열심히 생각하고 실행을 시도하였으며, 그 성과에 대하여 큰 관심이 있었습니다. 일반적으로는 흑인의 교양과 사회생활의 향상을 도모하는 것을 첫째로 하고, 여기에 진전이 있으면 백인과 동등한 정치적 권리를 점진적으로 부여하자는 의견이었습니다. 만일 링컨이 두 번째 대통령 임기를 마칠 때까지 생존하여 전후의 건설 사업을 지도할 수 있었더라면 미국의 흑인 문제는 오늘날같이 명실상부하지 못한 가장적假裝的 자유가 아니라 실질적 자유를 향해 더욱 진보할 수 있었을지도 모릅니다.

링컨의 성격

링컨은 평민 중의 평민이었습니다. 평민이란 신분이나 직함과 같은 외부적 장식 없이, 있는 바탕 그대로 통하는 인간을 가리키는 말입니다. 꽃으로 치면 들꽃이며, 돌로 치면 자연석입니다. 링컨의 장점은 평민의 장점이었고 그의 결점 또한 평민의 결점이었습니다.

링컨에겐 많은 결점이 있었습니다. 그 하나는 행동거지가 거칠다는 것이었습니다. 특히 부인들에 대한 예의 작법이 서툴러서 이따금 사람들에게 주의를 받았습니다.

그는 대통령으로서 많은 방문객을 영접했으나 꽤 색다른 일화가 있습니다. 저명한 정치가인 상원의원 셔먼John Sherman이 처음 백악관으로 그를 방문하였을 때였습니다. 링컨은 느닷없이 "아, 당신이 존 셔먼입니까? 어디 한번 키 좀 대봅시다"라고 말하더니, 어안이 벙벙한 정치가 옆으로 성큼성큼 걸어가 휙 등을 돌려 키를 대었습니다. 링컨은 자기의 키가 큰 것이 자랑이었지만, 이렇게 귀한 손님을 맞이하는 태도로는 보통 있을 수 없는 일입니다. 셔먼은 뒷날 사람들에게 "악의가 없다는 것은 느꼈지만, 좀 투박하시더군" 하고 그때의 감상을 전했다 합니다. 그러나 셔먼은 이 첫 대면에서 대번 링컨과 의기투합하여 그의 충실한 친구가 되었습니다.

언젠가 유명한 흑인 설교가 프레더릭 더글러스Frederick Douglass가 백악관을 방문한 일이 있었습니다. 링컨은 그의 요구를 받아들이지 않았습니다. 그러나 더글러스는 방에서 나올 때 기쁨으로 흥분하여 외쳤습니다. "그는 나를 인간으로 대해주었다. 그는 한순간도 나에게 피부 빛의 차이를 느끼게 하지 않았다."

링컨에게는 모든 사람이 태어난 바탕 그대로 소중했습니다. 그 자신이 순수한 평민이었으므로, 민중에게 압도적인 신뢰를 얻고 있었습니다. "에이브 아저씨Old Abe" 또는 "아버지 에이브러햄Father Abraham"이 민중 사이에서 불리던 그의 별명이었습니다. 거칠다는 것은 신사 숙녀에게는 결점일지 모릅니다. 그러나 위선과 허례보다는 훨씬 용서할 수 있는 결점이 아닐까요?

링컨이 젊은 변호사였을 때, 나이아가라 폭포를 구경하고 온 일이 있습니다. 친구 헌든William Herndon이 "어떻던가?" 하고 물었더니, "그 막대한 물이 어디서 흘러나오는지, 놀랐다"고 대답하였다 합니다. 그래서 헌든은, "링컨은 물질적으로 사물을 보는 사람이지, 시詩를 이해하지는 못하는 사람이다"라고 말하고 있습니다.

그러나 링컨의 그 대답 속에는 커다란 경이의 감정이 있습니다. 그리고 경이의 감정이 시가 아니겠습니까? 위의 링컨의 감상은 결코 물질적인 관찰은 아닙니다. 위대한 자연 앞에, 평민의 영혼이 놀란 모습입니다. 성서와 셰익스피어와 번스Robert Burns를 애독한 링컨이 시를 이해하지 못할 리가 없습니다. 다만 그는 감상형感想型 시인이 아니었을 뿐입니다. 링컨의 행동거지는 거칠고 투박하였으나 결코 산문적이지는 않습니다. 그의 성격 그 자체가 시입니다. 그런데 그와 함께 살았던 가까운 친구조차 그의 거친 겉모습에 걸려 넘어져, 그 속에 감싸인 금강석을 알아보지 못했던 것입니다.

링컨의 우울에 대해서는 앞에서도 말했습니다. 그의 환경이 그를 우울하게 만들기도 했을 겁니다. 그는 가난하게 태어나 가난하게 자랐고, 어렸을 때부터 이마에 땀을 흘리며 자기 빵을 벌어야 했습니다. 그는 세 번이나 실연의 쓴맛을 보았습니다. 그런 끝에 결혼하여 이룬 가정은 그다지 행복하지 않았습니다. 그의 아내는 그보다 집안이 좋고 교양도 있었지만 신경질적이어서, 링컨의 결혼 생활은 그에게 위안을 주기보다 인내를 요구했다고 합니다. 스프링필드에 살 무렵, 법률 사무를 보러 지방으로 여행을 떠나, 동료 변호사들은 하루 이틀 집에 다녀올 여가가 있어도 링컨은 귀가하지 않았던 일이 가끔 있었습니다. 워싱턴에 오고 나서도 계속해서 인내가 필요했던 모양입니다. 전시戰時 대통령으로서 쏟아야 했던 공적인 노고로 인해 그가 더욱 우울해졌던 것은 말할 나위도 없습니다. 그러나 링컨의 우울은 환경의 소산이라기보다 더 근원이 깊어 성격적인 슬픔이었던 것 같습니다.

그런 한편 링컨은 뛰어난 해학가로, 우스개를 잘하고 자기도 잘 웃었습니다. 그의 슬픔과 그의 쾌활함은 어느 쪽이나 아주 자연스러워서 한없이 깊은 샘에서 솟아나고 있었습니다. 그 샘이란 '평민'의 영혼입니다. 모든 장식을 벗겨낸 인간의 바탕, 하나님이 스스로의 형상을 본떠 창조하신 그대로의 인간 바탕에서 솟아 나오는 것입니다. 이 영혼은 투박하지만 진실 그 자체입니다. 진실한 영혼이 허위의 세상에 태어날 때, 깊은 비애가 그 성격이 되지 않을 수 없습니다. 그러나 한편, 타고난 바탕 그대로의 진실한 영혼이 같은 인간 속에 깃든 타고난 바탕의 영혼에 접할 때, 그곳에 성격적인 쾌활함이 나타나지 않을 수 없는 것입니다.

진실함과 단순함은 평민의 미덕입니다. 링컨은 인간으로서 이 미덕을 지녔습니다. 그것이 그로 하여금 주의가 있고 원칙이 있는 정치가가 되게 하였습니다. 링컨이 서는 곳, 그의 정치상 의견이나 정책은 어떤 모호한 점이나 의심이 없이 명백하고 떳떳하여, 산 위의 성城과 같았습니다. 링컨은 "정치적 의견이 무엇인지 모르는 정치가", "어떤 정책을 펼지, 어떤 정부로 이끌지 모르는 정치가"와는 다른 정치가였습니다. 주의와 원칙이 있는 그의 정치가 건국 이래 처음 닥친 비상시에 국민에게 확고한 목표를 주고, 국난을 극복하고, 노예 해방이라는 대사업을 성취하였던 것입니다. 링컨 스스로 말했습니다. "내가 사건을 지배했다고 말할 수 없다. 사건이 나를 지배했다고 솔직히 고백한다." 그는 노예 해방을, 자기가 완성한 사업이라고 생각하지 않았습니다. 그러나 그의 일관되고 진실 평명平明한 정치적 원칙의 파악과, 그 원칙을 수행하는 데 신뢰할 만한 그의 성격이 없었더라면, 시국은 혼미하여 방향을 잡지 못했을 것이 틀림없습니다. 대세를 정하는 것은 사회이지만, 거기에 명확한 형태와 방향을 주는 것은 정치가의 임무입니다. 이런 의미에서 정치의 가난은 인물의 가난이라고 말하지 않을 수 없습니다.

평민 링컨은 종교상의 교리나 의식을 중시하는 사람이 아니었습니다. 그와 동시대의 교회는, 그를 이른바 '독실한 신자'로 인정하지는 않았습니다. 교회의 대표자가 그를 책했을 때 "나는 크리스천이 아니다"라고 대담한 일까지 있습니다. 그는 기독교의 교리에 대하여 많은 것을 말하지 않았습니다. 이것을 어떻게 해석했는가, 어떻게 믿었는가에 대하여 우리가 아는 바는 매우 적습니다. 다만 알려진 것은, 그가 성서를 잘 읽는 사람이었다는 것, 기도하는 사람이었다는 것, 섭리의 하나님을 믿고, 자기의 생활도 나라의 정치도 하나님의 경륜 가운데 있음을 굳게 믿었던 일입니다. 그는 장로교회長老敎會에도 이따금 출석했습니다. 그러나 링컨이 생각한 교회는 고상한 사람이나 교리를 잘 믿고 독실한 신자들만이 모이는 곳이 아니라, 예절을 잘 모르는 하층 사회의 사람이나 술주정뱅이들도 올 수 있는 곳이었습니다. 링컨을 비기독교 신자 취급한 교회는, 그를 시도 이해 못하는 물질주의자라고 비웃던 헌든과 같은 수준입니다. 적어도 두 번째 대통령 취임 연설 같은 것은, 진실한 기독교인이 아니고서는 말할 수 없을 내용입니다

평민 시인 월트 휘트먼은 워싱턴의 거리에서 링컨이 산책하는 모습을 자주 본 일이 있고, 그 얼굴에 새겨진 주름과 깊이 잠긴 슬픈 눈에서 깊은 인상을 받았다고 합니다. 휘트먼은 링컨을 경애하였습니다. 평민이 평민의 마음을 안 것입니다. 링컨이 죽자 그는 몇 편의 애도시를 지었는데, 그중에서 가장 짧은 네 줄의 시를 아래에 들어 이 글을 끝맺겠습니다.

This dust was once the man,
Gentle, plain, just, and resolute, under whose cautious hand,
Against the foulest crime in history known in any land or age,
Was saved the Union of these States.

이 먼지는 일찍이 그 사람이었다.

부드럽고, 평범하고, 바르고, 확고하였고, 그 주의 깊은 손 아래,

어떤 나라나 시대의 역사에도 없었던 최악의 죄에 대항하여,

합중국의 결합을 구원하였다.

링컨

우치무라
간조

7

内村鑑三

1861. 4. 2. - 1930. 3. 28.

무교회주의

내가 처음 우치무라 간조 문하에 입문이 허락된 것은 1911년 10월 1일, 제일고등학교 2학년 가을이었습니다. 그로부터 1930년 3월 선생이 하늘에 불려 가시기까지 20년 동안, 그는 나의 '선생'이었습니다. 아니, 아니, 지금도, 언제까지나, 영원히 선생은 나의 은사이고 생명의 어버이입니다.

그 무렵 선생의 강의에 참석한 사람은 스물너덧 명이었습니다. 선생은 엄중하게 문호 폐쇄주의를 고수하여, 이 소수의 청년들에게만 매주 일요일에 성서 강의를 계속하셨습니다. 한때 〈만조보萬朝報〉(1892년 창간한 명치·대정 시대의 유력 일간지. 사회 문제를 적극적으로 다루고 반전을 주장하는 등 비판적 논조로 한때 도쿄 제1의 발행부수를 자랑했으나, 사시가 보수화하면서 중진들이 퇴사하여 폐간―옮긴이) 기자로 이름을 천하에 떨쳤고, 뒤에는 오테마치大手町 강연에 600-700명의 열성적인 청중을 모았던 선생도, 그

당시는 가시와기栢木의 외진 곳에서 나카에 도주中江藤樹(1608-1648, 에도 시대 초기의 유학자. 오미의 성인聖人이라 불림―옮긴이) 또는 요시다 쇼인吉田松陰(1830-1859, 일본의 무사, 교육가, 메이지 유신의 정신지도자. 사숙 운영―옮긴이)처럼 촌숙村塾 교육에 전념하였습니다.

내가 입문하고 얼마 지나지 않은 이듬해 1월에, 선생이 사랑하던 따님 루츠코 양이 세상을 떠났습니다. 나와 동갑인 19세였습니다. 장례식에서 선생은 "이것은 루츠코의 장례식이 아니다. 결혼식이다. 그는 하늘나라에 출가를 한 것이다"라고 말하셨는데, 기독교에 입문한 지 얼마 안 되었던 나는 그때까지 그런 말을 한 번도 들어본 일이 없었습니다. 그러나 선생이 가벼운 농담으로 말하지 않으셨다는 것은 그 엄숙하고 비통한 표정으로 보아 의심의 여지가 없었습니다. 장례 행렬이 조시가야雜司ヶ谷의 묘지에 도착하여 관이 구덩이에 내려지자 선생이 한줌의 흙을 쥔 손을 높이 쳐들고 "루츠코 만세!"라고 외쳤을 때, 나는 번개를 맞은 듯 온몸이 움츠러들었습니다. '이건 보통 일이 아니로구나. 기독교를 믿는다는 건 목숨을 거는 일이로구나' 하고 나는 생각했습니다. 지금까지도 잊지 못할 감동이었습니다.

선생은 1861년 3월, 에도江戸(지금의 도쿄) 고이시가와小石川에서 태어났습니다. 아버지는 조슈上州(지금의 군마현群馬縣) 다카사키高崎의 번사藩士(영주를 섬기던 무사) 우치무라 요시유키內村宜之로, 사족士族 가운데 신분이 높은 편은 아니었습니다. 선생은 1874년에 도쿄외국어학교에 입학했지만, 1877년 9월에 삿포로농학교札幌農學校에서 관비생을 뽑는 데 응모하여 삿포로로 갔습니다. 니토베 이나조新渡戸稲造, 미야베 긴고宮部金吾, 히로이 이사무廣井勇, 미나미 다카지로南鷹次郎, 이와자키 유키치카岩崎行親, 사쿠마 노부야스佐久間信恭 등이 동급생으로, 도합 21명이 삿포로농학교 제2기생을 편성했습니다. 이미 윌리엄 클라크William Clark는 그 유명한 "소년이여, 큰 뜻을 품으라"는 말을 남기고 미국으로 떠난 뒤 였지만, 이토 가즈타카伊藤一隆, 오시마 마사타케大島正健 등 제1기생은 기독교를 믿고 있었고, 그들의 권유로 우치무라 간조도 그 친구들과 함께 클라크가 남긴 "예수를 믿는 사람의 서약"에 서약하여 그리스도인이 될 것을 맹세했습니다.

삿포로에 왔던 당시, 선생은 풀이 우거진 삿포로 신사의 신 앞에 엎드려, 이 사교邪敎를 나라에서 쫓아달라고 기원했다는데, 한 번 그리스도에 사로잡힌 다음에는 평생 그에 대한 충성이 변하지 않았고, 예수Jesus와 일본Japan이라는 두 J를 섬기는 데 일생을 바쳤습니다.

1881년 7월, 선생은 삿포로농학교를 졸업했습니다. 재학 중의 성적은 최우수로, 제도와 군인 체조를 제외한 모든 과목에서 최고점을 얻지 못한 것이 없었다고 합니다. 선생이 선택한 전공은 수산학이었습니다. 졸업식에서는 "어업 또한 학술의 하나다"라는 제목의 연설에서 기염을 토하면서 수산학을 하나의 과학으로 발전시킬 필요를 주장했습니다. 특히 일본과 같이 수산자원이 풍부한 나라에서는 그 연구를 소홀히 해서는 안 된다는 것을 역설하였던 것입니다. 졸업과 함께 홋카이도 개척사 어용괘御用掛(궁내성의 명을 받아 용무를 담당하는 직책―옮긴이)에 임명되어 주로 수산물 조사에 종사하였고, 특히 〈전복 번식조사 보고서〉를 작성해 명성을 얻었습니다. 이것은 전복이 얼마만한 크기가 되었을 때 난자가 성숙하는가를 현미경으로 실험하고 조사한 결과를 보고하는 내용이었습니다. 그 뒤 도쿄로 가서 1883년 11월에 농상무성 촉탁이 되어 수산과에 근무하면서, 청어의 알을 홋카이도에서 사토佐渡로 옮겨 양식을 시도하는 등의 업적을 쌓았습니다. 또 일본산 어류 목록을 편집하여 599종을 기록했는데, 이것은 일본에서 만든 최초의 어류 목록입니다. 만약 우치무라 간조가 생애의 사업으로 수산학을 선택하였다 해도, 그는 그 방면에서 넉넉히 대가가 되었을 것이 틀림없습니다. 그러나 하나님은 그를 '사람을 낚는 사람'으로 쓰셨습니다. 그리고 그러기 위해서 그를 몇 번이고 인생의 시련과 고난의 도가니에 던져 넣으셨습니다.

최초의 시련은 그의 가정에서 일어났습니다. 그는 1884년 봄에 결혼했는데, 그해 가을 눈물을 머금고 이혼을 할 수밖에 없었습니다. 그 고민과 비통의 상처를 치유하기 위해, 그러나 그보다 큰 이유에서, 즉 하나님의 진리를 배우고자 그는 약간의 여비를 장만하여 급히 미국으로 건너갔습니다.

그는 먼저 펜실베이니아주의 엘윈 정신발달장애인 시설에서 8개월 동안 간호인으로 일한 뒤, 매사추세츠주 애머스트 대학에 들어가 2년 동안 재학하며 역사학, 독일어, 성서문학, 광물학, 지질학, 히브리어, 심리학, 윤리학, 철학 등의 과목을 공부했습니다. 그곳에서 공부를 마친 뒤 코네티컷주의 하트포드 신학교에 입학했지만, 신학이 도무지 마음에 안 맞아 4개월 만에 학교를 그만두고 1888년 5월 귀국하였습니다. 3년의 유학 중 최대의 사건은 애머스트 대학 재학 중 실리Julius Hawley Seelye 총장으로부터 십자가의 복음에 대하여 귀중한 암시를 받은 일이었습니다. 심각한 죄악감에 괴로워하며 고뇌하던 그에게 인자하고 믿음이 깊으며 자상한 아버지 같은 실리 총장은 자기 자신을 들여다보지 말고 그리스도의 십자가를 우러러보라고 타일렀습니다. 그는 1886년 3월 8일의 일기에 이렇게 적고 있습니다.

내 평생에서 매우 중대한 날이었다. 그리스도의 속죄의 힘이 오늘같이 분명히 내게 나타난 적이 일찍이 없었다. 하나님의 아들이 십자가에 못 박히신 일 가운데, 오늘까지 내 마음을 괴롭혀왔던 모든 어려운 문제의 해결이 있다. 그리스도는 내 모든 빚을 갚으시고, 나를 타락 이전 처음 사람의 청정과 결백으로 돌려주신다. 이제 나는 하나님의 아들이다. 내 의무는 하나님을 믿는 데 있다. 그를 위하여 하나님은 내가 원하는 모든 것을 내게 주신다. 그는 그의 영광을 위하여 나를 쓰실 것이다. 그리고 마침내 나를 천국으로 구원해주실 것이다.

_《나는 어떻게 그리스도인이 되었는가?How I Became a Christian》(《우치무라 간조 회심기》로 역간—옮긴이)

십자가에 의한 속죄의 신앙은 우치무라 간조라는 인물과 그의 생애에서 척추뼈를 이룹니다. 그의 자유, 독립, 전투력은 모두 이 신앙에 바탕을 두고 있습니다. 이 신앙을 얻고서 그는 환희의 사람, 승리의 사람이 되었습니다. 인생의 슬픔과 수심을 가슴에 안고 태평양을 건넌 선생은, 이제 그가 배운 신앙과 학문으로 사랑하는 조국을 섬기려는 열의에 불타 다시 일본 땅을 디뎠습니다. 상륙한 다음 날, 니가타新潟에 새로 문을 연 미션스쿨 호쿠에쓰 학관北越學館에서 교사로 부임해달라는 초청을 받았습니다.

선생은 큰 희망을 갖고 호쿠에쓰 학관에서 일을 시작했습니다. 선생의 교육에는 두 가지 방침이 있었습니다. 첫째는 선생 자신의 말로 하면, '설교하지 않고, 강의한다'는 것입니다. 둘째는 불교와 기타 일본에 전부터 있던 문화에도 적당한 존경을 표한다는 것입니다. 종교인 냄새가 나지 않는, 좋은 의미에서 야성을 띤 자유로운 정신과, 버터 냄새 나지 않는, 좋은 의미에서 국민적 심정을 갖는 기독교가 그의 종교였습니다.

그러나 이 두 가지 모두 선교사들이 좋아하는 것이 아니었습니다. 선교사와 충돌한 그는 부임 넉 달 만에 니가타를 떠나 도쿄로 돌아왔습니다. 이것이 그의 최초의 전투였습니다. 그 이후 그는 선교사와 교회로부터 많은 괴롭힘을 당했습니다. 그러나 그는 감연히 교권에 항거하여 신앙의 자유와 독립을 유지하고, 십자가의 속죄에 의한 순수한 복음을 높이 외쳤습니다. 이 싸움 가운데서 그의 무교회주의가 태어났고, 그 무교회주의가 더욱더 그를 전투의 사람이 되게 하였습니다.

*

무교회주의란, 사람은 교회원이 되지 않고도 그리스도인이 될 수 있다는 주장입니다. 교회의 전승에 의하면 사람은 안수를 받은 자격이 있는 목사에게 세례를 받아야 정식으로 교회의 회원이 되며, 그로써 '구도자'에서 '신자'로 승격하여 그리스도인임이 공인됩니다. 따라서 교회원이 아닌 그리스도인은 있을 수 없고, '교회 밖에 구원이 없다'는 것이 교회 측의 주장입니다. 이에 대하여, 사람은 그리스도를 믿어서 그리스도인이 되는데, 이를 위해서는 신앙만이 필요하고 신앙으로 충분하며 그 이외 어떤 제도적 또는 의식적 조건을 필요로 하지 않는다, 따라서 세례를 받는 것도 필요하지 않고, 교회원이 되지 않아도 된다고 주장하는 것이 무교회주의입니다.

무교회주의에 대해서 우치무라 간조와 제자들 그리고 선교사 및 교회 사이에 많은 논쟁이 거듭되었습니다. 나는 여기서 그 요점을 되풀이할 생각은 없습니다. 다만 교회가 전승과 제도를 중시하는 반면 무교회가 자유와 생명을 중시하는 것만은 명백합니다. 우치무라 간조는 교회파괴자로 나타난 것도, 교회개혁자로 선 것도 아닙니다. 그가 한 일은 교회 밖에 서서 그리스도의 복음을 말한 데 지나지 않습니다. 1901년부터 5년에 걸쳐 그는 〈무교회〉라는 작은 월간지를 발행했습니다. '무교회'라는 말이 여기서 처음 쓰였는데, 발간 취지를 그는 이렇게 말하고 있습니다.

'무교회'의 '무'는 '없다'로 읽을 것이지, '없앤다' 또는 '무시한다'는 의미로 볼 것은 아닙니다. 돈이 없는 사람, 부모가 없는 사람, 집이 없는 사람은 모두 가련한 사람이 아닙니까? 그리고 세상에는 교회가 없는, 목자가 없는 양이 많다고 생각되어서 여기 이 작은 책자를 발간하게 된 것입니다.
_《전집》제9권 210-211쪽

이렇게 겸손하고 조심스러운 태도로 세상에 나온 무교회에, 교회와 선교사들은 격렬한 비난을 퍼부었습니다. 그리고 '목자 없는 양'은 모두 교회라는 제도 안으로 들어와야 한다고 주장했습니다. 이에 대하여, 신앙은 어디까지나 순수하게 영혼의 문제이지 제도의 문제가 아니라는 것을 주장하고 교회의 속박에서 신자 개인의 자유를 지킨 것이 무교회주의였으니, 이 논쟁은 결국 교회제도의 본질이 무엇이냐의 문제로 커졌습니다. 이것이 기독교 역사상 얼마나 중요한 의미를 갖는가를 알려면, 루터의 종교개혁을 돌이켜보아야 합니다.

루터의 종교개혁은 로마 가톨릭 교회에 대한 프로테스트(항의)였습니다. 로마 가톨릭은 가톨릭교도가 아니면 그리스도인으로 인정할 수 없다고 주장했습니다. 그에 대해 루터는, 사람이 의롭게 되는 것은 신앙만으로 가능하다고 역설하며 로마 교황의 교권에서 개인을 해방했습니다. 이것이 루터의 종교개혁입니다. 그리고 그것이 '근세'를 가져온 세계사적 의미를 갖는 사업이었다는 것은 역사가들이 모두 인정하는 바입니다.

그러나 루터 자신이 또 프로테스탄트의 교회제도를 만들었기 때문에, 세월이 지남에 따라 제도가 고정되어 신앙의 생명을 질식시켰습니다. 그 뒤 몇 차례 교회의 개혁 운동이 일어났지만 결국 교회라는 제도의 틀을 벗어나지 못했고, 그 때문에 근대 프로테스탄트 여러 교회가 무력해지고 형식화되는 것을 피할 수 없었습니다.

이에 대하여 우치무라 간조가 무교회의 복음을 주창한 것은 실로 루터 이상의 큰 종교개혁으로, 루터나 칼뱅이나 웨슬리가 철저히 하지 못했던 개혁을 밀고 나간 것이었습니다. 이로써 사람은 교회라는 제도에서 완전히 자유로워져 하나님과 신자 사이에 아무 중간 권위를 인정하지 않고, 각자가 직접 하나님과 결합하는 자유인이 되었습니다. 기독교가 다다른 막다른 골목을 돌파하고 실사회 가운데 그 생명력을 발현할 원동력을 여기서 얻은 것입니다. 무교회주의에 의한 제2의 종교개혁은 세계사적 의미를 갖는 사건인데, 그것이 일본에서 일어났습니다.

원래 일본 사람은 모방에 능한 국민이고 독창성이 없다는 것이 일반적인 평가이지만 나는 꼭 그렇게 생각하지는 않습니다. 적어도 기독교에서는 일본이 우치무라 간조를 통해 세계에 독창적인 공헌을 했으며, 우치무라 간조가 전한 무교회 복음이 일본 국민 사이에 퍼진다면, 일본은 더욱 각 방면으로 세계에 독창적인 기여를 할 수 있다고 나는 믿습니다. 일본이 평화국가, 문화국가로 서려면 이것 말고 다른 길이 없고, 또 이것이 있으면 설 수 있다고 생각합니다. 우치무라 간조가 70년의 생애 동안 일본을 위해 한 일이 여러 방면에 걸쳐 있지만, 그 가운데 가장 크고 근본적인 것은 무교회주의 신앙이었다고 말할 수 있습니다.

불경사건과 전쟁반대론

　　호쿠에쓰 학관에서 도쿄로 돌아온 선생은 잠시 에바라 소로쿠江原素六의 도요에이와 학교東洋英和學校에서 교편을 잡다가, 1890년 9월 제일고등학교 촉탁이 되어, 사감을 하면서 역사 수업을 맡았습니다. 그런데 그해 10월, 교육칙어教育勅語(일왕이 문부대신에게 명하여 국가주의 교육 방침을 선포했고, 이는 식민지 한국과 대만에도 적용되었다. 1948년 종전 후 폐지되었다. 우리나라 군사정권 시절의 '국민교육헌장'은 그 한국판―옮긴이)가 선포되어, 제일고등학교에서는 그 봉대식奉戴式을 이듬해 1월 9일에 시행하였습니다. 교원과 학생은 한 사람씩 교단에 서서 허리를 깊이 숙여 경례하라는 명령이 떨어졌습니다. 그때 우치무라 간조는 그리스도인의 신앙에 따라 경례를 하지 않았습니다. 먼저 어떤 학생이 소란을 일으키고 교원 중에도 여기 동조하는 자가 있어, 마침내 사회적으로 큰 문제가 되어, '불경한不敬漢', '국적國賊'이란 오명이 일제히 선생 위에 씌워졌습니다. 당시 선생은 중증 폐렴에 걸려 생사를 오가고 있었습니다. 2주일쯤 지나 겨우 자리에서 일어나 가족에게 부탁해서 신문을 보고서야, 이미 자신이 면직된 사실을 알게 되었습니다. 설상가상으로 4월에는 그의 새 아내가 병으로 쓰러져 죽었습니다. 사회로부터 날아드는 비난, 실직, 병, 아내의 죽음, 인생의 고난이 홍수처럼 순식간에 선생의 머리 위에 덮쳤습니다.

　불경사건이 일어났을 때, 이전부터 기독교를 좋지 않게 생각했던 불교계나 교육계에서는 우치무라 간조 한 사람이 아니라 기독교 전체를 공격하는 여론이 일제히 일어났습니다. 그중에서도 도쿄제국대학 교수 이노우에 데쓰지로井上哲次郎는 배격파의 선봉에 서서, 교육칙어와 기독교는 서로 수용할 수 없다는 것을 각종 잡지에 발표했습니다. 이 의론에 대하여 혼다 세이이치本田精一, 요코이 도키오橫井時雄, 오니시 하지메大西祝, 다카하시 고로高橋五郎 등이 기독교 변호의 논진을 폈지만, 우치무라 간조 자신은 1893년, 〈교육시론〉 3월호에 '문학박사 이노우에 데쓰지로 군에게 드리는 공개장'을 실어 다음과 같이 말했습니다.

귀하는 기독교도가 우리 나라에 불충하며, 칙어에 대하여 불경스러움을 증명하고자 해당교도가 의식상儀式上 귀하의 주문에 따르지 못함을 거론한다. 그러나 여기에 의식 이상의 경례敬禮가 있음을 알리는 바이다. 즉, 칙어의 실행이 그것이다. 칙어를 향하여 머리를 숙이지 않는 것과 칙어를 실행하지 않는 것 중 어느 것이 더 큰 불경인가? (중략) 아침에 진영眞影을 향하여 엄숙히 예배를 드리면서 저녁에 야만스런 연회에 참석하는 자는 어떠한가? 그뿐 아니라 엄숙히 칙어에 예배하는 자가 술잔을 들어 서로 담화할 때에 우리 듣는 사람에게 구토감을 일으키게 하는 일이 있음은 아직 귀하의 귀에도 눈에도 들어오지 않았는가? (중략) 칙어를 공포한 뒤 우리 나라 교육의 성적은 어떠한가? (중략) 학생의 근면 공양供養은 발포 이전에 비하여 오늘날 더 뚜렷한 진보가 있는가? 교원의 진솔 검약, 학생에 대한 애정과 희생의 정신은 전날에 비하여 얼마만큼 진보가 있는가? (중략) 불경사건이여, 불경사건이여, 너는 제일고등중학교 윤리실에서만 연출되는구나. (중략) 나는 이에 내가 관찰한 바를 귀하 앞에 개진할 수밖에 없다. 즉, "귀하와 같은 존왕애국론尊王愛國論을 유지하는 인사는 정부의 많은 비호를 받아 성장하기 때문에 평민적 사상이 심히 결핍되어 있다"라는 것이다.

_〈우치무라 간조 전집〉 제2권 180-181쪽

교육칙어는 실행해야 할 것이지 예배할 것은 아니다, 그 실행론과 비예배론非禮拜論에서 우치무라 간조는 그의 기독교 신앙에 섰던 것입니다. 그것도 다만 논하기만 한 것이 아닙니다. 그 혼자 서서 칙어를 예배하지 않은 그 행위에는 그가 의식한 것 이상의 결정적 의미가 있었습니다. 그는 여기서 우상숭배 정신에 일격을 가했던 것입니다.

일본 교육계는 그 행위를 불경이라 하고 일본 민중은 그 집에 돌을 던졌습니다. 그러나 이제는 승부가 분명합니다. 교육칙어를 형식적으로 예배하고 봉독하고 암송하는 것은 일본의 국민도덕을 개선하지 못했습니다. 오히려 그 가운데 많은 위선이 배양되었습니다. 우치무라 간조가 이때 시작한 전투는 근년에 이르러 더욱 격심한 형태로 재현되어, 그의 제자 몇 사람이 똑같이 불경한 인물로 불리고 국가의 적으로 매도되었습니다. 하지만 기이하게도 선생의 불경사상은 그토록 저명한 사회 문제였음에도 경찰이나 기타 관헌의 손길이 한 번도 그의 신변에 미치지 않았습니다. 그러면서 시비의 논쟁이 공공연하게 발표되었던 것입니다.

그에 비교하면 언론과 사상, 신앙에 대한 근래 관헌의 탄압과 박해가 얼마나 큰 것인지 알 수 있습니다. 자유국가로서 최근의 일본은 청일전쟁 전의 일본과 비교하여 훨씬 퇴보하고 있는 겁니다. 나라의 패망·쇠퇴도 당연합니다. 형식적인 존왕애국론이 번성하고 심령의 자유를 존중하는 평민적 사상이 결핍된 곳에서 국가가 번영할 리 없습니다. 그것을 우치무라 간조는 온몸으로 부르짖었던 것입니다.

*

불경사건이 일어난 뒤 우치무라 간조는 오사카, 구마모토, 교토, 나고야, 이렇게 각지로 집을 옮기면서, 남의 집 계단에 오르기가 얼마나 어렵고, 남의 빵을 먹기가 얼마나 쓰라린지 고루 경험했습니다. 그것은 피렌체에서 추방당한 단테와 비교할 만한 유형의 생활이었습니다. 그는 오사카나 구마모토에 있는 학교에서 근무했지만, 어디서나 충돌하여 일을 오래 계속하지 못했습니다. 그는 내키지 않았지만 붓을 잡고 저술로 생활을 꾸려나가려 했습니다. 《기독신자의 위로基督信徒のなぐさめ》나 《구안록求安錄》이나 《나는 어떻게 그리스도인이 되었는가?》(영문) 등의 명저는 이 수년간의 유랑생활에서 나온 것입니다.

1897년 1월, 그는 만조보사萬朝報社에 초청되어 영문란의 주필을 맡았습니다. 나이 37세, 한창 일할 장년입니다. 그의 문필은 천하를 울렸고, 그 때문에 〈만조보〉의 독자가 급증했다고 전해집니다. 다음해 5월에는 만조보사를 나와 〈도쿄독립잡지東京獨立雜誌〉를 창간하여 종교, 문학, 사회평론 분야에서 열화와 같이 필봉을 휘둘렀지만, 1900년에는 이를 폐간하여 새로 〈성서 연구聖書之研究〉지를 시작하고, 또 만조보사의 객원이 되어 다시 강렬한 글을 실었습니다.

그가 〈도쿄독립잡지〉와 〈만조보〉에서 쓴 시사평론은 재벌, 정치가, 관료, 그와 결탁한 사업가들에 대한 신랄한 공격이 주였습니다. 그 문장 가운데는 지금 봐도 그다지 고상하지 않은 것도 있습니다. 그러나 그가 기독교적 정의의 입장에서 사회적으로 불의한 진영에 규탄을 퍼부은 열의는 참으로 대단했습니다. 이 싸움이 구체적 행동으로 나타난 예가 두세 가지 있습니다.

첫째는 아시오足尾 구리광산의 광독사건鑛毒事件입니다. 광산에서 흘러나오는 광독이 섞인 물이 와다라세천渡良瀨川 유역의 농작물을 해친 사건으로, 다나카 쇼조田中正造라는 대의사代議士가 의회에서 이 문제를 격렬히 논하였습니다. 우치무라 간조도 1901년 4월 직접 광독지를 방문하여 이와모토 요시하루巖本善治, 기노시타 나오에木下尙江 두 사람과 함께 아시오 구리광산과 그 소유주 후루카와 이치베古河市兵衛를 공격하는 연설회를 기류桐生에서 열었습니다.

둘째는 같은 해 7월 만조보사의 동인인 구로이와 루이코黑岩涙香, 고토쿠 슈스이幸德秋水, 사카이 고센堺古川 등과 함께 이상단理想團을 발기하여 사회개량을 위한 실제적 행동 운동에 종사한 일입니다.

셋째는 1903년 러일전쟁 개전을 앞두고 비전론非戰論을 주장하며 만조보사를 퇴사한 사건입니다. 그는 〈만조보〉에 전쟁폐지론을 써서 전쟁의 해독을 통렬하게 논하였습니다.

전쟁의 이익은 그 손해를 보상할 수 없다. 전쟁의 이익은 강도의 이익이다. 이것은 훔친 자의 일시적 이익이며(만약 이것도 이익이라고 말할 수 있다면) 그와 도둑맞은 자의 영원한 불이익이다. 훔친 자의 도덕은 그 때문에 타락하고, 그 결과로 그는 결국에는 자신이 칼을 뽑아 훔친 것보다 몇 배 더 많은 것으로 그 죄악을 보상할 수밖에 없게 된다. 만약 세상에 가장 어리석은 자라고 불릴 자가 있다면, 그것은 칼로 국운國運의 진보를 도모하는 자이다. (중략) 물론 칼자루가 정권을 장악한 오늘날 일본에서, 내 전쟁폐지론이 즉시 행해지리라고는 나도 바라지 못한다. 그러나 전쟁폐지론은 이제는 문명국 식자들의 여론이 되고 있다. 그리고 전쟁폐지론의 목소리가 들리지 않는 나라는 미개국이다. 그렇다, 야만국이다. 나는 불초하지만 이 시점에서 소리를 높여, 이 큰 자선주의에 찬성하는 사람을 한 명이라도 더 얻고자 한다. 이 정의와 인도와 국가를 사랑하는 자들이여, 함께 와서 대담하게 이 주의主義에 찬성하라. _〈우치무라 간조 전집〉 제14권 274-275쪽

우치무라 간조는 이 논문 첫머리에 스스로 "나는 러일 비개전론자非開戰論者일 뿐만 아니라, 전쟁 절대폐지론자"라고 말하였습니다. 팽배한 러일 개전 여론을 앞두고, 절대비전론을 고조한 그에게 영광이 있기를. 그로 하여금 생각하는 대로 평화주의를 주장하도록 허락한 당시의 일본은 요즘의 일본에 비하여 행복했습니다. '칼로 국운의 진보를 도모하려는' 자는 다만 '가장 어리석은 자라고 불리는' 데 그치지 않고, 일본을 미개국, 야만국으로 타락시켜버렸습니다. 그 가운데 평화를 위하여 희미한 목소리를 낸 사람도 즉시 정부의 엄한 탄압을 받아, 앞서간 스승의 부족한 고난을 채우는 기쁨을 맛보았던 것입니다.

〈만조보〉 및 〈도쿄독립잡지〉 시대의 우치무라 간조는 화려한 시사평론가였습니다. 일본의 많은 청년이 그의 문필에 취했습니다. 그러나 국민의 여론이 러일 개전을 편들고 〈만조보〉 역시 개전에 동의함에 이르자, 자신은 시사평론에 실망했습니다. 그는 만조보에서 퇴사하고 시사논단에서 물러났습니다. 그는 고토쿠, 사카이 등과 결별하여, 사회주의

의 길과 기독교의 길이 다름을 명백히 했습니다. "심령을 개조하지 않고는 사회를 개조할 수 없다"는 것이 그의 근본 신념이었습니다. 선생은 만조보 퇴사에 즈음하여, 그 지상에 발표한 단문을 모아 《오만가지 단언短言》이라는 단행본을 냈는데, 서문에 다음과 같은 문장이 있습니다.

나는 이제 이 책을 마지막으로 시사문제에 작별을 고하고자 한다. 지금 이후, 내 붓은 내세에 대하여 말하고 현세에 대하여 말하지 않을 것이다. 천국에 대해 말하고 일본국에 대해 말하지 않을 것이다.
_〈우치무라 간조 전집〉 제14권 312쪽

그 뒤 그는 개인 잡지인 〈성서 연구〉에 틀어박혀 꾸준히, 조용히, 성서 연구와 전도에 전념했습니다. 그는 더 이상 거리에서 목소리를 높이지 않고, 처음에는 쓰노하즈角筈에서, 1907년부터는 가시와기로 옮겨 소수의 청년을 자기 집에 모아 세상에 알리지 않고 성서 강의를 계속했습니다. 세상은 그에 등을 돌리고, 그는 세상에 등을 돌렸습니다.

이와 같이 러일전쟁을 계기로 선생의 생애에 일대 전환이 왔습니다. 어떤 사람은 이를 가리켜 선생의 후퇴라고 비평했습니다. 많은 사람은 선생이 예리한 사회평론 논조와 작별한 것을 아쉬워했습니다.

그러나 선생이 월급 100엔의 만조보 기자의 지위를 던지고 사회적으로 인기 없는 성서 연구를 자기 생애의 사업으로 선택한 것은, 결코 안일함과 비겁함 때문이 아닙니다. 이 일이야말로 그가 일본에 바칠 수 있는 최대의 길이고, 이 길을 따르지 않으면 일본의 구원은 근본적으로 오지 않으리라는 것을 확신하였기 때문입니다. 그는 스스로 이것을 '나의 큰 희망'이라고 불렀습니다. 신앙에 의한 큰 희망을 실현하기 위해서는 신앙적 방법에 의하지 않으면 안 됩니다. 그는 이 세상의 명성을 구하지 않고, 이 세상의 운동을 이용하지 않고, 세상적인 타협을 배척하고, 홀로 성서의 말씀을 먹으며 살고, 또한 이것을 소수 제자에게 먹여주었습니다. 선생의 이런 생활이 시작되고 만 7년이 된 가을, 나 또한 그 소수자의 한 사람에 추가되었습니다.

진실로 진리를 전하는 사람은 또한 듣는 사람의 진실을 요구합니다. 그는 그 무렵 우리들에게 말했습니다.

제군이 오는 것은 내게 큰 문제다. 나는 여하간 제군의 영혼상의 아버지다. 그러므로 제군이 내가 전하는 복음으로 신앙을 굳게 하고 나가면 내게는 이보다 더 큰 기쁨이 없지만, 만일 제군이 신앙의 길을 떠나 하나님을 잊어버리게 되면 나는 참으로 몸이 끊어지는 것과 같은 고통을 느낄 것이다. 나는 그 고통을 일생 잊을 수 없다. 제군은 나를 무섭다고 하지만, 내게도 할 말이 있다. 누구든 들어오라고 문을 넓게 열어 많은 사람을 불러 모으고, 그 사람의 영혼의 아버지가 되는 것을 나는 할 수 없는 것이다.

그의 진실한 영혼은 제자들에게 배반당하는 고통이 얼마나 큰 것인가를 알았습니다. 〈성서 연구〉 창간 당시 아리시마 다케오有島武郎(소설가)와 오사나이 가오루小山內薰(극작가, 연출가)는 선생이 가장 주목하던 애제자였습니다. 초기에는 이 두 사람의 붓으로 된 문장이 몇 개 실렸습니다. 그러나 두 사람 다 신앙을 버렸습니다. 선생은 경험상 문학가 제자를 특히 경계했습니다. 교회에 버림받고 국민에게 매도되고 제자에게 배반당하면서, 우치무라 간조는 오직 진실의 좁은 길을 걸었습니다. 모든 진실한 사람이 그렇듯이 그도 지극한 슬픔의 사람이었습니다.

재림운동과 만년

만조보를 퇴사한 뒤 15년이 지나, 우치무라 간조는 집에서 하는 폐쇄적인 성서강의 집회에서 나와 다시 거리에서 뜨거운 목소리를 높였습니다. 1918년의 일로, 그는 이미 쉰여덟 살이었습니다. 보통 사람이면 은퇴할 나이였지만, 하나님은 15년 동안 세상 사람들에게서 감추어놓았던 우치무라 간조를, 이 나이에 갑자기 격심한 전쟁의 전선에 보냈습니다. 처음에는 간다미토시로초神田美土代町의 기독교청년회관에서, 그곳에서 쫓겨난 뒤로는 오테마치의 사립위생회관에서, 그는 성서강의를 열었습니다. 매 일요일마다 600-700명의 군중이 성서와 찬송가를 손에 들고 모였습니다. 참으로 장관이었습니다.

우치무라 간조의 생애에 일어난 이러한 대전환은 제1차 세계대전과 그 결과가 계기가 되었습니다. 사람들은 윌슨Thomas Woodrow Wilson의 국제연맹 안에 따라 세계에 곧 항구적 평화가 올 것으로 기대했습니다.

그 안이한 낙관은 우치무라 간조의 눈에는 천박과 거짓 그 자체였습니다. 이 세상 정치가의 인간적인 타협안으로 참 평화가 세계에 수립될 전망은 없습니다. 그는 그런 것을 말하는 사람의 허위를 미워했습니다. 이때 그는 비로소 그리스도 재림의 신앙을 깨달았던 것입니다.

그리스도의 재림으로, 그리고 그것으로만 항구적인 하나님 나라가 지상에 세워진다는 것은 사도행전의 한 항목이자 기독교 교리의 기본으로서, 신학생 누구라도 암기하는 내용입니다. 그러나 우치무라 간조 같은 큰 교사가 나이 오십이 되어서야 비로소 확신했다는 것은 놀라운 사실입니다. 우치무라 간조는 정직한 사람이었습니다. 그의 신앙은 신앙개조信仰個條를 암기하여 완성된 것이 아닙니다.

그가 그리스도의 십자가에 의한 속죄의 신앙을 철저히 지니게 된 것은 젊은 날 애머스트 대학에서 유학하던 시절, 기숙사 지하계단에서 최상층에 있는 자기 거실까지 석탄을 나르는 사이에 고뇌하던 그에게 진리가 계시되었기 때문이었습니다. 그가 부활의 신앙을 철저히 깨닫게 된 것은 그의 사랑하는 딸 루츠코 양이 별세했을 때였습니다. 그리고 그는 이제 제1차 세계대전을 계기로 그리스도 재림 신앙을 파악했습니다. 속죄와 부활과 재림은 기독교의 기본 교의이지만, 그 어느 하나도 그는 신학 교과서를 보고 암기한 것이 아닙니다. 어느 것이나 그의 생애의 피와 눈물 가운데 얻은 신앙이었습니다.

재림 신앙을 자기 것으로 한 우치무라 간조는 나카다 주지中田重治(교회감독, 종교인), 기무라 세이마츠木村清松(전도가)와 함께 그리스도 재림운동을 일으켜, 도쿄, 오사카, 요코야마에서 대강연회를 열고, 세계평화와 성서 진리를 높이 드러내기 위하여 활동했습니다. 왕년의 이상단을 상기시키는 사자후를 토했습니다. 과거에는 사회개량을 위하여 외쳤지만,

이제는 하나님 나라를 위하여 외쳤습니다. 그러나 모든 '운동'이라는 것의 한계를 알게 된 그는 얼마 안 있어 나카다와 기무라 두 사람과 헤어져, 그 본래의 길인 성서강의 생활로 돌아왔습니다. 1923년 9월, 도쿄대지진으로 오테마치의 위생회관이 불탄 뒤에는 가시와기의 이마이칸今井館 강당을 확장하여 사용했습니다. 뒤에 신궁神宮 외원外苑의 일본청년회관을 모임 장소로 쓴 일도 있지만, 즉시 가시와기에 돌아와 일요일마다 성서강의를 계속했습니다. 한 번의 집회로는 회원을 다 수용하지 못하고, 300명씩 오전 오후로 두 번에 나누어 강의할 정도로 성황이었습니다.

1928년 6월에는 신앙의 길로 들어선 지 50년이 지난 것을 축하했지만, 이 늙은 전사가 진리를 위한 싸움에 무기를 놓아야 할 때가 다가오고 있었습니다. 1930년 3월 28일, 그의 위대한 영혼은 육체를 떠났습니다. 유해는 다마묘지多磨墓地에 묻혔는데, 묘석에는 다음과 같은 글자를 새긴 동판이 끼워져 있습니다.

I for Japan;

Japan for the World;

The World for Christ;

And all for God.

그 의미는 다음과 같습니다.

나는 일본을 위하여,

일본은 세계를 위하여,

세계는 그리스도를 위하여,

그리고 모든 것은 하나님을 위하여.

이 묘비명은 그가 1883년 1월에 구입한 영어성서의 뒤표지에 "To be inscribed upon my tomb(나의 묘석에 새길 것)"이란 제목으로 기록해 서명한 것으로, 쓰인 연대는 분명하지 않지만 아마도 미국 유학 중이었으리라고 상상됩니다. 이것이 그의 평생의 기도이고, 또 그의 평생의 의미였습니다.

*

교회와 싸우고, 교육계와 싸우고, 봉건재벌과 싸우고, 가난과 싸우고, 병과 싸우고, 오해와 싸우고, 고독과 싸웠던 우치무라 간조의 생애 중 마지막 10년은 평화롭고 또한 순조로워서, 물질적으로도 얼마만큼 편해졌고 가정적으로도 화락하였습니다. 하나님이 그의 전투의 생애를 축복하고 그의 만년을 환희로 관을 씌우셨을 것입니다.

그러나 사람들이 루터의 만년을 두고 아쉬워하듯이, 그의 최후 10년 또한, 진리를 위한 공적인 싸움이라는 관점에서 보면 새로운 의미를 인정하기 어려울지도 모릅니다. 다만 임종에 앞서 그 영혼은 금성의 열 배나 되는 광휘로 그의 신앙의 위대성을 보여주며 그를 사랑하는 사람의 마음에 불멸의 인상을 새겼습니다.

그가 하늘에 불려가기 이틀 전인 1930년 3월 26일은 그가 고희를 맞는 70세 생일이었습니다. 축하·감사 모임을 이마이칸에서 열어 병상에 누운 중태의 선생을 위해 기도했습니다. 그날도 발작성 심장쇠약이 습격하여 선생의 병고를 한층 심하게 했지만 그 발작 가운데서도 선생은 축하·감사 모임에 참석한 사람들에게 전해달라면서 '만세, 감사, 만족, 희망, 진보, 정의, 모든 선한 것'이라는 단어만을 나열하여 선생의 마음을 표현하고, 다시 다음 말을 추가했습니다. "하나님 뜻이면 더 살아서 일한다. 그러나 어떤 때에도 나쁜 것이 우리와 여러분 위에 영구히 오는 일은 결코 없다. 우주만물 영생, 모두 좋다. 말하고자 하는 것을 다 할 수 없다. 인류의 행복과 일본의 융성과 우주의 완성을 빈다."

고통스런 죽음의 발작 가운데 그의 입술에서 나온 이 두 마디 말이 적힌 작은 종이쪽지가 우리들이 모인 곳에 전해져 일동 앞에서 읽혔을 때, 우리들은 선생의 영혼의 위대함에 직접 접촉한 듯, 엄숙한 감동에 사로잡혔습니다.

도요토미 히데요시豊臣秀吉는 세상과 작별하는 다음 노래를 남겼습니다.

이슬로 떨어져 이슬로 사라지는 일생이구나.
난바難波(오사카에 있는 지역명 —옮긴이)의 지난일 꿈속의 또 꿈이로다.

일세의 호걸도 죽음 앞에서는 일신의 무상을 느낄 뿐이었습니다. 신앙을 갖지 않고 내세를 믿지 않았던 히데요시로서는 어쩔 수 없었을 것입니다. 그와 비교하면 아프리카를 위해 기도하며 죽은 리빙스턴David Livingstone의 죽음이 훨씬 고귀했습니다. 그러나 동서고금의 역사에서 우치무라 간조 이외의 누가 우주의 완성을 위하여 기도하며 죽었겠습니까? 위대한 사상이 그의 마음에 머물러 있었던 것입니다. 그것은 우주를 감싸는 크기이고, 우주의 완성을 믿는 무한한 정신적 진보성이고, 우주를 위하여 비는 사랑이었습니다. 우치무라 간조는 완전한 희망의 사람으로 하늘에 불려갔습니다. 참으로 죽음을 이기는 사람의 마지막이 었습니다.

선생이 떠나고 그의 성서연구회는 해산되고, 〈성서 연구〉는 폐간되었 습니다. 선생은 교파를 세우지 않고, 교회를 만들지 않았고, 다만 선생 의 신앙, 정신만을 뒤에 남기고 갔습니다. 눈에 보이는 사업의 흔적은 아무것도 남기지 않았습니다. 선생은 무교회주의자로 살고 또한 죽었습 니다. 1894년 여름, 선생이 33세 때 하코네箱根의 기독교 여름학교에서 한, 〈후세에 남길 최대 유물〉이라는 유명한 강연이 있습니다. 그는 후세 에 남길 유물은 '용감하고 고상한 생애'라고 갈파하면서, 다음과 같은 말로 강연을 끝맺었습니다.

우리에게 후세에 남길 것이 아무것도 없더라도, 우리에게 후세 사람이 이 것이라고 기억할 만한 것이 아무것도 없더라도, 저 사람은 이 세상에 사는 동안 진지한 생애를 보낸 사람이라고 말할 만큼의 일을 후세 사람에게 남 기고 싶습니다.

그 말 그대로 선생 자신이 후세에 남긴 최대 유물은 선생의 용감하고 고상한 생애 자체였습니다.

성격과 인물

    그는 자유롭고 독립적인 성격이었습니다. 그 자유는 모순을 두려워 않는 자유였고, 그 독립은 사람과의 타협을 허락하지 않는 독립이었습니다. 선생이 문필 생활 40년간 남긴 언설의 모순을 지적하기는 쉽습니다. 어느 때는 교회를 부정하고, 어느 때는 격려하고, 어느 때는 규슈九州는 일본의 머리이고 동북東北은 꼬리라고 말하고, 어느 때는 규슈 사람은 교활하다고 폄하하고 동북 사람의 순박함을 찬양하는 이러한 모순당착이 적지 않습니다. 많은 사람이 이에 걸려 넘어진 것도 사실입니다. 그러나 그것에 대해서는 두 가지 점을 생각하지 않으면 안 됩니다.

  첫째로, 선생의 신학적 사상에는 발전이 있었다는 것입니다. 진화론 속에서 자라고 비평신학의 물결에 씻겨온 선생은 그 시대 사조의 영향과 고투하면서, 자신의 이른바 '낡고 오랜 십자가교'의 신앙을 지켜왔습니다.

둘째로, 선생은 어느 때에는 진리의 한 면에 100퍼센트 절대적 중요성을 두고, 다른 때에는 다른 한 면에 똑같이 100퍼센트 절대 가치를 인정하는 사람이었습니다. 즉, 선생은 전체의 균형을 생각하여 가치의 상대적 관계를 안배하는 체계적인 사람이 아니라, 한때에 하나의 진리에 전력을 기울이는 예언자형의 인물이었습니다. 진리를 파악하는 일에서 선생의 이러한 태도는 결코 오류라고 할 수 없습니다.

선생은 참으로 학문을 사랑했고 만년까지 지식욕이 왕성했습니다. 선생이 학문적으로 관심을 가진 범위는 매우 넓었습니다. 종교와 성서 외에도 생물학, 천문학, 지질학, 지리학, 철학, 문학, 역사학, 정치학, 언어학, 기타《브리태니커백과사전》에 실리는 모든 항목에 대하여 관심을 가졌다고 말해도 좋을 것입니다. 만년에 선생이 즐긴 독서는《브리태니커백과사전》가운데 좋아하는 항목의 논문을 읽는 것이었습니다.

체계적인 사람이 아니었던 선생은 그 해박한 지식을 체계화하지 않았습니다. 또 성서 이외의 문제에 깊이 들어가지도 않았습니다. 그러나 어떤 문제에 대해서든 요점을 이해하고 진수를 파악하는 능력이 뛰어났습니다. 예를 들면 선생은 단테 학자는 아니었지만 단테의 정신을, 칸트 학자는 아니었지만 칸트의 진수를, 세상의 단테 전문가나 칸트 전문가 이상으로 날카롭게 파악하여 소개했습니다.

선생은 문학자는 아니었지만 단테, 괴테, 입센, 칼라일, 휘트먼 등을 처음으로 일본에 소개했습니다. 선생의 학문적 관심이 가장 얕았던 것은 경제학이었을 것입니다. 그래도 1923년 내가 유럽 유학에서 돌아왔을 때, 선생은 나에게 사토 노부히로佐藤信淵(에도 시대 후기 농정학자—옮긴이) 연구를 권고한 일이 있습니다. 만년의 선생은 이미 70세가 다가올 무렵, 쓰카모토 도라지塚本虎二(무교회 전도자. 〈성서지식聖書知識〉 발간—옮긴이)를 보고, "아라비아말 문법책이 있으면 빌려달라"고 말하여 쓰카모토 씨를 놀라게 한 일이 있습니다. 이것은 성서 연구를 하는 데, 아무래도 아라비아말이 필요하겠다고 느꼈기 때문입니다. 성서 연구는 선생의 평생 사업이었지만, 예언자이지 신학자가 아니었던 선생은 이 전문적 영역에도 체계적인 큰 저술은 남기지 않았습니다. 이 점에서도 선생은 칼뱅보다 루터에 가까운 인물이었습니다.

선생은 많은 사람과 충돌했습니다. 그러나 그 진상을 살펴면, 원인은 선생의 독립심에 있었습니다. 그는 자기 독립을 사랑했듯이, 다른 사람의 독립도 인정했습니다. 제자들과도 이따금 싸우고 갈라진 것같이 보이는 경우가 있었으나 사실은 싸워서 갈라진 것이 아니었습니다. 선생은 자기 입장과 제자의 입장 차이를 느낄 때, 제자 때문에 자기 독립을 손상받지 않고 제자의 독립도 자기가 해치지 않도록 서로 분리를 선고한 것이니, 싸우고 헤어진 것이 아니라 독립 존중이었던 것입니다.

자유인이고 독립인인 우치무라 간조의 성격에는, 위대한 어린아이 같은 자연스러움이 있었습니다. 꾸미지 않고 교묘하지 않은 천진함이 있었습니다. 무릇 위선보다 선생이 미워한 것은 없습니다. 선생은 사람의 감정에 태연히 상처를 내는 야만인은 결코 아니었지만, 사람의 낯빛을 고려하여 말을 가감하는 위선자는 더욱 아니었습니다. 어떤 사람이 링컨을 평하여 로키산맥에서 깎아낸 자연석 같은 사람이라고 했다지만, 우치무라 간조도 아카기산赤城山(군마현 중앙에 있는 복성화산―옮긴이)이 깎아낸 자연석이었습니다.

그러나 이것은 선생의 자유와 독립이 선생의 타고난 자연의 성질이란 의미는 아닙니다. 만일 그것만이라면 구니사다 추지國定忠治(에도 시대 협객―옮긴이)는 되었을지 모르지만 우치무라 간조는 될 수 없었을 것입니다. 자유와 독립은 신앙에 의해 태어난 것입니다. 신앙 없이 선생의 자유와 독립은 있을 수 없었습니다.

선생이 신앙의 사람이었기 때문에, 언뜻 모순처럼 보이는 언설에도 일관된 근본 주장이 크게 꿰뚫고 있고, 모가 많아 보이는 성격도 인격 존중의 고귀한 정신이 지배하였던 것입니다.

*

선생의 인간성에 나타난 자유의 밑바탕에는 신앙에 의한 자유가 깃들어 있었습니다. 신앙에 의한 자유란 '죄'로부터의 해방입니다. 선생의 초기작이면서도 평생의 걸작 중 하나라 할 수 있는 《구안록求安錄》(1893) 첫머리에 선생은 다음과 같이 적고 있습니다.

처음 기독교를 접했을 때, 나는 그 도덕의 고결함과 위엄 있음에 압도되었다. 나의 불결함과 불완전함을 깨달았다. 성서의 이상에 내 언행을 비추어보니, 실로 추악하기 이를 데 없었다. 내가 진흙탕에 뒹굴고 있음을 깨달았다. (중략) 나의 목적은 비루했다. 나의 사상은 더러웠다. 이것저것을 생각하면 너무나 부끄러워, 구멍이 있으면 들어가 몸을 숨겨 하나님에게도 사람에게도 보이지 않기를 바랐다.

이것이 문제의 발견이고, 신앙의 단서였습니다. '죄'의 자각이 선생을 괴롭히고, 선생에게서 마음의 자유와 평안을 빼앗았던 것입니다. 어떻게 하면 이 고뇌에서 벗어날 수 있을까? 선생은 이 책에서 '죄에서 벗어나는 길'로 부흥회, 학문, 자연 연구, 자선사업, 그리고 신학 연구의 다섯을, '죄를 잊어버리는 방법'으로 단란한 가정, 이욕주의利慾主義, 낙관주의의 셋을 들고, 그 어느 것으로도 마음의 평안을 얻을 수 없음을 말하며, 결국 사람은 그리스도의 십자가에 의한 속죄를 믿어야 희열의 인생에 들어갈 수 있다고 썼습니다.

이것은 의론이기보다 선생 자신의 실험 보고입니다. 선생 자신의 실험을 일반화한 형식으로 말했을 뿐입니다. 에르푸르트 수도원에서 루터에게 비친 빛을 우치무라는 애머스트 대학의 지붕 아래에서 보았습니다. 선생은 말합니다.

> 그렇다. 사람은 신앙에 의해서만 의롭게 된다. 의식에 의해서가 아니다. 혈육에 의해서가 아니다. 지위에 의해서가 아니다. 학식에 의해서가 아니다. 행위에 의해서가 아니다. 오직 십자가의 수치를 받으신 나사렛 예수를 믿는 믿음에 의해서다. (중략) 내가 이 복음을 믿는 것은 성서가 그렇게 말해서가 아니라, 내 전 인격이 이에 응답하기 때문이다. 내 경험이 그것을 증명하기 때문이다. 역사가 이것을 확인하기 때문이다. 자연이 그것을 가르치기 때문이다. 그렇다. 신앙—신앙의 의하지 않고 사람이 구원될 이유가 없다. 《구안록》

십자가의 신앙으로 선생은 '죄'의 공포에서 자유로워졌고, '죄'의 공포에서 자유로워지면서 더 이상 세상에 두려워할 것이 없어졌습니다. 이 신앙이 선생의 생명이고, 생애의 중심이며, 평생의 버팀목이었습니다. 선생은 말기에 가까워 병 때문에 성서강의도 자유롭게 할 수 없었을 때에도, 여느 때와 다름없이 신사 양복에 몸차림을 단정히 하고 단에 올라, 눈물을 머금고 십자가에 의한 죄의 용서를 하나님께 빌고 그 은혜에 감사했습니다. 그것을 들었을 때의 감동을 나는 결코 잊을 수 없습니다.

십자가의 신앙을 떠나서 선생은 없는 것입니다.

*

　전투의 사람이고 자유의 사람이었던 선생은 또 비애의 사람이었습니다. 선생도 예전의 예언자와 같이 인생의 아픔과 괴로움을 알았던 사람이었습니다.《구안록》과 같은 해에 출판되었던 선생의 저작 가운데, 마찬가지로 선생 필생의 걸작으로 꼽히는《기독신자의 위로》라는 작은 책이 있습니다. 그 내용은 '사랑하는 사람을 잃었을 때', '국민에게 버림받았을 때', '기독교회에 버림받았을 때', '사업에 실패했을 때', '가난에 처했을 때', '불치의 병에 걸렸을 때'의 6장으로 이루어져 있습니다. 선생은 서문에서 "이 책은 내 책이 아니다. 저자는 고통받는 기독신자를 대표하고, 몸을 불행의 극치에 두고, 기독교의 원리로 스스로 위로받기를 힘쓴다"고 말하고 있지만, 이 책도《구안록》과 마찬가지로 선생 자신의 개인적 체험 없이는 나올 수 없었습니다. 1891년 1월 제일고등중학교에서 일어난 불경사건으로 인하여 가진 것을 다 잃었을 때, 그것도 불행이 때를 같이하여 동시에 들이닥쳐서 말 그대로 선생이 '불행의 극치'에 있을 때 선생은 이 책을 저술했습니다. 그러나 선생은 투덜대지 않고, 항거하지 않고, 개인의 감정에 치우쳐 개인의 분노로 치닫지 않고 사태를 일반화하여, 자신이 하나님께 받은 위로로 같은 불행으로 비탄하는 세상 사람을 위로하려고 했습니다.

　선생이 맛본 인생의 비애는 이때의 사건만 있는 것이 아닙니다. 그 이전과 이후에도 선생은 눈물의 골짜기를 지나고 죽음의 그늘을 걸었습니다. 선생에게는 가정의 비애가 있었습니다. 첫 번째 아내는 사정이 있어 떠나고, 두 번째 아내는 젊어서 죽고, 세 번째 결혼으로 겨우 가정다운 가정을 이루었습니다. 사랑하는 딸은 앞서 세상을 떠났고, 동생들과는 평생 불화하였고, 부양할 친척은 많았습니다. 러일전쟁 개전을 앞두고서 비전론을 주장하고 만조보사라는 직장을 내던진 다음 해, 선생의 어머니가 돌아가셨으나 장례식을 치를 비용이 없던 차에, 《나는 어떻게 그리스도인이 되었는가?》의 독일어판 인세가 슈투트가르트의 출판사에서 도착하여 간신히 변통할 수 있었다는 일화가 있습니다.

또 선생이 종기로 고생을 하던 어느 때였다고 합니다. 모기장에 커다란 구멍이 나 모기장을 쳐도 아무 소용이 없자 화가 나서 그 모기장을 문밖에 내던졌는데, 때마침 우편집배원이 소포를 배달하여, 열어보니 동북의 친구가 보내온 새 모기장이었더라는 이야기도 들었습니다. 선생은 가난의 맛을 안 사람이고, 그 한가운데를 신앙으로 하나님의 은혜를 받아 통과하였던 것입니다.

선생은 병의 고통도 알았습니다. 선생은 청년 시절과 장년기에 몇 번이나 큰 병에 걸렸습니다. 불면증으로 고생하였고 치통으로도 고생했습니다. 이 두 고통은 직접 겪어보지 않으면 모릅니다. 선생이 국민으로부터 국적이라고 매도되고 교회로부터 이단자라고 조소받았던 것은 이미 말했습니다.

참으로 하나님은 선생의 등에 고랑을 내고 선생의 뼈에 불을 봉했습니다. 이 일체의 고난을 통하여 선생은 하나님에 대한 순종을 배웠습니다. 하나님의 공적公敵이라면 혼자서 능히 세계와도 맞서 싸우던 전투의 용사였던 선생이, 자기를 괴롭히는 자에게는 전혀 저항하지 않았습니다. 이 고난에 맞서 저항하지 않고 하나님께 순종하였던 선생의 영혼에 하나님의 진리가 드러나고 신앙의 위로가 함께하였습니다.

선생의 신앙은 책을 읽고 만들어낸 개념이 아닙니다. 고난의 용광로 속에서 정련된 신앙이었기에 능히 고난 가운데 있는 사람을 위로하는 힘이 있었습니다.

*

지난 태평양 전쟁(제2차 세계대전)이 한창일 때, 어떤 사람들은 선생이 《지인론地人論》(1894)에 "호주는 지리학상 아시아에 속했으므로 싸워선 안 된다"고 쓴 것을 인용하며 선생을 예언자로 여겼습니다. 종전 후 신문에 권위 있는 사설이 나오기를 바라며, 〈만조보〉에 썼던 선생의 논설을 회상한 이도 있습니다. 그러나 우치무라 간조가 우치무라 간조다운 점은 그런 곳에 있지 않습니다. 또 외국문학을 소개하거나 자유주의적 사회평론을 내는 데 선생의 사명이 있는 것도 아니었습니다. 기독교 신앙으로 일본을 사랑한 애국자, 이것이 우치무라 간조의 진정한 모습입니다. 선생은 말했습니다.

내게 사랑할 이름은 천하에 둘만 있을 뿐입니다. 그 하나는 예수고, 다른 하나는 일본입니다. 이것을 영어로 말하면 그 첫째는 'Jesus'고, 둘째는 'Japan'입니다. 둘 다 'J'로 시작하니까 나는 이것을 통틀어 'Two J's', 즉, '두 제이'라고 합니다. _〈전집〉 제14권 228쪽

우치무라 간조를 기념하는 사람은 선생의 애인인 '두 J'로 선생을 기념해야 할 것입니다. 즉, 첫째로, 일본을 열애하는 애국심을 가져야 합니다. 둘째로, 예수를 믿는 신앙을 배우지 않으면 안 됩니다. 패전으로 기력을 잃은 일본은 오늘 우치무라 간조를 필요로 합니다. 전쟁의 희생자가 되어 비탄의 골짜기를 걷는 많은 국민이 위로를 받기 위하여, 패전

일본이 정의와 평화의 나라로 부흥하기 위하여, 세계가 항구적 평화를 수립하기 위하여, 그렇습니다, 우주의 완성을 위하여 우리는 우치무라 간조의 신앙을 필요로 합니다. 선생이 쓰신 〈첫 꿈〉(1907)이라는 제목의 유명한 글이 있습니다.

> 은혜의 이슬 후지산 꼭대기에 내려, 방울져 그 산기슭을 적시고, 넘쳐서 동서의 두 흐름이 되고, 서로 흐르는 것은 바다를 건너 장백산長白山을 씻고 곤륜산崑崙山을 적셔 천산天山, 히말라야의 산기슭에 물을 대고 유다의 광야에 스며든다. 그 동쪽을 흐르는 것은 대양을 횡단하여 로키의 산기슭에 황금 우상숭배의 불을 잡고, 미시시피, 허드슨의 언덕에 이르러 잦아든다. 알프스의 봉우리는 이를 보고 새벽별과 함께 소리쳐 노래하고, 사하라의 사막은 기뻐 사프란 꽃같이 핀다. 이리하여 물이 대양을 덮음같이 여호와를 아는 지식이 온 땅에 넘치고, 이 세상 왕국은 변하여 그리스도의 왕국이 된다. 나 잠에서 깨어나 혼자 큰소리로 외쳐 이르되, 아멘, 그리되소서. 거룩한 뜻이 하늘에서 이루어짐같이 땅에서도 이루어지이다.
>
> _〈전집〉 제12권 338쪽

이것은 단지 한 조각 아름다운 문장이 아닙니다. 거기 큰 사상이 있습니다. 일본이 그리스도의 복음을 믿는다면 그것은 단지 일본 부흥의 길에 그치지 않고, 세계 전체의 빛이 된다는 것입니다. 우치무라 간조의 포부는 실로 여기 있었습니다.

위대한 우치무라 간조가 죽어서 그 장례예배가 가시와기의 이마이칸 강당에서 진행되었을 때, 고별사를 말한 제자 후지이 다케시(무교회 전도자. 〈구약과 신약〉지 발간―옮긴이)는 이렇게 외쳤습니다.

생명의 샘인 그리스도의 십자가를 제외하고, 새 일본이 설 기초가 어디 있습니까? 그렇게 일본을 위하여 이 큰 초석을 놓은 이야말로 선생이었습니다. (중략) 그러면 오늘의 이 장례식은 우치무라 간조의 고별식이라기보다, 새 일본의 기초를 놓는 정초식입니다.

그 후 15년, 패전으로 일본 전체가 초토화되었습니다. 옛것은 모두 타고 무너져버렸습니다. 그러나 우치무라 간조가 일본을 위해 놓고 간 초석은 '시련을 거친 모퉁이의 머릿돌'로, 불에도 타지 않고, 물에도 무너지지 않는 영원한 진리입니다. 초토화된 도시에서 불에 탄 흙을 헤치고 보십시오. 거기 일본이 부흥할 초석이 놓인 채 묻혀 있는 것이 보일 것입니다. 일본은 우치무라 간조를 요구합니다. 선생의 신앙을 요구합니다. 선생의 뜻을 이어서 '두 J'를 위해 평생을 바쳐 싸우는 사람을 요구하고 있습니다.

무교회주의란 무엇인가

＊〈가신嘉信〉 제19권 제6호, 7호, 8호(1956년 6월, 7월, 8월)에 수록.

종교개혁사적으로 본
무교회주의

예레미야

오늘은 우치무라 선생을 기념하여, '무교회주의란 무엇인가?'라는 이야기를 하려고 생각합니다. 이것은 이제까지 몇 번이나 이야기한 것이지만, 우리들 신앙의 입장을 언제나 되새겨보는 것이 유익하기 때문에 그 이야기를 하려고 합니다.

하나는, 역사적이라고 말할까요, 종교개혁의 역사로 무교회주의를 볼 수 있다고 생각합니다. 종교개혁은 너무 멀리 거슬러 올라가지 않아도 좋다고 생각하지만, 구약성서의 예레미야는 아무래도 빠뜨릴 수 없는 인물입니다. 예레미야가 청년이던 때 요시야라는 왕이 유다에 있었는데, 요시야 왕이 종교개혁을 하려고 했습니다. 그 시대에 발견된 신명기라는 율법책에 토대를 두어 종교개혁을 하려고 했습니다.

신명기에는 새로운 신앙과 사상이 담겨 있었습니다. 새롭다는 것은 형식적 종교보다 영적 종교를 존중하는 것입니다. 그런 입장에서 종전의 유대인 율법을 다시 보고 거기에 새로운 해석을 가한 것이 신명기입니다. 이에 바탕을 두어 그때까지의 유대인의 종교를 개혁하려는 것이 요시야 왕이 계획한 사업이었습니다.

레위기나 출애굽기 등을 보면, 예배의 의식과 제도나 사회생활에 관한 규정이 있습니다. 이들 율법의 해석과 이행이 형식화했고 생명을 잃어가고 있었습니다. 한편 여호와 하나님을 예배하는 장소가 한군데가 아니고, 국내 여러 곳에 있었습니다. 그 때문에 여호와 예배와 지방의 우상신 예배가 뒤섞여 유대인의 종교는 생명의 순수성을 잃어버리게 되었습니다. 요시야 왕은 이와 같은 상태를 숙청해서 지방적인 우상 예배 풍습을 없애기 위해서 예배 장소를 예루살렘 성전에 국한시키고, 지방에 있는 제단을 없앨 것을 명령한 것입니다.

요시야 왕의 개혁사업에 예레미야도 찬성했습니다. 그는 개혁 취지를 국민에게 알리는 역할을 맡았습니다. 그래서 각지를 돌며 이야기했지만 그 활동의 결과는 실패였습니다. 요시야 왕의 종교개혁 사업은 흐지부지 끝나고, 국민의 완고한 인습과 우상숭배의 요소를 제거할 수 없었습니다.

실망한 예레미야의 마음속에 새로운 영적 계시가 점점 강하게 나타났습니다. 예를 들면 예레미야 4장에는 이렇게 기록되어 있습니다.

여호와께서 이르시되 이스라엘아 네가 돌아오려거든 내게로 돌아오라. 네가 만일 나의 목전에서 가증한 것을 버리고 네가 흔들리지 아니하며 진실과 정의와 공의로 여호와의 삶을 두고 맹세하면 나라들이 나로 말미암아 스스로 복을 빌며 나로 말미암아 자랑하리라. 여호와께서 유다와 예루살렘 사람에게 이와 같이 이르노라. 너희 묵은 땅을 갈고 가시덤불에 파종하지 말라(렘 4:1-3).

율법과 전통의 형식적 해석과 우상 예배의 잡다한 가시덤불 속에 신앙의 씨를 뿌려봐야 자라지 못하니, 새 땅을 일구라는 것입니다.

유다인과 예루살렘 주민들아 너희는 스스로 할례를 행하여 너희 마음 가죽을 베고 나 여호와께 속하라. 그리하지 아니하면 너희 악행으로 말미암아 나의 분노가 불같이 일어나 사르리니 그것을 끌 자가 없으리라(렘 4:4).

할례를 행하는 것은 여호와께 속한 백성이 되는 데 필요한 의식이지만, "마음에 할례를 받아라. 육체의 할례를 가지고 자랑하는 것은 무익한 일이다. 그보다도 자기 마음의 가죽을 베는 것이 중요하다"는 것이 예레미야의 말입니다. 즉, 마음의 개혁을 주장한 것입니다.

"진실과 정의와 공의로 여호와의 삶을 두고 맹세하라"(렘 4:2)고 하지만, 진실과 정의와 공의에서 나온 맹세가 아니고 다만 습관적으로 "여호와는 살아 계시다" 말하는 것은 소용이 없습니다. 후에 예수께서 요한복음 4장에서 "영과 진리로 예배할지니라"(요 4:24) 하신 것이 역시 예레미야의 신앙태도 근본에 있었습니다. 마음의 가죽을 베고, 새 밭을 갈고, 마음의 진실로 하나님은 살아 계신다고 맹세하지 않으면 안 된다는 것이었습니다. 형식과 습관에 대해 영과 진실을 내놓은 것입니다.

그리고 또 유명한 예레미야 31장 31절입니다.

여호와의 말씀이니라. 보라, 날이 이르리니 내가 이스라엘 집과 유다 집에 새 언약을 맺으리라. 이 언약은 내가 그들의 조상들의 손을 잡고 애굽 땅에서 인도하여내던 날에 맺은 것과 같지 아니할 것은 내가 그들의 남편이 되었어도 그들이 내 언약을 깨뜨렸음이라. 여호와의 말씀이니라. 그러나 그날 후에 내가 이스라엘 집과 맺을 언약은 이러하니 곧 내가 나의 법을 그들의 속에 두며 그들의 마음에 기록하여 나는 그들의 하나님이 되고 그들은 내 백성이 될 것이라. 여호와의 말씀이니라. 그들이 다시는 각기 이웃과 형제를 가르쳐 이르기를 너는 여호와를 알라 하지 아니하리니 이는 작은 자로부터 큰 자까지 다 나를 알기 때문이라. 내가 그들의 악행을 사하고 다시는 그 죄를 기억하지 아니하리라. 여호와의 말씀이니라(렘 31:31-34).

이것은 실로 격렬한 혁명적인 말씀입니다. "조상들의 손을 잡고 애굽 땅에서 인도하여내던"이란 말은 모세의 인도로 애굽에서 나오던 때를 가리키는데, 이스라엘 민족에게는 이 이상의 국민적 대사건은 없었습니다. 그날에 세운 계약이므로 이것은 이스라엘 건국의 근본이 된, 대단히 중요하고 신성한 율법입니다.

그런데 예레미야가 말하는 새 계약은 "모세에 의해서 세워진 율법과 같은 것이 아니다"라고 하는 것이니, 보수적인 사람이라면 "예레미야는 참으로 돼먹지 않은 말을 하고 있다. 모세의 율법보다 새로운 계약을 세운다는 것은 율법을 무시하는 대담한 말이다"라고 비난했을 것입니다. 실제로 그들은 그렇게 생각하고 예레미야를 미워하고 그를 박해해서 그의 생명을 몇 번이나 위험에 빠뜨렸습니다. 그다지 심하지 않은 경우라도, 평소의 교제에서 예레미야를 상대하지 않아 외톨이가 되게 했습니다.

예레미야는 과거의 전통적 권위를 부정하면서, 새로운 계약에 의하지 않으면 백성은 구원받지 못함을 이야기하고 있습니다. 그 새로운 계약은 마음에 새겨지는 것이지 돌에 기록되는 것이 아니라는 것입니다. 이 것은 바울이 "문자는 사람을 살리지 못한다. 영이 아니면 사람을 살릴 생명은 없다. 의문이 아니고 영이다"(고후 3:6)라고 말한 것과 같은 신앙이고 동질의 선언입니다. "마음의 가죽을 베라" 또는 "새 밭을 갈라" 하는 말과 같습니다. 혁명적인 종교 진리를 가르친 것입니다.

또 하나, 예레미야 22장을 펼쳐보면 이런 구절이 나옵니다.

여호와께서 이와 같이 말씀하시되 너는 유다 왕의 집에 내려가서 거기에서 이 말을 선언하여 이르기를 다윗의 왕위에 앉은 유다 왕이여 너와 네 신하와 이 문들로 들어오는 네 백성은 여호와의 말씀을 들을지니라. 여호와께서 이와 같이 말씀하시되 너희가 정의와 공의를 행하여 탈취당한 자를 압박하는 자의 손에서 건지고 이방인과 고아와 과부를 압제하거나 학대하지 말며 이곳에서 무죄한 피를 흘리지 말라. 너희가 참으로 이 말을 준행하면 다윗의 왕위에 앉을 왕들과 신하들과 백성이 병거와 말을 타고 이 집 문으로 들어오게 되리라. 그러나 너희가 이 말을 듣지 아니하면 내가 나를 두고 맹세하노니 이 집이 황폐하리라. 여호와의 말씀이니라(렘 22:1-5).

이것은 예레미야의 예언의 중요한 중심 문제 중 하나입니다. "정치이건 사회생활이건, 실제로 인간이 살고 있는 관계에서 정의와 공도를 행하지 않으면 안 된다. 정의와 공도를 행한다는 것은 이방인과 고아, 과부, 그 밖에 사회적으로 권리가 경시되는 약자와 '죄 없는 자', 곧 억울한 죄에 우는 사람들의 권리를 존중하는 것이다. 그렇게 하면 유다의 왕위는 유지된다. 그러지 않으면 망하여 황무지가 되어버린다"라는, 멸망의 예언입니다.

예레미야의 예언의 특색은, 지금 말한 대로 마음에 하나님의 율법을 새기는 것, 마음으로 앞의 가죽을 베는 것, 하나님을 향하여 진실한 태도로 맹세하고 사람을 대하여서는 공의와 공도를 행하여 약자의 권리를 보호하는 것입니다. 그 어느 것이나 당시의 지배계급, 권력계급과의 충돌을 피할 수 없는 것으로, 그 충돌이 사상적 방면, 종교적인 예배방식, 그리고 정치와 사회생활에 나타났습니다. 그래서 예레미야는 세상에서 박해를 받았지만, 그는 박해 중에서 신앙의 순수한 진리를 밝혔습니다. 그리하여 예레미야는 종교개혁자가 되고, 새로운 진리를 후세에 전했습니다.

예레미야가 위대한 예언자였다는 것, 즉 예언자로서 그의 진가는 오랫동안 충분히 인식되지 못했습니다. 그의 예언의 진가가 인정된 것은 기독교 시대가 되고서도 비교적 근대에 이르러서의 일입니다. 즉, 종교개혁 정신에 의하지 않고는 예레미야기를 알 수 없다고 말할 수 있습니다. 예레미야는 모세의 율법을 부정하는 사람이 되었으나, 부정하는 것으로 오히려 율법의 길을 완성했습니다.

율법을 완성하는 길은 예수가 가르치신 대로 사랑하는 일입니다. 혼잡하지 않은 마음으로, 마음을 다하고 생각을 다하고 정신을 다하여 하나이신 하나님을 사랑하는 것, 그리고 이웃을 사랑하는 것이 그 전부입니다. 그와 같이 순수한 사랑, 신부가 신랑에 주는 것 같은 사랑을 여호와께 바치고 또 약자인 이웃 사람에게 주는 것, 그것으로 율법은 완성됩니다.

율법을 전해 내려오는 문자로, 형식으로 지켜나가려는 사람은 율법의 정신을 죽여버리고 맙니다. 그와 같이 형식적으로 율법을 지키는 방법을 파괴해버림으로써, 비로소 율법의 바른 가치가 인정되고, 또 율법을 바르게 행하게 됩니다. 형식이 아니고 마음입니다. 전해오는 것이 아니고 새 계약입니다. 형식적인 예배가 아니고 마음의 진실로 드리는 예배입니다.

그리고 사회의 악에 대해서는 이 세상을 현상 그대로 유지하는 것이 하나님의 질서라는 보수·도피·방관자적 태도를 취하는 것이 아니라, 사회의 악과 불의를 지적하고, 이것에 분개하는 것이지요. 사회에 공도와 정의가 행해지지 않으면 안 된다는 혁신적이고 현실적인, 따라서 세상과의 충돌을 자기 일신상에 초래할 사회비판을 가하는 것. 이 총체가 예레미야의 종교개혁 정신이었습니다.

예수

예레미야의 정신을 가장 잘 이어받은 분이 예수입니다. 예레미야와 예수 사이에는 600년쯤 시간적 경과가 있지만, 예레미야의 종교개혁 정신이 지하수가 되어 예수 때에 다시 분출한 것입니다.

예수를 종교개혁자로 보는 것은, 사복음서를 배우는 데 대단히 도움이 됩니다. 예수의 적이 되어 예수를 잡아 죽이려고 기획한 사람들은 학자, 바리새인, 제사장들, 즉 당시의 대표적 종교가였습니다. 이들은 모세 이래의 전통을 지키고, 예배 의식을 유지하고, 유대인의 종교생활을 지배해온 사람들입니다. 종교개혁자로서 거기에 정면으로 맞서나간 이가 예수였습니다.

예수의 선구자가 있었습니다. 바로 세례 요한입니다. 예수에 대한 세례 요한의 위치는 예레미야에 대한 요시야 왕의 신명기 개혁과 같습니다. 세례 요한은 자신은 그리스도가 아니라 그리스도의 선구자라는 것을 자인했고, 예수도 요한을 그와 같이 평가했습니다. 세례 요한의 사명은 유대인의 전통을 형식적으로 유지하는 바리새적 율법주의를 비판하고, 사람은 자기 자신의 죄의 회개로부터 출발하지 않으면 안 된다는 점을 깨우쳐주는 것이었습니다. 죄를 회개하는 상징으로, 그는 요단강에서 물로 세례를 주었습니다. 세례로 죄를 회개하고 새로 태어나는 상징을 삼았습니다. 그는 현실 사회를 예리한 비판의 눈으로 보고, 국왕 헤롯 안티파스의 권위를 두려워하지 않고 그 악행을 지적했기 때문에, 결국 순교의 죽음을 당해 목이 잘렸습니다.

예수와 세례 요한이 다른 점은 어디 있을까요? 어떠한 의미에서 요한이 선구자고 예수가 뒤따르는 진짜 그리스도일까요? 요컨대, 세례 요한은 죄에 대한 회개의 필요를 주장한 사람이고, 예수는 죄의 용서를 실행한 사람입니다. 요한은 헤롯 안티파스의 악행을 지적하고 목이 잘렸지만, 예수는 세상의 죄를 지고 십자가에 달렸습니다. 죄 용서의 필요를 가르친 사람과 죄를 용서한 사람의 차이가 양자 간에 있는 것입니다.

요한복음 3장 3절부터 읽어봅시다.

예수께서 대답하여 이르시되 진실로 진실로 네게 이르노니 사람이 거듭나지 아니하면 하나님의 나라를 볼 수 없느니라. 니고데모가 이르되 사람이 늙으면 어떻게 날 수 있사옵나이까. 두 번째 모태에 들어갔다가 날 수 있사옵나이까. 예수께서 대답하시되 진실로 진실로 네게 이르노니 사람이 물과 성령으로 나지 아니하면 하나님의 나라에 들어갈 수 없느니라. 육으로 난 것은 육이요 영으로 난 것은 영이니 내가 네게 거듭나야 하겠다 하는 말을 놀랍게 여기지 말라. 바람이 임의로 불매 네가 그 소리는 들어도 어디서 와서 어디로 가는지 알지 못하나니 성령으로 난 사람도 다 그러하니라 (요 3:3-8).

또 15절에는 이렇게 기록되어 있습니다.

이는 그를 믿는 자마다 영생을 얻게 하려 하심이니라(요 3:15).

이를 위해서 예수가 십자가에 달리신 것입니다. 예수가 니고데모에게 '거듭나야 한다'고 가르치신 것은, 새 계약이 여호와로부터 주어진다고 예언한 예레미야의 말과 같은 진리를 말하신 것입니다.

'영으로 난다'고 예수가 말하신 것은 예레미야가 '마음에 율법을 새긴다' 또는 '새 밭을 간다', '마음의 가죽을 벤다'고 하는 말과 서로 통합니다. '바람은 임의로 분다'는 말은, 제도나 규칙은 고정된 것이지만 영은 형체가 있어 고정된 것이 아니라 자유롭게 활동한다는 말입니다. 즉, 율법의 형식적 속박에 대하여, 영의 자유로운 활동을 말한 것입니다.

그리고 요한복음 4장 21절 이하에는 다음 구절이 나옵니다.

예수께서 이르시되 여자여 내 말을 믿으라. 이 산에서도 말고 예루살렘에서도 말고 너희가 아버지께 예배할 때가 이르리라. 너희는 알지 못하는 것을 예배하고 우리는 아는 것을 예배하노니 이는 구원이 유대인에게서 남이라. 아버지께 참되게 예배하는 자들은 영과 진리로 예배할 때가 오나니 곧 이때라. 아버지께서는 자기에게 이렇게 예배하는 자들을 찾으시느니라. 하나님은 영이시니 예배하는 자가 영과 진리로 예배할지니라(요 4:21-24).

예레미야의 신앙의 흐름이 여기에 분출하고 있습니다. 이렇기 때문에 예수는 당연히 율법의 전통을 파괴하는 자로 바리새인과 학자들로부터 미움을 받았습니다. 어떤 경우에는, 예수는 안식일에 사람을 고치는 등 고의로 율법에 저촉되는 행위를 해서 바리새인의 미움을 도발하기도 하였습니다.

그러나 예수는 또 다른 곳에서 "나는 율법을 폐하러 온 것이 아니다. 율법의 일점일획도 폐하지 않고 율법을 완성시키려고 왔다"(마 5:17-18)라고도 말씀하십니다. 즉, 율법을 파괴하여 율법을 성취하는 것이 예수의 개혁이었습니다. 파괴되는 율법은 형식적인 율법이고, 완성되는 율법은 영적 의미였습니다.

간단히 그것은 '사랑'이라고 말해도 좋습니다. 예수는 사랑의 율법을 완성시키는 이였습니다. 그 경우 특히 예수의 사랑의 대상이 된 것은 죄인, 맹인, 다리 저는 사람, 병든 사람, 고아, 과부 등이었습니다. 그들이 예수가 특히 관심을 가진 사람들이었습니다. 그들을 사랑하는 나머지, 예수는 형식적인 율법의 파괴자가 되는 것도 마다하지 않았고, 그 때문에 이 세상의 학자, 부자, 권력자들로부터 모세의 율법을 파괴하는 자라고 비난을 받았던 것입니다.

그러므로 "예수는 율법을 파괴함으로써 율법을 완성했다"고 말할 때, 그것은 율법을 두 개의 시각에서 본 것입니다. 율법을 파괴했다는 것은 율법의 껍데기를 파괴했다는 것이고, 완성했다고 하는 것은 율법의 참 정신을 완성했다는 것입니다. 껍데기가 속 생명을 질식시켜버리려 할 그때에, 껍데기를 파괴함으로써 속 생명이 구출된다, 그런 의미에서 예수는 위대한 종교개혁을 이룩했습니다. 예레미야가 앞서 예언했던 개혁의 전망을 예수가 성취한 것입니다.

예레미야뿐 아니라 구약의 예언자들에게 나타난 종교개혁의 정신과 사업의 흐름은 예수를 통하여 최정점에 달했습니다. 또 예수 이후, 신약 시대에 차례차례 나타난 종교개혁자들의 정신과 사업은 모두 거슬러 올라가 예수에게서 나왔습니다. 구약의 종교개혁은 예수를 가리키는 것이고 신약의 종교개혁은 예수에게서 나온 것으로, 예수가 종교개혁사의 정점에 서 있습니다.

왜냐하면 그것은 예수가 죄의 용서가 필요하다고 주장만 한 사람이 아니라 죄의 용서를 선언한 사람이었기 때문입니다. 부활의 행복을 전하기만 하지 않고, 스스로 부활하고 또 그로써 사람들에게 부활의 생명을 주시기 때문입니다. 그러한 의미에서 예수가 그리스도 즉 구세주이고, 따라서 또한 모든 시대 종교개혁의 중심점이고, 근원입니다.

바울

예수 다음으로 사도 시대에 와서는 말할 것도 없이 바울이 최대의 종교개혁자였습니다.

그러므로 사람이 의롭다 하심을 얻는 것은 율법의 행위에 있지 않고 믿음으로 되는 줄 우리가 인정하노라(롬 3:28).

이것이 바울의 종교개혁의 근본정신입니다. 바울이 말하는 것도 예레미야가 예언한 바요, 또 예수가 가르치신 것과 같은 선線에 있습니다. 율법의 전통이 고정된 형식의 껍데기가 되어, 그 껍데기 속에서 영적 생명을 질식시키고 있었습니다. 예수 시대의 바리새인이 그랬고, 예수의 승천 후 초대교회 내부의 유대주의자가 그랬습니다.

종교개혁자로서 예수의 싸움이 구체적으로는 주로 안식일의 율법에 관해 바리새인과 충돌하는 것으로 나타났던 것같이, 바울은 주로 할례의 문제에 관하여 교회 내부의 유대주의자와 충돌했습니다.

유대주의자는 말했습니다. "이방인은 우선 율법상 유대인으로 인정받으려면 할례를 받아야 한다. 그렇지 않으면 교회원이 될 수 없다. 그리스도의 구원을 받을 수 없다." 이런 할례주의자가 초대교회 안에 세력을 잡고 있었습니다.

할례는 모세가 정한 신성한 율법으로, 유대인이나 이방인이나 할례를 받아야 비로소 사람은 하나님의 백성이 될 수 있고 하나님 앞에 나아가 예배에 참석할 수 있다, 그러니까 그리스도를 믿는 이방인도 할례를 받고 하나님께 속한 백성 자격을 공인받지 않으면 여호와 앞에 설 수 없다, 즉 에클레시아의 일원이 될 수 없다, 할례가 사람을 구원하는 것은 아니지만 사람이 구원받기 위한 예비적 필요조건이다. 이것이 유대주의자라고 불리는 초대교회 내의 보수적인 사람들의 주장이었습니다.

할례만 문제가 아니고 율법 일반이 마찬가지였습니다. 바울은 "사람은 율법의 행위로 하나님께 의롭다고 인정받을 수 없다. 오직 그리스도를 믿는 믿음으로 의롭게 된다. 구원받기 위해서는 할례를 받을 필요가 없다. 율법을 지킬 필요도 없다. 그리스도를 믿는 믿음만으로 좋다"는 것을 분명하게 강력히 말한 것입니다.

유대주의자들이 노한 것도 이해할 만합니다. 그들은 "바울은 도덕도 필요 없고 유전遺傳도 지킬 필요 없다고 하며, 무율법·무도덕을 주장한다"고 비난했습니다. 또 바울주의의 아류 가운데는 "선을 이루기 위해서는 악을 행해도 좋지 않겠느냐"는 사람도 나왔습니다. 그리고 유대주의자들은 바울이 그렇게 가르치고 있다면서 비난했습니다.

이와 같은 오해와 비난과 박해를 받으며 바울은 "사람이 의롭게 되는 것은 율법의 행위로 되는 것이 아니고 신앙에 의한다"라는 것을 강조했습니다(롬 3:28, 갈 2:16). 바울의 편지를 읽으면 잘 알 수 있지만 구원은 영적인 것이고, 그에 필요한 마음의 태도는 진실입니다. 영과 진실이 구원의 근본이고, 형식적인 제도나 습관에 집착하는 것은 모든 영의 자유를 질식시키는 속박입니다. 우치무라 간조 선생은 로마서 3장 28절을 대단히 중요시하고, 이것이 종교개혁의 근본적 원칙이라고 몇 번이고 되풀이해서 역설하였습니다.

바울이 이 원칙을 응용해서 특히 힘주어 말한 것은 이방인의 구원입니다. 예레미야의 예언이나 예수의 가르침에도 이방인의 구원 문제가 있지만, 특히 바울은 이방인의 구원 문제에 역점을 두었습니다. 이방인을 기독교회에서 받아들이려면 할례가 필요한가 필요하지 않은가 하는 것은 당시로서는 큰 문제여서, 거기서 주장이 둘로 나뉘었습니다. 할례가 필요 없다는 것이 바울, 필요하다는 것이 유대주의자들의 입장이었습니다. 바울이 상당히 고심했던 문제입니다.

할례 받을 필요가 없다는 바울의 주장으로 복음의 전파 범위가 훨씬 넓어져 세계적으로 퍼질 수 있게 되었습니다. 우선 할례를 받고 제도적으로 유대인이 되어야 교회에서 받아들이게 된다면, 그것 자체가 걸림돌이 되어서 복음이 이방 세계에 퍼지기는 어려웠을 것입니다. 그런데 인종이나 민족의 구별은 구원과는 무관하다는 원칙을 분명하게 바울이 유지했기 때문에, 예수 그리스도 신앙이 전 세계에 퍼지게 된 것입니다.

율법 파괴자로 몰렸지만 바울은 결코 무도덕주의나 무율법주의를 제창한 것이 아닙니다. 그는 일단 율법을 부정함으로써 오히려 율법을 완성할 수 있었습니다. 그것은 모든 율법을 '사랑'이라는 한 점으로 요약, 환원하여 이루어졌습니다. 로마서 13장 8절 이하에 그렇게 쓰여 있지요?

사랑은 마음의 문제니까, 진실한 마음이 아니면 사랑할 수 없습니다. 형식이나 타성에서는 참 사랑이 나올 수 없습니다. 정말 사랑하기 위해서는 마음이 자유롭지 않으면 안 됩니다. 즉, 영적인 자유를 가져야 합니다. 그 자유는 율법으로는 가질 수 없습니다. 신앙이 아니면 가질 수 없습니다. 참 사랑은 영이 구원되어 주어지는 것이지, 규칙이나 제도나 합의로 주어지는 것은 절대로 아닙니다.

그러므로 바울은 "사람이 의롭다 하심을 얻는 것은 율법의 행위에 있지 않고 믿음으로 된다"는 말로 율법을 부정했습니다. 그러나 그 부정의 기초 위에 그는 또 "사랑은 율법의 완성이다"라 말하여, 율법을 완성하는 길을 열 수 있었습니다. 바울의 어느 편지를 보아도, 앞부분에는 율법을 부정하는 대목이 있고 신앙에 의한 자유를 말하지만, 후반에 이르면 그 자유로 사람을 사랑한다는 도덕의 가르침을 말합니다.

건설에 앞서 파괴가 필요합니다. 그러나 그 파괴는 파괴를 위한 것이 아니고, 진정 새로운 것을 건설하기 위한 것입니다. 이것이 모든 위대한 개혁자의 일입니다. 바울은 위대한 종교개혁자였습니다. 그에 의해 그리스도의 복음이 전파되는 범위가 획기적으로 넓어지고 또한 깊어졌습니다.

루터

종교개혁의 역사에서는 근세의 루터를 생각하게 됩니다. 15-16세기에 걸쳐 루터, 칼뱅, 츠빙글리 3인의 위대한 종교개혁자가 동시에 나왔는데, 루터는 말하자면 그 대표 격입니다.

루터의 종교개혁도 바울의 종교개혁과 같은 정신이 시대를 달리해서 분출한 것이지요. 루터의 종교개혁은 로마서 3장 28절을 근거로, 사람이 의롭게 되는 것은 율법의 행위에 의해서가 아니라 신앙'만'으로 주어지는 의義에 의해서임을 주장한 것입니다. 즉, 구원은 영과 진실에 의한 것이지, 제도적 예배나 율법적 행위를 사람에게 강요하는 것은 구원을 위해 필요하지도 않으며 오히려 사람을 참 구원에서 멀어지게 하는 사탄의 짓이라고 하면서 로마 교황과 격돌했고, 그 때문에 가톨릭교회에서 떨어져나온 것입니다.

루터의 종교개혁의 특색은 만인사제론萬人司祭論에 있습니다. 이것은 하나님을 예배하는 데 특별한 성직자가 필요하지 않다, 모든 사람이 사제 곧 성직자라는 사상입니다. 바울은 이방인에게 구원의 문을 활짝 열었고 루터는 사제라는 성직자의 역할을 모든 사람에게 개방했습니다.

가톨릭교회에는 맨 상층에 교황이 있고, 다음에 대주교가 있고, 그 밑에 주교가 있고, 신부가 있고, 그리고 일반 신도가 있고, 그 밑에 구도자 Catechumen가 있어서, 이러한 계급제도에 따라 예배가 행해집니다.

루터는 이에 대하여 다음과 같이 외쳤습니다. "어떠한 시골 농부라도, 병자라도, 신자라면 누구나 하나님과 직접적인 관계가 있다. 하나님께 예배드리고 하나님께 기도하기 위해서 중개자가 있을 필요는 없다. 신앙에 의하면 누구나 무조건 구원받는다. 구원받기 위해 교황의 허가도인가도 찬성도 동의도 필요치 않다. 비록 교황이 파문장破門狀을 내서 '너는 구원받지 못한다'고 선언하더라도, 영과 진실로 그리스도를 믿는 다면 그 신앙만으로 구원받는다. 그리스도가 구원해주시는 것이지 교황이 구원해주는 것이 아니다. 그러니까 또, 누구라도 복음을 전할 자격이 있다. 그럴 책임도 있다. 복음을 전하는 것은 직업 종교가만의 일이 아니다. 성직을 맡을 자격 시험에 합격한 사람만이 예배를 주관하고 설교할 자격이 있는 것이 아니다. 누구라도 할 수 있다. 만인이 사제가 될 자격이 있다. 또 그러한 책임도 있다."

그런 만인사제 사상을 루터가 전한 것은 대단히 큰 개혁적 사업이었습니다. 루터에게는 가톨릭교회라는 계급제도가 엄중한 종교가 상대였기 때문에, 신앙만으로 의롭게 된다는 주장은 만인사제라는 혁명적 사상이 되어 나타났던 것입니다.

루터의 종교개혁 사업의 또 다른 특색은 민족주의, 즉 내셔널리즘을 주장한다는 점이었습니다. 이것도 당시의 국제 정세가 반영되어 있습니다. 당시 독일을 통치하는 최고 군주는 신성로마제국 황제였는데, 스페인 국왕이 신성로마제국 황제를 겸하였기 때문에 독일 민족은 외국인 원수元首의 지배 아래 있었습니다. 신성로마제국 황제와 로마 교황이 제휴하여 정치·종교 권력이 독일 국민을 경제적으로 착취하고 있었습니다. 여기서 비롯된 현실 정치와 사회의 부패를 루터는 신앙의 입장에서 날카롭게 비판했습니다. 그것이 당시 발흥의 기운이 있었던 독일 민족의 내셔널리즘, 즉 국민주의에 유력한 자극이 되었고, 정신적 추진력이 되었습니다. 그것이 가장 뚜렷하게 나타난 것이 교육 개혁입니다.

당시 독일에는 엄청난 수의 수도원이 있었는데, 국민들은 수도원을 유지하기 위한 경제적 부담을 떠안고 있었습니다. 국민 교육은 전적으로 수도원에서 이뤄졌지만, 그 내용은 독일 사람의 생활에는 부적당했습니다. 그래서 루터는 많은 수도원을 폐쇄하고 성읍이나 마을에 공공비용으로 초등학교를 세우는 것이 좋다고 주장했습니다. 또 수도원 학교에서는 라틴어만 사용했으나, 초등학교에서는 독일어를 교육 용어로 쓰도록 하고, 교과목도 독일 국민의 실생활에 필요한 것을 택해서, 교육의 국민화와 보급을 도모했습니다. 이것이 독일 초등학교의 기원입니다.

이와 같이 독일 종교개혁의 특색 중 하나는 민족주의였습니다. 이것은 바울이 특히 역설한 이방인의 구원 주장을 응용한 당연한 귀결이었습니다. 이방인이 이방인 그대로 구원받을 수 있다면 이방인의 생활을 유대화할 필요가 없는 것처럼, 가톨릭교회화하거나 외국풍을 강요당할 이유가 없습니다. 각 민족의 자유와 자주를 존중한다는 원칙이 성립된 것은 당연합니다. 이것이 루터의 내셔널리즘이 된 것입니다.

루터의 종교개혁의 중심은 다음 세 가지입니다.

첫째, 사람이 하나님에게 의롭다고 인정받는 것은 신앙에 의한 것이지, 율법의 행위에 의한 것이 아니다.

둘째, 그것을 바탕으로 성직에 있든지 평신도이든지 불문하고, 모든 신자에게 전도의 자격과 책임이 있다(만인사제론).

셋째, 독일 민족은 독일 민족으로서 하나님의 선택을 받은 민족이며, 자유롭고 또한 자주적인 민족 생활과 정치적 지위를 확립해야 한다(민족주의).

루터의 사업은 종교개혁상의 대사업을 성취했습니다. 그러나 그것도 불철저한 점이 남았습니다. 그는 가톨릭교회에서 떨어져나왔고 만인사제의 원칙을 주창했지만 교회라는 제도를 부정하는 데까지는 이르지 않고, 독일 민족의 교회로서 '란데스키르헤Landeskirche' 즉 국립교회를 만들고 성직제도를 남기고 성직자에 의해서만 행해지는 예전禮典, 즉 새크라먼트Sacrament도 유지시켰습니다.

가톨릭교회에서 성직 위계제도의 최고 지위에 로마교황이 앉고, 교황은 교권의 수장, 국왕은 세속적 권력의 수장이라는 원칙을 내세운 데 대하여, 루터가 세운 교회에서는 국왕이 교권의 수장을 임명하는 제도로 바뀌었을 뿐이고, 감독, 목사라는 성직의 위계제도를 그대로 남겨놓았던 것입니다.

가톨릭교회의 전통인 새크라먼트(성례전)도, 어떤 것은 폐지했으나, 어떤 것은 그대로 이어갔습니다. 가톨릭교회에는 일곱 가지 성사가 있지만, 루터는 그중 세례와 성찬, 둘만 남기고 나머지 다섯은 폐지했습니다. 그러나 역시 새크라먼트를 남겼습니다.

이와 같이 성직과 새크라먼트 제도가 있는 교회라는 단체조직을 남긴 점에서, 루터의 종교개혁은 철저하게 예수와 바울로 돌아가지 않고 가톨릭교회의 제도와 전통을 어느 정도 보존했다고 할 수 있습니다. 즉, 영적인 종교개혁으로서는 불철저하게 끝났습니다.

우치무라 간조

루터로부터 약 400년 뒤 우치무라 간조가 나타났습니다. 우치무라 간조의 무교회주의는 종교개혁 사업입니다. 종교개혁 역사의 흐름을 보면, 예레미야-예수-바울-루터-우치무라 이렇게 이어집니다. 구원에 관한 하나님의 진리가 깨끗한 지하수의 수맥과 같이 흘러서, 시대를 넘어 다른 나라에 솟아오른 것입니다. 하나의 종교개혁 사업이 이룩된 것은 그 시대의 필요에는 부응했겠지만, 시간이 흘러 그 사업이 형식화해서 생명을 잃어버리면 하나님은 또 어떤 시기와 국민을 택해서 오랜, 아니 영원한 진리가 새로 분출하게 합니다.

하나님은 20세기 초에 일본을 선택하고, 그중에서 우치무라 간조라는 인물을 사로잡아 새로운 종교개혁 사업을 하게 하시고, 새로운 힘과 생명을 가지고 세계를 향해 구원의 진리를 전하게 하셨습니다. 그것이 무교회주의입니다. 나는 그렇게 보고자 합니다.

우치무라의 종교개혁은 다음과 같은 특징이 있습니다.

첫째, "사람이 의롭다 하심을 얻는 것은 율법의 행위에 있지 않고 믿음으로 된다"는 로마서 3장 28절의 원리를 강하고 분명하게 밝혔습니다. 우치무라 간조는 자신의 개인적 신앙 체험을 통해서 이 죄 용서라는 복음을 알게 되었고, 이 복음을 증언하기 위하여 성서를 연구하였고, 그 진리를 사람들에게 전했습니다.

우치무라 선생의 죄의식의 실체는 무엇이었을까요? 왜 선생은 그렇게 강한 죄의식을 가지고, 거기서 구원을 열망했을까요? 나는 그것을 모릅니다. 알 필요도 없고, 알 수도 없습니다. 좌우간 깊은 죄의 자각을 가지고 죄에서 오는 불안에 괴로워했으며, 영혼의 평안을 얻으려고 미국으로 갔습니다.

그리고 여러 가지로 괴로워하는 가운데, 애머스트 대학 실리 학장이 말해준 간단한 말, 즉 "우치무라 군, 군의 속에서는 구원이 나오지 않아요"라는 말에 눈에서 비늘이 떨어지는 것을 느꼈습니다. "사람이 의롭게 되는 것은 율법의 행위가 아니라, 신앙에 의하는 것이다. 자선사업도 학문도 사회적 사업도 모두 사람의 마음에 평안을 줄 수 없다. 그것으로는 죄를 용서받을 수 없다. 다만 그리스도가 내 죄를 지고 내 죄를 대속하기 위해 십자가에서 죽었다는 사실을 믿음으로써, 비로소 마음의 평안을 얻을 수 있다." 이것이 우치무라 간조의 종교개혁 사업의 근본이 된 신앙이며, 선생의 명저 《구안록》에 쓰여 있는 내용입니다.

이것도 유명한 이야기지만, 후지이 다케시가 우치무라 선생 밑에서 전도를 시작했을 때에 로마서 연속 연구를 〈성서 연구〉에 발표한 적이 있습니다.

그 첫 회에 "그리스도의 십자가는 죽음에 이르기까지 사람을 사랑하신 하나님의 사랑이 나타난 것이지, 그리스도가 죄에 대한 하나님의 벌로 대신 죽은 것으로 이해하는 것은 구식 사고방식"이라는 취지의 문장을 후지이가 썼습니다. 우치무라 선생은 약속대로 그 문장은 그대로 잡지에 실었지만, 다음과 같은 말을 덧붙였습니다.

"후지이 군이 말하는 하나님의 사랑이라는 것에는 나 자신도 찬성하지만, 죄의 대속代贖이라는 대벌代罰의 사상이 구식 사고방식이라는 점에는 동의할 수 없다. 누구나 자신의 죄에 대해 벌을 받지 않으면 안 된다. 그런데 그 자기를 대신해서 그리스도가 십자가의 죽음을 당하셨다는 신앙은 복음의 근본이므로, 이것은 양보할 수 없다."

후에 후지이도 자기의 잘못을 인정했습니다. 이 문제를 여러분이 이해를 하실지 모르겠습니다. 왜 이것이 문제가 되는가 싶으실 분도 있으리라 생각됩니다. 하지만 자신이 희생되어 죽기까지 고통을 겪으며 사랑한다는 것과, 받아야만 할 죄의 벌을 대신 받아 자기가 그 대신 벌을 받아 죽는다는 것은 사정이 다릅니다.

죽음의 희생까지 치르며 사랑하는 그리스도의 사랑을 우치무라 선생도 인정하였지만, 그것이 다는 아닙니다. 하나님께는 죄를 벌하지 않으면 안 되는 정의의 요구가 있습니다. 그 하나님의 정의의 요구에 비추어 우리는 자기 죄 때문에 하나님으로부터 벌을 받아 죽어야 하는데, 하나님은 독생자 예수 그리스도를 우리 대신 십자가 위에서 벌하셨다, 그 십자가에 의한 그리스도의 대속을 믿는 사람은 그 믿음을 의로 여김받고 하나님으로부터 죄를 용서받는다, 그렇게 믿는 것 외에 나의 양심은 평안을 얻을 길이 없다, 그러나 이 신앙만 있다면 하나님은 그것만으로 나를 의롭다 여겨주시므로 다른 어떤 조건도 필요치 않다, 이것이 우치무라 선생의 입장이며, 그 순복음의 근본에서 출발하여 무교회주의가 주창되었던 것입니다.

우치무라 간조가 무교회주의를 주창하게 된 데는, 이것 외에 부차적으로 두어 가지 실제적 이유가 있었습니다. 교육 문제에 관하여 선교사와 있었던 의견 충돌이 그것입니다.

우치무라 선생이 미국에서 돌아와 처음 취직한 곳은 니가타의 호쿠에쓰 학관이라는 선교사 학교였습니다. 거기서 선생이 취한 교육방침에는 두 가지 특징이 있었습니다. 먼저, 선생은 교실에서 성서, 특히 예레미야를 강의했습니다. 이것을 선교사가 못마땅하게 생각했습니다. 또 하나는 무사도武士道라든가 유교 같은, 일본 재래의 도덕이나 역사를 가르쳤습니다. 이것도 선교사의 마음에 들지 않았습니다.

우치무라는 크리스천이지만 목사 자격이 없다, 그런 사람이 성서를 강의하는 것은 좋지 않다, 그리고 기독교 정신을 가르쳐야 할 학교에서 일본 재래의 사상과 역사를 가르치는 것은 이교도적이다, 이렇게 선교사들은 우치무라의 방식을 비난했습니다. 그 때문에 우치무라 선생은 부임 4개월 만에 호쿠에쓰 학관을 사직하고 도쿄로 돌아왔습니다. 이 사건에서도 알 수 있듯이, 선생은 '일본적 기독교'라든가 '일본인의 기독교'를 강조했습니다.

이것은 루터의 민족주의 사상과 공통점을 가지고 있습니다. 일본 민족은 일본 민족의 역사와 문학과 도덕 사상을 가지고 있다, 이 민족적 기반에 그리스도의 복음을 접목해야 기독교가 정말 일본 국민의 신앙이 될 수 있다, 또 기독교의 가르침을 통해 일본 민족성의 단점을 고치고 장점을 발휘해나갈 수 있다, 미국이나 영국 기타 외국화된 기독교가 아니라 성서에 계시된 하나님의 진리를 직접 일본 사람의 마음에 받아들여야 한다, 이것이 우치무라 간조의 일본적 기독교 주장이었습니다. 이것은 내셔널리즘에 의한 우치무라 간조의 독립성입니다(배타적인 국가주의가 아니라 세계사 속에서 일본의 독자적인 사명을 완수하고자 하는 독립적 사상이라는 뜻—옮긴이).

그리고 또 하나는, 교회에서 인정한 목사 자격을 가진 사람이 아니면 성서를 가르칠 수 없다든지, 세례를 줄 수 없다든지, 또 그 유자격자인 목사에게 세례를 받은 사람이 아니면 교회원이 될 수 없으며, 교회원으로 공식 인정받지 못하면 그리스도 신자로서 공인받을 수 없다든가 하는 모든 교회의 제도와 전통에 대하여 비판적이었다는 점입니다. 이것이 무교회주의의 주장입니다.

우치무라 간조는 본래 미국 선교사 해리스에게서 세례를 받고 감리교회에 속했던 사람입니다. 후에 삿포로 독립교회를 만들었지만, 역시 교회의 관계자였습니다. 그러한 선생이 무교회주의를 주창한 것은 결코 교회를 부정하는 파괴자가 되려는 것이 아니었습니다. "사람이 의롭게 되는 것은 율법의 행위가 아니라 오직 신앙에 의해서다"라는 순복음의 입장에 철저하지 못한 선교사나 교회 쪽의 하는 일을 비평한 데서 시작되었습니다.

"사람은 세례를 받고 교회원이 되지 않았더라도 신앙만 있으면 크리스천일 수 있다. 일본에는 교회에 갈 수 없는 사람, 또 교회에 가기 싫은 사람이 많이 있다. 집 없는 아이는 불쌍하지 않은가? 나는 교회라는 집이 없는 불쌍한 어린이들에게 복음을 전한다." 이런 선언으로 우치무라 선생은 무교회주의 전도를 시작했습니다. 교회 쪽은 그것을 냉소하여 "우치무라의 무교회주의는 고아의 기독교, 룸펜의 기독교"라고 말했습니다. 그런 냉소를 받으면 받을수록, 우치무라 간조의 무교회 신앙은 강해지고 적극성을 띠게 되었습니다. 그러한 선생의 입장은 루터의 만인 사제설과 같은 것으로, 그리스도를 믿는 사람은 누구나 다 하나님에 의해 직접 구원받으며, 그리스도에 의해 직접 하나님께 연결되고, 동시에 하나님의 말씀을 전파할 책임과 의무가 주어진다는 것입니다.

교회가 정한 자격이 무엇인가요? 우치무라는 교회가 인정한 전도자 자격이 없다고 선교사나 교회 측이 지적했지만, 그에 대해 선생은 거꾸로 "나는 Rev.(Reverend, 레브런드. 성직자에 대한 경칭—옮긴이)가 아니다"라며 뽐냈습니다. 목사 자격을 가진 사람은 보통 사람과 구별해서 '미스터'라 부르지 않고 '레브런드'라는 특별 칭호로 부릅니다. 그것이 성직자임을 표시하는 관례입니다. 선교사나 교회는 우치무라가 레브런드가 아니라고 트집을 잡았지만, 선생은 오히려 평신도인 것을 자랑스럽게 생각했습니다.

우치무라 간조의 무교회주의의 요점을 열거하면, 첫째로 이방인의 구원을 강조했습니다. "그 누구도 크리스천이 되기 위하여 미국인이나 영국인 그 외 외국인의 생활이나 사상을 따를 필요는 없다. 일본 사람의 마음으로 그리스도를 믿으면 좋다"는 것입니다.

둘째로, 사람이 구원받는 것은 율법이나 제도나 전통에 의한 것이 아니고 예수를 믿는 믿음으로 거듭남에 있으며, 제도나 전통이 아니라 영과 진실로 하나님께 예배해야 한다고 주장했습니다. 따라서 사람이 그리스도의 구원에 참여하기 위해 세례를 받고 교회원이 되어야 할 필요가 없고 또 성찬식에 참여할 필요도 없다는 것이며, 세례를 주거나 성찬을 실행하더라도 교회에서 안수받은 유자격자에 의할 필요가 없고 누구나 이것을 수여해도 좋다는 것입니다. 이 점에서 우치무라 선생의 무교회주의는 제도와 전통을 중시하는 교회주의와 심하게 대립하였습니다. 예수가 바리새인을 공격하고 바울이 유대주의자를 공격하고 루터가 가톨릭을 공격한 것과 같은 격렬함으로 우치무라는 교회의 부패를 공격했습니다.

셋째로, 우치무라 선생은 정치와 사회의 부패·타락을 신앙적 입장에서 논하고 공격했습니다. 즉, 예레미야나 예수나 바울이나 루터 등과 같은 성격의 신앙으로 현실 사회를 비판하고 그 때문에 사회에서 조소와 박해를 받았습니다. 신앙이 관념적·추상적이거나 교회 안에서나 즐기는 폐쇄성을 띠지 않고, 세상을 구원하고 사람을 구원하려는 산 정신에 넘치면 아무래도 사회의 현실을 비판하게 되고, 정의와 공도를 행하지 않으면 나라가 망한다는 우국개세憂國慨世의 예언으로 나타날 것이 당연합니다.

우치무라 간조의 생애와 사업에는 그러한 종교개혁자의 성격과 요소가 다분히 포함되어 있었습니다. 그는 일본의 종교개혁자였을 뿐만 아니라, 세계적인 종교개혁사의 계열에서 중요한 역사적 지위를 차지한 사람으로 생각하지 않으면 안 됩니다. 그렇게 생각해야 우치무라의 사업을 가장 잘 이해할 수 있습니다.

무교회주의와
교회의 논쟁점

교회와 구원

더 나아가 무교회주의와 교회 측의 상이점, 혹은 논쟁점은 어디에 있을까요? 믿음으로 의롭게 된다는 구원의 원리는 교회에서도 인정하고 있으니 양자 사이에 근본적 차이는 없지 않은가 하는 비평이 많지만, 실제로 논쟁이 되는 점을 들면 주로 두 가지가 있습니다.

하나는, "교회 밖에는 구원이 없다"는 교회의 주장입니다. 이것은 가톨릭교회가 엄중히 주장하지만, 프로테스탄트의 여러 교회도 다 그 입장에 서 있습니다. 이에 대하여 무교회주의는 교회 밖에 구원이 있다는 것을 주장합니다. 이것은 '교회'라는 말의 이해가 다르기 때문입니다.

여러분은 이미 아시리라 생각하지만, 신약성서에 '교회'로 번역된 원어는 그리스어로 '에클레시아'입니다. 이 '에클레시아'는 원래 종교 용어가 아니고, 그리스 도시의 민회民會를 가리키는 말입니다. 도시의 자유민이 전부 모여서 정치상 문제를 논의하던 시민집회가 바로 에클레시아였습니다.

유대인에게는 '시나고그synagogue'라는 제도가 있습니다. 성서에 '회당會堂'으로 번역된 이것은 유대인이 모여서 율법을 읽던 종교집회였고, 또 종교 문제에 대해서 재판권을 가지고 있었습니다. 그런데 예수가 승천하신 후 크리스천이 집회를 하게 되면서, 유대인의 시나고그와 구별하기 위하여 그리스인의 민회를 의미하던 '에클레시아'라는 말을 빌려와 자기들의 모임을 부르는 말로 삼았습니다. 이것이 신약성서에서 쓰고 있는 '교회'라는 말의 근원입니다.

그러니까 성서에 기록된 시대의 '에클레시아'는 크리스천의 모임이라는 뜻일 뿐, 각별한 제도나 조직은 없었습니다. '감독監督'이나 '장로長老'나 '집사執事'로 번역된 말도 있지만, 이들은 어느 것이나 후세의 교회에서 정한 직책이 아니라 일상생활에서 단순히 돌보는 역할을 가리키는 말에 가까웠습니다. 이와 같이 자유로운 에클레시아를 하다가 보니, 세월이 지나 제도가 생기고 조직화되어 오늘날과 같은 '교회'가 되었습니다. 교회라는 제도(혹은 제도로서의 교회라 해도 좋지만)는 성서에서 나온 것이 아니고, 전통에 의해서 만들어졌습니다. 이렇게 해서 제도로서 교회가 생긴 것이 주후 3세기에서 4세기에 걸친 일이라고 합니다.

성서에서 말하는 에클레시아는 신자의 자유로운 집회인데, 그 본질을 설명하기 위해서 여러 가지 비유가 쓰이고 있습니다. '그리스도의 신부'라 불리기도 합니다. 그것은 그리스도와의 영원히 신선한 사랑의 관계를 말한 것이지 제도적 의미는 전혀 없습니다. 에클레시아는 그리스도에 속하고, 그리스도를 사랑하고, 그리스도 이외의 어떤 것에도 마음을 붙이지 않음을 나타내는 말입니다.

요한복음 15장의 "나는 포도나무요 너희는 가지라. 그가 내 안에, 내가 그 안에 거하면 사람이 열매를 많이 맺나니 나를 떠나서는 너희가 아무것도 할 수 없음이라"(5절)도 그리스도와 에클레시아의 관계를 말한 것입니다. 또한 바울이 그리스도를 믿는 사람은 그리스도를 머리로 하는 몸의 지체라고 하면서 유기체의 비유를 들어 그리스도와 신자의 관계, 신자들 간의 관계, 그리고 전체적으로 신자의 생명을 말한 것도(고전 12장), 에클레시아의 본질을 그리스도에 연결되는 사람들의 생명 공동체로 본 것입니다.

그런 의미에서 영적 신앙을 가지고 그리스도에 연결된 사람들 전체를 에클레시아라 말할 때, 거기에서 떠난 사람이 생명나무에서 떨어진 가지처럼 말라죽는 것은 당연합니다. 그런 의미로는 "에클레시아 밖에는 구원이 없다"고 말하는 것이 옳습니다.

그런데 성서의 에클레시아가 아니라, 전통으로 만들어진 제도로서의 '교회'에 대해서는 이야기가 다릅니다. 하나님은 영靈이시니 예배하는 자도 영과 진실로 예배해야 합니다. 사람이 만든 제도나 조직 자체에 사람을 구원할 힘이 없는 것은 분명합니다. 교회를 하나의 제도로 생각하고, 제도적인 교회의 일원이 아니면 구원받지 못한다고 하면, 무교회주의는 그에 대하여 큰소리로 "아니! 그럴 리가 없다"고 외칠 것입니다. 우치무라 간조뿐만 아니라 루터도 바울도 그리스도 자신도 예레미야도 모두 "아니!"라고 말해왔습니다. 그것이 종교개혁이었던 것입니다.

사람은 교회라는 제도, 조직 속에 있다고 해서 구원받는 것이 아니라 신앙으로 구원받습니다. 그런 의미에서 "교회 밖에도 구원이 있다"는 무교회주의의 주장이 있는 것입니다. 이 경우 '교회'라 불리는 것은 그리스도의 지체인 영적 생명의 공동체로서의 에클레시아가 아니라, 전통에서 생긴 제도적 교회, 교회라는 제도를 가리키는 말입니다.

이것은 "율법의 행위로 의롭게 되는 것이 아니라 믿음으로 구원받는 것이다"(롬 3:28; 갈 2:16)라는 말과 같은 것으로, 교회의 회원이 되는 것으로는 의로워지지 않습니다. 구원을 받느냐 못 받느냐는 교회라는 제도에 속해 있느냐 아니냐에 달려 있는 것이 아닙니다. 율법의 행위를 자랑하는 사람이 마음의 평안을 갖지 못하는 것과 마찬가지로, 교회라는 제도 속에 있지 않으면 구원받지 못한다는 사상은 자유를 질식시키고 생명을 빼앗는 사상입니다. 그런 의미에서 무교회주의자는 "교회 밖에 구원이 있다"고 말하는 것입니다.

그러므로 무교회주의라 해도 '무교회'라는 것 자체에 구원이 있다는 것이 아닙니다. 무교회주의자도 집회를 합니다. 만일 (회원제로 하건, 하지 않건) 자기들의 집회에 모인 사람, 자기 집회의 회원이 아니면 구원받을 수 없다고 하듯이 '회원'을 중요하게 생각한다면, 그것은 교회주의에 다름없습니다.

이에 반해, 제도 교회에 속한 사람이라도 교회원이라는 것이 구원에는 특별한 의미가 없고 다만 편의상의 문제일 뿐이며 구원은 오로지 믿음에 의한 것임을 믿고 있다면, 그 사람은 그리스도의 지체입니다. 구원은 교회원이라거나 무교회원이라거나 제도 또는 전통에 의해 구별되는 편의의 문제가 아니고, 항상 그리고 절대적으로 신앙에 의함을 주장하는 것이 무교회주의입니다.

새크라먼트

제2의 논쟁점은 새크라먼트, 즉 예전禮典의 문제입니다. 가톨릭 교회에는 결혼을 포함해 일곱 성사가 있습니다. 프로테스탄트교회에는 그중에서 세례와 성찬, 두 성사를 남겨놓았습니다. 무교회에는 예전이 없습니다. 예전 행위를 중요시하여 신자가 되는 데 필요조건이라고 보느냐, 아니냐가 교회와 무교회의 논쟁점이 되고 있습니다.

마태복음의 마지막에 "너희는 가서 모든 민족을 제자로 삼아 아버지와 아들과 성령의 이름으로 세례를 베풀라"(28:19) 하고 예수께서 말하신 것, 또는 최후 만찬 석상에서 빵을 떼어주시며 "이것은 내 몸이다" 하시고 "이 잔을 받아라. 이것은 내 계약의 피니라" 하신 것이, 교회가 실행하고 있는 형태의 예전을 행하라는 일반적인 명령이냐 아니냐는 그 자체가 성서학자 사이에서도 의문시되고 있는 사항입니다. 그 해석을 어떻게 하느냐는 별개로 하더라도, 예수의 명령을 지키는 것 중에 무엇이 가장 중요합니까?

그것은 예수의 가르침 전체를 생각해보면 알 수 있습니다. 마음을 다하여 하나님을 사랑하고 또 이웃을 사랑하라는 것입니다. 그것이 예수의 명령 중의 명령입니다. 그 외에 예컨대 세례를 준다든지 혹은 빵을 나누고 포도주를 마시라고 하셨다 하더라도, 그것은 사랑하라는 명령에서 보면 부수적인 것입니다.

예수 자신이 사람들에게 세례를 주신 일은 없습니다. 제자들과 같이 빵을 나누고 포도주를 마신 일도, 생애에 단 한 번만 기록되어 있습니다. 만일 그것이 대단히 중요한 일이라면, 예수 자신이 많은 사람에게 세례를 베푸셨을 것입니다. 또 소위 성찬을 지키신 기사도 많이 있을 것입니다.

세례나 성찬 예식을 예수의 제자 된 사람의 생활에서 최대 행사로 여기고 행하는 것이 신자와 불신자를 구별하는 기준이라고 생각하는 것을 예수님은 과연 기뻐하실까요, 노하실까요? 물론 노하실 것입니다.

형식에 매여 영혼의 자유를 질식시키면 안 됩니다. 안식일을 위하여 사람이 있는 것이 아니고, 안식일이 사람을 위하여 있습니다. 사람을 구원하기 위하여 때로는 고의로 안식일의 율법을 범하신 예수님이 교회의 전통에서 만들어진 '예전'을 중요시하실 리가 없습니다.

세례나 성찬을 해선 안 된다는 것은 아닙니다. 해도 좋습니다. 그러나 교회가 정한, 안수받아 자격 있는 목사가 베푸는 것이 아니면 유효한 세례, 또는 성찬으로 인정할 수 없다는 것이 교회의 주장입니다. 가톨릭교회에서는 장례식과 결혼식도 예전의 하나이기 때문에 교회의 유자격자가 하지 않으면 안 된다고 합니다.

이에 반해 무교회주의에서는 세례나 성찬을 하고 싶으면 해도 좋지만, 거기에 자격을 찾지 않습니다. 신앙으로 한다면 누가 베풀든지 좋으며, 결혼식도 친구들이 신앙과 사랑으로 하면 됩니다. 안수례를 받고 목사의 자격을 취득할 필요는 없습니다. 사람이 정한 전통의 제도로 하나님의 일을 가로채서는 됩니다. 이것이 무교회의 주장입니다.

무교회주의의
원리와 실제

그러니까 무교회의 원리는 다음과 같습니다. "사람이 의롭게 되는 것은 율법의 행위에 의한 것이 아니다. 제도를 지켜서 되는 것도 아니다. 믿음에 의해서다. 참 예배는 영과 진실로 하느냐에 달린 것이지 예배의 장소나 방식에 있는 것이 아니다." 이 원리를 주장하는 점에서 무교회주의의 본질은 순복음주의라고 말합니다. 사람이 의롭다고 인정되는 것은 믿음에 의한다면서, 교회에 속하는 것이 필요하다, 예전을 지킬 필요가 있다고 하는 것은 '순純'복음이 아닙니다. 그런 제도가 구원에는 일절 필요치 않다는 것이 순복음입니다. 무교회의 원리는 순복음입니다.

그 원리에서 생긴 무교회의 실제 방법이 있습니다. 무교회가 역사에 남긴 아주 큰 공적은 복음을 교회라는 틀 밖으로 해방시켰다는 것입니다. 바울이 그리스도의 복음을 유대주의의 한계에서 해방하여 널리 이방인에게 미치게 한 것같이, 무교회주의는 복음을 교회라는 제도에서 해방하여, 교회원이 되지 않아도 크리스천이 될 수 있다는 것을 분명히 했습니다. 이것은 실로 커다란 해방입니다. 그전에는 구원은 교회 안에 갇혀 있었고, 세례를 받아 교회원이 되지 않으면 에클레시아의 일원이 아니라고 했습니다. 그런데 하나님의 에클레시아에 참여하기 위해서 제도적인 교회원이 되지 않아도 된다는 것입니다. 이것은 바울이 유대주의자와 싸우면서 "그리스도의 에클레시아에 참여하기 위해서는 할례를 받고 유대인이 되지 않아도 좋다"고 주장한 것에 필적하는 대개혁이며, 복음이 실로 넓은 세계에 미치도록 해방시킨 것입니다.

*

그리하여 그리스도를 믿고 구원받는 자의 범위가 교회 밖으로 확대되었음과 동시에, 하나님의 말씀을 전하는 전도의 사업도 교회가 정한 자격의 제한을 벗어나 모든 신자에게 확장되었습니다. 우리는 만인사제라는 말을 좋아하지 않지만, 무교회에서는 만인이 복음의 전도자입니다. 만인전도자입니다. 즉, 철저한 평신도 전도입니다.

무교회도 실제로는 일요일마다 같이 모여 하나님께 예배드리고 기도하며 말씀을 배우지만, 집회에는 정해진 제도나 영속적인 조직이 있지 않고, 집회로서는 언제든지 해산할 수 있는 태세에 있습니다. 전도 장소나 시간에도 제한이 없고, 각자의 가정에서, 직장에서, 각 사람의 주위에서 복음을 말할 기회가 있으면 복음을 말합니다. 가정 전도, 직장 전도는 무교회에서 가장 귀중한 전도입니다. 무교회는 소위 대중 전도 방법을 취하지 않습니다. 오히려 가정 혹은 직장에서 삼삼오오 함께 성서를 배우는 사람이 생기고, 그것이 세포처럼 사회에 퍼지는 방법으로 복음이 사회 속에 침투해가는 것입니다. 그것이 무교회의 복음전파 방법입니다.

무교회에는 감독이나 목사는 없지만, '선생'이 있습니다. '무교회는 선생 중심'이라는 비평도 있습니다. 즉, 선생의 위치가 너무 중하다는 것입니다. 이 비평은 확실히 생각하지 않으면 안 될 문제를 포함하고 있습니다. 좌우간 '선생'이 집회의 중심에 서 있는 것이 무교회의 한 가지 특징입니다.

무교회의 실천에서는 선생에 대한 인격적 진실을 중요시합니다. 이것은 교회에서 목사의 지위와 비교해보면 잘 알 수 있을 것입니다. 교회의 목사는 월급으로 고용합니다. 교회의 사정에 따라 목사를 면직할 수도 있고 전출시킬 수도 있으며, 목사의 능력이나 근태에 대한 비평과 감독이 교회 안에 있습니다. 목사도 그것을 염두에 두고, 교회원이 기뻐하도록 마음을 씁니다. 그러다 보면 하나님의 말씀을 전하는 자의 권위에 대한 인격적 존경과 진실이 결핍될 경우도 적지 않습니다.

그런데 인격적 진실, 즉 인간 대 인간의 진실한 관계는 그리스도의 가르침을 배우는 사람에게 근본적으로 필요한 태도입니다. "영과 진정으로 예배하라"고 예수는 가르쳤습니다(요 4:23). '영'만이 아니고 '진정'을 특히 추가한 것은, 인격적으로 진실한 태도를 중요시했기 때문입니다. 하나님은 살아 계신 인격이므로, 하나님께 가까이 나가 예배드리는 자는 하나님께 인격적인 진실한 태도를 가져야 합니다.

하나님께 진실한 태도를 갖는 사람은 다른 사람, 특히 하나님의 말씀을 전하는 선생에 대해서 인격적으로 진실한 태도를 가져야 합니다. 하나님의 말씀을 전하는 선생에 대해서 인격적으로 진실한 태도를 취하지 않는 사람이, 어떻게 살아 계신 하나님께 인격적인 진실한 태도를 취할 수 있겠습니까? 하나님의 말씀을 전하는 선생을 속으로는 멸시 혹은 비판하면서 집회에 나와서는, 무교회 집회는 성립할 수 없습니다.

물론 선생은 하나님이 아니니까 선생의 생각이 절대 옳다는 것은 아닙니다. 또 선생의 인격이 완전하다는 것도 아닙니다. 선생이 내게 적합하지 않으면 다른 선생에게 가도 좋습니다. 그러나 하나님께 진실한 사람은 사람에 대한 진실을 중시합니다. 무교회에서 선생에 대한 진실을 강조하는 것은 하나님의 말씀을 전하는 사람을 존중하기 때문입니다. 말씀을 존중하는 것과 말씀을 전하는 사람에 대한 진실은 인격적으로 구별할 수 없습니다. 선생이 그리스도를 통하여 하나님의 말씀을 전해주는 한, 그 선생을 진심으로 대하는 것이 필요합니다.

무교회주의의 방법이 선생 중심인 것은 교회가 제도 중심인 것과 대비됩니다. 그러나 선생은 당대뿐이고, 후계자를 만들지 않습니다. 무교회 모임은 단체가 아니므로 선생의 뒤를 이어 단체를 유지해야 하는 문제도 없습니다. 선생이 하늘로 불려 가시면, 그와 함께 선생의 집회는 해산되고 잡지도 폐간됩니다. 선생의 가르침을 받은 사람 가운데 하나님의 선택을 받은 사람이 또 자기 집회를 시작합니다.

우치무라 간조 선생이 살아 계실 때부터, 선교사나 교회 쪽 사람들은 후계자를 어떻게 할지, 몇 번이고 선생께 질문했습니다. 선생은 "무교회가 진리면 하나님은 반드시 후계자를 세워주실 것이다. 나는 후계자를 만들지 않는다" 하셨고, 눈에 보이는 선생의 사업은 성서연구회도, 〈성서 연구〉지도 모두 선생 당대로 끝내버렸습니다. 이것이 우치무라 선생의 참으로 훌륭한 점입니다.

선생의 제자들도 이 점에서는 절대로 잘못해서는 안 됩니다. 자기 집회의 뒤를 특정 제자에게 맡긴다든가, 자기 잡지를 누군가 뒤를 이어 내게 한다든가 하는 일은 결코 하지 말아야 합니다. 그것을 분명히 하지 않으면 단체가 생깁니다. 단체가 생기면 무교회주의는 이미 아닙니다. 거기에서 무교회주의의 타락이 생깁니다.

*

무교회주의는 종교 세력이 아닙니다. 단체도 아니고 세력도 아닙니다. 따라서 사람 수도 아닙니다. 자주 질문을 받지만, 무교회 인원이 몇천 명인지 몇만 명인지 알 방법도 없고, 알 필요도 없습니다. 무교회 재산도 없습니다. 건물도 없고 기금도 없습니다. 소속회원이란 것도 없습니다. 있는 것은 다만 신앙에 의한 친구 관계뿐입니다. 따라서 경제적 문제에 대해서 무교회 신자에게 금전적 부담을 지울 것도 없습니다.

교회가 타락한 것은 교회가 재산이 있고 세력 있는 단체였기 때문입니다. 어떻게 교회 재산을 유지하는가, 세력을 확대하는가, 회원 수를 늘리는가와 같은 세상적이고 사업적인 고려를 하게 되면서 복음의 순수성을 잃게 됩니다. 예언자적 정신을 잃고, 이 세상의 세력자인 지배계급과 영합하게 됩니다. 그러니까 종교적 단체를 만들지 않는다는 것이 무교회주의의 실제방법, 즉 프랙티스practice(실천)로 중요한 일입니다.

그러므로 무교회 전도자는 대체로 자신의 생활을 유지하기 위해서 일을 하고 있습니다. 책을 쓰거나 잡지를 발행해 정가를 매겨 팝니다. 즉, 저술업으로 생계를 꾸려나갑니다. 회원의 기부금이나 회비에 의존하지 않습니다. 선생의 생활 유지를 회원의 부담에 의존하면 거기에 경제적인 관계가 생겨서, 무교회의 생명을 상실할 우려가 있습니다.

*

　그리고 무교회주의에는 사회의 실제 문제에 대한 민감한 비판이 있습니다. 예레미야나 이사야나 예수가 하신 것같이 예언자적 사회비판 정신이 무교회에서는 항상 살아 있습니다. 이 문제에는 다른 사고방식도 있어서 무교회는 순수하게 복음만 전해야 하고 이 세상 문제에는 초연해야 한다고 말하는 이도 있습니다. 그것도 대단히 중요한 포인트입니다. 무교회의 순복음은 세상적인 종교가 아니고, 사회적 종교도 아닙니다. 영적 종교라는 것이 사실입니다.

　그러나 영적인 신앙을 가졌기에 하나님의 말씀에 비추어 사회의 현실을 볼 수 있습니다. 예언자적 정신, 즉 신앙에 의한 사회비판의 눈이 없으면 신앙의 생명 자체가 희박해져서 개혁자가 되지 못하고, 보수적인 현상시인론자現狀是認論者가 되고 맙니다. 무교회주의자는 하나님 나라를 영적으로 대망하는 사람이기 때문에, 사회 문제에 대해서는 항상 혁신과 개혁의 편에 서게 되는 것입니다.

　그러지 아니하면 신앙 때문에 이 세상에서 박해를 받을 일도 없습니다. 박해가 없는 곳에서 진정한 신앙은 자라지 못합니다. 거꾸로 말해, 진정한 신앙이면 반드시 박해를 받습니다. 사회의 현실 상태에 대해 초월적 태도를 취하고 있으면 알게 모르게 보수적인 사상 경향을 가지게 되고, 사회에서 박해받을 일도 없습니다.

　무교회가 생명을 가지는 것은 전시에 전쟁 정책과 천황숭배의 국가주의에 대해 최대의 저항을 했고, 그 때문에 박해를 받은 사람들이 무교회 가운데서 여럿 나온 것으로도 알 수 있습니다. 그것은 당연한 것으로, 무교회의 신앙 태도가 거기에 나타났습니다. 그것이 없다면 무교회도 짠맛을 잃은 소금과 같이 생명을 잃어버리고 말 것입니다.

*

마지막으로 말씀드리고 싶은 점은 에밀 브루너Emil Brunner 박사(스위스의 세계적 신학자—옮긴이)가 일본에 와서 무교회를 자세히 관찰하고, "세계 기독교의 장래는 무교회의 행방에 달렸다"고 강하게 말한 일입니다. 일본에서 미국으로 강연을 가서도 일본의 무교회주의를 소개하고, 유럽에 돌아간 뒤에도 전문 잡지에 일본의 무교회를 소개했습니다. 브루너 박사의 소개로 무교회가 세계적인 흥미와 주의를 끌게 되었으므로, 무교회의 세계적 사명이라는 문제를 생각하지 않을 수 없습니다.

브루너 박사의 주의를 끌게 된 것 중 하나는 무교회의 전도 방법입니다. 즉, 교회적 방법이 아니고, 평신도가 삼삼오오 작은 그룹을 만들어 직장 전도를 하는 방법입니다. 교회의 벽 안에 갇혀 있으면 이미 기독교의 전도는 앞길이 막힙니다. 평신도가 실제 사회의 생활 속에 들어가지 않으면 그 막다른 길은 타개할 수 없다는 것이 브루너 박사의 견해입니다.

우리들로서는 전도 방법이라는 것보다 더 중요한 점이 있습니다. 무교회주의의 특색으로 이제까지 말한 것을 결론적으로 열거하겠습니다.

첫째, 사람이 의롭게 되는 것은 신앙에 의한 것이지, 율법의 행위나 제도에 의한 것이 아니라는 순복음의 입장입니다. 사람은 무교회주의라는 주의로 구원받는 것은 결코 아닙니다. 무교회주의라는 주의로 구원받는다면 교회주의로 구원받는다는 것과 오십보백보입니다. 그렇지 않고, 영과 진실로 믿는 믿음만으로 구원됩니다. 그 원리가 복음 전도를 위해 특별한 성직자가 필요치 않고, 평신도의 활동으로 충분하다는 실천적 행동에 나타납니다.

둘째, 좋은 뜻의 민족주의가 무교회주의 속에 있습니다. 그것이 모든 민족의 독립정신으로 나타나, 민족부흥의 힘이 되는 것입니다.

셋째, 그렇지만 무교회주의는 어느 국민만의 종교는 아닙니다. 우치무라 선생은 '일본적 기독교'라고 말했지만, 그것은 결코 일본에만 통용되는 기독교라는 의미가 아니고, 세계 어느 민족에게도 자주 독립성을 주는 복음이라는 말입니다. 어느 민족임을 묻지 않고 하나님의 구원을 알게 하는 힘이므로, 그런 의미에서는 보편적·인류적·세계적인 가르침입니다.

넷째, 무교회주의에는 예언자적 정신이 있습니다. 하나님의 심판을 통해서 본 세계 인류의 운명과 국민의 장래에 대한 예언과 경고가, 영적 신앙과 뗄 수 없게 무교회 안에 있습니다. 사회의 실제 문제에 대해 허공에 떠 있지 않고, 땅의 소금, 세상의 빛으로 빛난다면, 무교회의 종교 개혁적 의의는 참으로 크다고 하겠습니다. 단지 일본의 무교회로 그치지 않고, 세계평화를 위해, 세계에 하나님의 정의와 정도가 행해지도록 하기 위해, 또 세계의 모든 국민과 민족에게 구원의 희망을 주는 것으로, 세계적 사명을 갖습니다.

교회라는 조직으로 한정되는 좁은 생각에 머무는 것이 아니라, 청신淸新 활발한 예수의 생명 그 자체가 나타나는 복음이 무교회에 의해서 세계적으로 퍼져나갈 것입니다. 무교회의 역사적인 의의는 거기 있다고 생각합니다. 꼭 그렇게 되어야 합니다.

장래 무교회가 일종의 교회주의로 형식적으로 고정되어버릴까요? 아니면 영원히 젊은 생명을 갖는 신앙의 힘이 될까요? 현재 우리는 그 기로에 서 있다고 생각해도 좋습니다. 우리 무교회가 보수적으로 조그맣게 굳어버리지 말고, 크고 넉넉하고 자유롭게, 세계적으로, 세계의 구원을 위해 활동하는 영적인 힘이기를 바랍니다. 이것을 여러분 중 특히 젊은이들이 잘 생각해주기를 바랍니다.

옮긴이의 말

이 책의 저자 야나이하라 다다오는 근대 일본이 낳은 탁월한 기독교 신자인 동시에 우수한 사회과학자요, 일본 제국주의 비판을 포함한 예언적 발언을 주저하지 않은 평론가입니다. 그의 학문적 성취에 대해서는 일본의 중앙공론사에서 창립 80주년을 기념해 선정한 '근대 일본을 형성한 각계 인사 100인' 중 대지식인 10인의 하나로 꼽힌 것으로도 평가할 수 있습니다.

1893년 에히메현愛媛縣에서 의사의 아들로 태어난 그는 제일고등학교 재학 중 그의 청년기 사상과 인격 형성에 큰 영향을 준 두 인물을 만납니다. 당시 교장이었던 니토베 이나조新渡部稻造는 기독교적 입장과 폭넓은 교양으로 학생들에게 감화를 주었습니다. 뒤에 도쿄대학 교수와 국제연맹 사무국 차장을 지낸 니토베는 당대의 국제주의적 인물이었습니다. 야나이하라 다다오가 무교회주의자로 알려진 우치무라 간조의 성서연구회에 입문한 것도 이때였는데, 평생 변함없는 경애의 마음으로 사사한 것은, 이 책에 수록된 우치무라 간조 편에도 나타나 있습니다.

그 뒤 저자는 도쿄대학 법대를 졸업하고 스미토모住友 벳시別子 광업소에 취직했으나, 곧 모교 경제학부에 조교수로 초빙되었습니다. 영국, 독일, 프랑스, 미국 등 구미 여러 나라에 유학한 뒤 30세 때 귀국하여 교수가 된 그는 니토베 이나조의 후임으로 식민 정책 강좌를 담당하게 되었습니다.

　그의 학문은, 종래의 것이 현실 정치의 여러 측면에서 법률이나 제도 또는 기술 위주로, 그 이해득실을 싸고 주관적·단편적 정책 제언을 하는 성격을 벗어나지 못했던 데 대해, 식민 정책을 객관적·과학적 분석 위에 서는 하나의 엄정한 사회과학으로 체계화하고, 제국주의와 식민학의 역사와 학설의 이론적 연구에서 나아가 본국과 식민지 간의 종속·동화·자주적 관계를 규명하며 식민지 민족주의와 평화적 국제 질서에 걸쳐 큰 스케일의 연구 과정을 진행하는 것이었습니다. 그 결과 《식민 및 식민 정책》, 《식민 정책의 새 기조》, 《인구 문제》, 《제국주의하의 대만》, 《만주 문제》, 《남양 군도 연구》, 《민족과 평화》, 《민족과 국가》, 《제국주의 아래에 놓인 인도》 등 학문적 노작들이 차례로 출간되었습니다.

　1930-1940년대는 일본 제국주의가 국내외에서 창궐하여, 자기 세력권 안에서는 비판자의 존재를 봉쇄하도록 맹위를 떨치던 시기였습니다. 그런 가운데 그가 쓴 책들은 대만, 한국, 만주, 남양南洋, 사할린 등지를 직접 다니며 일본 제국주의와 그 식민 정책의 실태를 조사하고 면밀한 과학적 분석을 하는 데 그치지 않고, 그런 현실 분석을 토대로 어떻게 일본 제국주의와 식민 정책이 학문적 진리에 어긋나 있으며, 또 그 권력으로 피압박 민족을 박해하는 것이 과학적 연구로 보더라도 얼마나 정의와 지식에 배치되고 있는가를 밝히는 내용이었습니다.

　그에게 사회과학은 그가 믿는 기독교를 굳게 지지하는 것이지 그 반대가 아니었습니다. 그는 러일전쟁 이래 전쟁을 반대한 우치무라 간조의 흐름을 따른 그리스도인이자 제국주의를 연구하는 과학자로서, 사랑하는 조국 일본이 타민족을 지배·예속시키고 침략 전쟁을 확대하는 것이 국내적으로 자유와 서민의 압박, 민주정치의 후퇴와 밀접히 관계되는 것을 통찰하여 진실과 비판의 소리를 높였습니다. 그의 폭넓은 학문은 그의 기독교 신앙과 그에 입각한 전쟁 반대, 평화 사상과 합치했던 것입니다. 이것은 그의 학문적 저서인《식민 및 식민 정책》을 다음 말로 맺은 것에서도 엿볼 수 있습니다.

학대받은 자의 해방, 가라앉은 자의 향상, 그리고 자주독립자의 평화적 결합, 이것을 인류는 과거에도 바랐고, 오늘도 바라며, 장래에도 바랄 것이다. 희망! 그리고 신앙! 나는 믿는다, 평화의 보장은 굳센 하나님의 아들, 불후의 사랑에 있는 것을.

이러한 그의 자세가 권력욕에 사로잡힌 당국자에게 그대로 용납될 리가 없습니다. 저자는 〈중앙공론中央公論〉, 〈개조改造〉, 〈이상理想〉 등의 잡지에 일련의 논문을 집필했는데, 이는 "이들이 순수한 학술잡지가 아니고 세상을 대상으로 한 것이어서", 자신의 "사상적 입장을 학술잡지보다 선명히 나타낼 자유가 있고, 또 그 필요도 있어서"였습니다. 특히 〈중앙공론〉 1937년 9월호에 게재된 〈국가의 이상國家の理想〉이 구체적으로 '야나이하라 필화사건'의 계기가 되었습니다. 이 글에서 그는 국가의 이상은 대내적으로 정의, 대외적으로 평화에 있다며 구약의 이사야를 들어 일본의 대륙 정책을 비판하고, 국내의 언론·사상 탄압에 항의하고, 1937년 일본의 도발로 중일전쟁의 도화선이 된 노구교사건蘆溝橋事件을 불의不義의 싸움으로 단정, 일본의 반성을 촉구하였는데, 이것이 문제가 되어 〈중앙공론〉은 폐간되고, 야나이하라 다다오는 도쿄대학 교수직을 박탈당했습니다.

대학에서 추방된 야나이하라 다다오는 이후, 전부터 내던 개인 신앙 월간지 〈통신通信〉을 〈가신嘉信〉으로 개제改題해 발간하고, 대학생을 상대로 하는 고전 독서회인 토요 강좌를 속개하여 단테, 밀턴, 아우구스티누스 등을 읽었습니다. 이 시기인 1940년에 낸 《내가 존경하는 인물》(이 책의 원제)은 민족의 이상을 지키며 진리를 거스르는 세력과 싸우는 자신의 모습이 책의 곳곳 고금의 인물들의 모습에 투영되어 있습니다. 〈가신〉지마저, 이를 폐간하는 것은 군국주의 일본의 패망을 예언하는 것으로 야나이하라 다다오가 경고했음에도, 1944년에 폐간되었습니다. 전세가 기울어 미 폭격기가 도쿄를 폭격할 때도 모든 시민이 방공호로 대피할 때 그는 밖에 나가서, 예언을 무시한 나라의 운명을 침통하게 직시하였다고 합니다.

마침내 1년 뒤 종전이 되었습니다. 막대한 인명을 잃고 숱한 피가 흘려진 뒤에야, 현상을 몰각한 이상론, 국익과 배치되는 비애국적 언동을 편다며 배척되었던 그가 가장 현실적인 애국자요 진리의 옹호자임이 전쟁의 결말과 함께 드러났습니다. 종전과 함께 그는 도쿄대 교수로 복직해 국제경제론 강좌를 맡고 사회과학연구소 소장, 일본 학사원, 학술원 회장, 도쿄대 총장을 역임했습니다. 하지만 이런 외면적 경력보다 깊은 내면의 관심은 불의하고 교만했던 옛 일본의 패망을 계기로 새 일본에 학문의 자유, 민주화, 복음화를 이루고 평화를 건설하는 데 집중되었습니다.

대학의 학문과 자유를 지키기 위해서, 그는 대학에서 일어난 '소요'로 인해 국회에 소환되었을 때, 대학은 국민 건강을 위해 페스트를 연구하듯 모든 사상을 연구해야 한다, 학문의 자유 보장은 모든 개개의 특수한 문제보다 일반적 원리에 속하는 사항이라고 증언했습니다. 일본의 민주화를 위해서는 자유와 책임 관념을 공급하고 모든 동포, 특히 약자를 형제로 대할 수 있는 휴머니즘의 근원으로서 바른 신관神觀을 제공하는 소박 강건한 기독교 정신의 확립이 중요하다고 역설했습니다. 총장 직의 격무 가운데서도 매주 성서 집회를 주재하고, 복간한 〈가신〉지를 1961년 별세 직전까지 간행한 것도 복음이야말로 일본의 민주, 평화, 자유, 독립의 척추요 진정한 애국의 길이라고 믿었기 때문이었습니다.

그가 서거하자 광범위한 계층의 애도가 이어졌습니다. 미망迷妄의 권력자와 그를 추수하는 사이비 학자 등 진리를 거스르는 세력에 대한 의연한 저항의 자세와, 섬나라 국민에게 보기 드문 활달·진실·겸손한 인격, 유럽 사상의 원류인 기독교 사상의 일본적 변용으로 현실과 신앙을 종합하는 대형 지식인의 면모는 앞으로도 일본의 주체적 정신을 형성하는 데 지속적인 영향을 줄 것으로 보입니다.

1965년에는 이와나미서점岩波書店에서 학술 연구와 성서 연구를 포함한 방대한 저작집 29권이 발간되었습니다.

야나이하라 다다오는 한국과 국경을 넘은 깊은 선린善隣의 관계가 있었습니다. 도쿄대를 졸업하고 나서 민간인으로 한국에 와 일하며 "일본인과 한국인의 간격을 메우고자" 했으나, 가족에 대한 의무를 의식하여 단념하기도 했습니다. 한국에 대한 관심은 제일고등학교 재학 중 선배 츠르미 유스케鶴見祐輔가 연설에서 프레더릭 매켄지Frederick Arthur

McKenzie의 책 《대한제국의 비극The Tragedy of Korea》을 소개하는 것을 듣고, 단체로 한국과 만주를 여행한 일에서도 찾아볼 수 있습니다. 대학 재학 시 니토베 이나조의 식민 정책 강의를 듣고 1916년 대학 3학년 때는 니토베를 찾아 한국에서 일할 가능성을 모색했습니다. 결정적인 것으로, 우치무라의 성서연구회에서 동경조선기독교청년회 초대총무 김정식의 강화를 듣고 감동하여 "성서로 평생을 밀고 나갈 것, 성서로 조선인 속에 들어갈 것"을 생각하여 점차 "나는 조선인을 위하여 이 몸을 바치리라"는 마음을 품게 되었습니다. 유명한 정치학 교수 오노츠카 기헤이지小野塚喜平次의 연구실에 가서 "조선에 가서 일본인과 조선인의 고랑을 메우고 싶다"며 취직 알선을 의뢰한 것은 위에 말한 바와 같습니다. 그러나 고향의 할머니나 형제들의 생활을 도와야 하는 책임 때문에 결국 스미토모재벌住友財閥에 취업하게 되었습니다.

식민지 통치 밑에 있는 한국인이 겪는 불의한 처사에 대해 그는 저서와 개인잡지 〈가신〉으로 지탄하고 건전한 정책 방향을 제시했으며, 압제를 받고 있는 동포들에게 위로와 격려를 아끼지 않았습니다.

논문을 통해 한국에 대한 무단 총독정치와 경제 착취를 비판했으며, 장래 자주 국가 건설을 목표로 한국 민족 중심의 경제정책을 펼 것, 한국 민족의 자주적 지위를 용인하고 조선 의회를 개설할 것을 주장했습니다.

우선 1926년 최초의 논문 〈조선 산미증식계획에 대하여〉에서는, 일본에서는 산미증식계획을 식량문제 완화책으로 기대하지만, 실제로는 한국 농민을 수탈하고 일본 소수 자본가의 이익을 중심으로 운영될 위험이 있으므로, 한국인의 이익을 생각하면, 자본가적 운용에 적극적으로 간섭해야 한다고 주장하고 있습니다.

같은 해에 낸 다른 논문 〈식민정치의 신 기조〉에서는 한국의 집단적 인격을 존중하고 주민의 자주적 정치 참여를 지원하는 방안으로 지방 공공단체인 면 단위부터 실질적 주민협의회를 구성하기를 제안하고 있습니다. 그런 협의회는 총독부에 종속하면 안 된다, 중앙행정인 총독부는 독단체제이기 때문이다, 16년의 총독부 통치에 한국인은 절망하고 자유를 갈망하고 있다, "조선에 가보라. 길가의 돌도 모두 자유를 부르짖는다", 그렇다고 일본의 제국의회에 대의사代議士를 보내도 안 된다, 한국과 일본은 별개의 역사를 지닌 사회이기 때문에 정책에 의한 동화는 불가능하고, 같은 의회에 대표를 참가시키는 것도 적절치 않다, "조선인의 조선 통치에 대한 참여는 조선 의회의 방법에 의하지 않으면 안 된다", 이것이 그의 논지였습니다. 면 단위 주민협의회는 해방 이후 70년이 지난 현재에도 시행되지 않고 지방자치가 아직도 중앙정치의 영향을 강하게 받는 현상을 보면 그의 의견이 얼마나 시대를 앞섰는지를 알 수 있습니다.

　　이 논문이 발표되던 때가 신간회新幹會 발족과 때를 같이하는 터라, 둘 사이의 어떤 내적 관계를 추측하는 이도 있습니다. 야나이하라 다다오는 많은 한국인이 감사와 감격을 전해왔다고 기록하고 있습니다.*

　　그 뒤로도 그는 일본의 언어 정책, 기독교 탄압, 동화 정책을 여러 글로 비판했습니다. "조선인 학동이 조선인 교사에 의해 일어로 일본 역사를 배우는 소학 교육을 참관하고 심중 낙루落淚를 불금不禁했다"는 글도 있습니다. 단말마적 일제의 압박 밑에 신음하는 많은 동포가 그의 언

● 식민 정책에 관한 이 부분은 아카에 타츠야赤江達也의 《야나이하라 다다오-전쟁과 지식인의 사명 矢內原忠雄 戰爭と 知識人の 使命》(이와나미문고, 2017)을 인용하였습니다.

론과 싸움, 그리고 서신으로 격려와 힘을 얻었습니다. 이지성 씨에게는 "내 맘은 일시 일각이라도 조선 반도를 떠나본 적이 없다. 그곳에 있는 젊은이들아, 낙심치 말고 씩씩하라. 뜨거운 기도를 보낸다"고 써 보냈습니다.

1940년에는 김교신의 초청을 받아 내한하여, 8-9월 두 달에 걸쳐 부산, 대구, 대전, 목포, 수원, 인천, 서울, 평양, 함흥, 나진, 청진, 원산 등 전국을 다니며, 위험을 무릅쓰고 기독교 강연을 진행했습니다. 감시를 피해 여관을 피하여 주최 측 인사나 그 친지의 집을 숙소로 삼았습니다. 집주인이 경찰에 소환되고 형사가 여관에 찾아오는 등 긴장을 늦출 수 없는 일들의 연속이었습니다. 연속 강연의 주제는 기독교의 핵심 주제를 다룬 로마서였습니다. 암울한 식민지 시대, 차분한 강연장에서, 말하는 이나 듣는 이가 복음에 의한 국가 재건과 평화 실현의 희망에 심장의 두근거림을 함께 느낀 순간이었으리라 생각됩니다. 사석에서 야나이하라 다다오는 정치적 현실이 일제로 인해 봉쇄된 한국은 이 역경을 통하여 예술, 사상, 종교 등 정신 면에서 일본 이상의 발전이 있기를 기대한다고도 말하였다고 합니다.

해방이 되었을 때 노평구는, 고당 조만식이 "일제로부터 해방된 기쁨과 함께 떠오르는 것은 일본의 진정한 애국자인 야나이하라 교수의 심중이다. 이것을 생각하고 한없는 슬픔을 느낀다"라고 했던 말을 인용하고 있습니다(《야나이하라 다다오 전집》 8권 월보月報에 수록).

한국전쟁 때, 야나이하라 다다오는 〈가신〉지에 "사랑하는 형제들이여, 지금은 어느 낯선 산하를 헤매는가. 나는 보낸다, 한 잔의 물, 한 켤레의 신을. 무고한 형제가 전쟁터에서 마지막 숨을 거둘 때, 천사여, 그의 영을 하늘에 영접하라"라는 통곡의 시를 실었습니다. 독자 김종길

씨에게는 "한국민은 큰 시련을 만나고 있지만, 그리스도를 믿는 신앙에 사는 국민은 반드시 부흥하리라 믿습니다"라고 위로의 글을 써 보냈습니다.

참으로 그는 정의와 평화에 토대를 둔 이상理想의 일본을 사랑하는 참 일본인이면서 동시에 그 정의와 평화의 정신에 입각하여 한국의 이웃이 되었고, 군사적 관계나 정치·경제 면의 이해만이 전면으로 클로즈업되어온 두 나라의 불행한 역사적 관계에서 진정한 선린의 정신으로 평화를 만들어왔다고 생각합니다. 주기도문은 인류가 서로를 한 아버지 아래 그 뜻을 실현하는 형제로 대하기를 매일 비는 내용이므로, 진정 그 기도의 정신에 설 때 우리는 야나이하라 다다오와 같이 가장 좋은 의미의 민족주의자가 되면서, 모든 배제적 단안單眼의 국가주의를 넘어, 세계를 포용하는 복안複眼의 세계주의를 동시에 지닐 수 있을 것입니다.

권말에 일반의 이해를 돕기 위하여 〈무교회주의란 무엇인가〉를 추가하였습니다. 아시는 대로 무교회주의는 이 책에 소개된 일본의 우치무라 간조가 처음 주장한 말이지만, 말뜻으로 오해도 받는 말입니다. 우치무라 간조 자신이 '무교회'의 '무無'는 교회를 무시한다는 것이 아니라, 교회 없이, 교회 밖에서 예배드리는 사람들의 모임이란 뜻이라고 해명하고 있습니다. 우치무라 간조가 무교회를 본격적으로 논한 것은 루터의 종교개혁 400주년을 맞이하는 해였습니다. 루터가 비텐베르크성의 교회 문에 95개조의 논제를 붙인 것이 1517년 10월 31일이었으므로, 일본에서도 각처에서 400주년 기념행사가 열렸고, 우치무라 간조도 간다神田의 기독청년회관에서 루터 종교개혁 기념 강연회를 개최하였습니다.

우치무라는 그 강연에서 종교개혁의 기본 정신을 존중하면서도 그 '해독'으로, 첫째, 교회제도를 유지한 것, 둘째, 정치적 비호자를 구한 것, 셋째, 성서를 숭배한 것을 지적했습니다. 그러면서 루터의 종교개혁을 개혁할 필요를 역설하여 무교회주의를 제2의 종교개혁으로 위치시키고, 무교회주의야말로 일본이 세계에 기여할 사명이라고 역설하였습니다.

그 뒤를 이어 야나이하라는 루터의 종교개혁 정신을 믿음에 의한 구원, 사제와 평신도 구분 없이 전도의 책임이 있는 만인사제를 주장하고 독일 민족의 사명을 자각, 민족의 독립과 민족부흥의 원리를 찾은 것으로 보고, 무교회주의가 종교개혁 정신, 좋은 의미의 민족주의, 사회에 대한 예언적 비평, 인류 보편성을 지향해야 한다고 위 글에서 주장했습니다.

기독교는 태생적으로 종교라기보다 종교개혁적이어서, 예수 자신부터 당시 종교적 관행에 대한 철저한 개혁자였습니다. 신약성서 속에도 존재가 본질의 척도라는 인간 중심의 그리스·로마 사상과, 본질이 존재를 지배한다는 하나님 중심의 히브리 사상의 논리적 대립과 극복 과정이 도처에 백열화白熱化하고 있습니다. 그 과정을 거치면서 형성된 논리적·분석적인 서양사상이 포괄(관계)적·현실적인 동양 사상과 아무런 정신적 반응 없이 조우할 수는 없습니다. 동서양 기독교의 만남은 동서양의 정신과 사상에 크게 상호작용을 하여 인류의 공생과 융합의 지평을 한 단계 높이는 인류 역사의 큰 사건이라고 생각합니다.

종교개혁 400주년을 맞아 우치무라 간조가 종교개혁 기념 강연회를 열던 무렵 우치무라 간조의 성서연구회에 출석하던 한국인 유학생이 여럿 있었습니다. 함석헌은 우치무라의 존재는 일제 36년을 상쇄한다고 그 영향을 평가했고, 김교신은 우리는 우치무라를 통해 한국을 사랑하게 되었다면서, 깍두기 냄새 나는 조선 기독교로 소수의 지식인 지도층보다 이 땅의 평범한 시골 나무꾼 하나에게 성서를 전해, 100년 뒤에라도 조선을 성서의 감화 위에 놓아야 한다고 했습니다. 송두용은 무교회는 정신이기 때문에 예수와 믿음을 중시하는 한 교회의 안에도 밖에도 있을 수 있다면서, 기독교는 너와 나가 없는 하나의 세계를 믿음으로 실현하는 것이라고 하며 이를 생활 속에 실천하였습니다. 이처럼 이들은 각기 한국 기독교의 자주적 전개를 예고했습니다.

　그다음 세대에 일어난 일을 세세히 다 말할 수는 없습니다(이하 인명은 무교회집회 지도자, 또는 평신도). 박석현은 우치무라 간조가 두 'J', 곧 'Jesus'와 'Japan'을 사랑의 대상으로 했으나 하나의 'J' 안에 (민족과 세계가) 모두가 포함된다고 했습니다. 유희세는 펴내는 잡지 제목도 〈우리 성경〉으로 정하고 평생 우리 성서 연구에 매진했습니다. 노평구는 500호를 발행한 개인지 〈성서연구〉에 기독교 신앙에 의한 민족의 도덕 입국을 강조하면서, "한국 민족이 세계사에 기여하는 길은 민족의 감성적 사랑을 신앙으로 순화하여 그리스도의 원수 사랑의 정신으로 남북 문제를 극복하고 인류의 평화 문제를 해결하는 데 있으며, 거기 생애를 걸겠다"고 외쳤습니다. 장기려와 최태사, 국희종은 의사로서 믿음과 봉사의 일생을 보냈습니다. 여러 가지 평가를 받고 있지만, 함석헌은 해방 후 자유를 억압하는 군사정권을 정면 비판하고, 남북한 동포끼리 혈투한 것을 재를 쓰고 회개하고 민족통일을 이루어 그를 바탕으로 세계평화에 기여해야 한다고 했습니다. 이를 위해서 위대한 종교와 위대한 '오실 이(메시아)'를 대망한다고 했는데, 그 사회 비판의 예언자 정신이나 역사철학은 성서에서만 발원할 수 있는 내용이라고 생각합니다. 20세기 벽두, 민족적 시련이 예고되는 때에 도산과 남강은 정치나 무력이 아니라 교육과 기독교와 농업으로 아래부터 독립국가의 기초를 놓으려 했으며, 그 사상을 이찬갑, 주옥로 선생이 이어받아 헌신했습니다. 이렇게 작은 무리들이 교회 밖에서 성서를 읽고 때로 박해와 시대의 역풍을 받으며, 동양의 용광로 같은(김교신, 〈조선지리소고朝鮮地理小考〉) 나라에서 식민지, 전쟁, 분단과 절망의 100년을 경과하여 맞이한 종교개혁 500년에, 그간 여러 평민들이 삶으로 나타냈던 단편적인 성서 사상을 종합하면 다음과 같은 정신 구도가 나오리라고 봅니다.

① **성서의 중심은 그리스도**: 성서의 예언과 율법은 말씀과 행동과 능력(수난과 부활을 포함한)으로 실현되었습니다. 모든 자연신교, 민족종교는 구극究極적 해답인 그리스도의 해설로서 단계성, 관계성을 갖습니다.

② **믿는 것은 사는 것**: 로마서의 한국어역 '의인은 믿음으로 산다'(롬 1:17)는 글의 뜻을 살려 "믿음으로 의롭게 된 사람은 산다"는 번역판이 나오고 있습니다.• 요한복음에는 "누구든지 그(독생자 예수)를

• 로마서 1장 17절은 ① "의인은 믿음으로 산다"와 ② "믿음으로 의로워진 사람은 산다"의 두 가지 번역이 있습니다. 이 말의 출처는 구약성서 하박국 2장 4절인데, 하박국이 이방인의 성전 유린을 두고 호소하자 하나님이 "의인은 믿음으로 살아야 한다"고 대답하신 것입니다. 그런데 히브리어는 '의인'의 주어를 사람과 하나님, 어느 쪽으로도 해석할 수 있습니다. 전자라면 이미 의인이 된 사람이 추가로 하나님을 신뢰하여 산다는 말이 됩니다. 그것은 기독교를 흔드는 말이지요. 때문에, 사람이 아무 도움 없이 혼자 노력해서 의롭게 되는 것이 아니라, 하나님이 믿는 사람을 변화시켜서 의롭게 해주신다는 사상을 분명히 나타내기 위하여 "믿음을 통해 의롭게 된 사람은 산다"(The Revised English Bible, 1989), "믿음에 의한 의인은 산다"(日本聖書協會)는 번역이 나온 것입니다. 이것은 기원전 283-130년에 히브리어를 희랍어로 번역한 70인역에서도 "나(하나님)의 믿음으

믿으면 영원한 생명을 얻는다, 세상이 구원을 얻는다"로 되어 있습니다(요 3:15, 17). '의롭게'를 빼고 '믿으면 영원한 생명을 산다'고 한 것입니다. '의롭다'는 법률용어는 바울의 당시 로마적 사고와 논전의 도구였습니다. 바울이 믿음을 통하여 의로 불리고稱義 성화聖化의 단계를 통해 생명을 갖는 데 대해 요한은 믿음을 그대로 생명에 직결시켰습니다. 믿음이 생명을 수용하는 반응이 될 때 개인적 관념에 머물 수 없습니다. 믿음은 그리스도의 인격에 계속 마음을 여는 평생에 걸친 돌이킴(회개)이고 하나님과 나의 주객이 바뀌는 인생의 극적인 행동이므로, 요한은 바울이 즐겨 쓰는 명사 '믿음πίστις'보다 '믿는다πιστεύ'는 동사를 썼던 것이지요.

예수는 생명의 창조자로 그 자신이 생명의 근원입니다. 신체적 생명만 아니라 영원한 정신적 생명의 근원입니다. 그를 믿는 사람에게 주는 "생명은 하나님과 그가 보내신 자 예수 그리스도를 아는 것"(요 17:3)이고, 사는 것은 하나님과 이웃의 사랑에 거하는 것(요 15:9-17; 요일 3:14)입니다. 또 그 사랑은 모든 슬픔을 사라지게 하는 기쁨과 두려움을 이기는 신뢰의 근원입니다(요일 4:18; 요 16:20-22). 곧 믿음은 진리와 사랑, 두려움과 슬픔을 극복·추방하는 기쁨과 신뢰라는 예수의 생명에 우리를 직결시키는 것입니다. 예수 자신이 진리이고 사랑의 본체입니다(요 14:6; 요일 4:8, 16). 이 진리와 사랑은 사람의 인식, 감성, 의지, 행동, 인생관, 세계관, 생활태도 전반에 새 목표와 방향과 변화를 주는 점에서 개인적이며 사회적입니다.

로 된 의인은 살리라ὁ δε δίκιος ἐκ πίστώς μου ζήσεται"로 번역한 취지와 같으며, 하박국서의 결론 부분인 3장 17-19절도 다시 한 번 이 사실을 확고하게 부연 설명하고 있습니다.

또한 생명의 상호작용은 하나님과 사람 사이에 존재하는 자연을 포함합니다. 자연은 하나님이 창조하셨고 하나님과 사람을 맺어주며, 우리는 이웃에 대한 사랑과 아울러 자연의 선한 관리자가 될 것이 의무화되었고, 평화는 사람과 사람 사이뿐 아니라 모든 피조물, 자연과 함께 누려야 완성되는 것입니다. 하나님과 예수도 농부였습니다. 최후의 만찬에서 예수가 기념하라 하신 '이것'을 하나님과 자연과 사람이 관계를 갖는 일용할 양식의 밥상으로 해석하면(눅 22:19), 우리들의 생태에 대한 생각은 혁신적으로 바뀔 것입니다.

③ **만인사제주의와 만인공동체는 하나:** 루터의 만인사제주의는 요샛말로, 만인목사주의가 아닐까 생각합니다. 건물이나 교직제도, 의식 없이 교회가 가능하다는 것은 사도행전의 초대 교회나, 조선에 서학이 들어올 당시의 가성직假聖職시대(천주교 전래 초기, 사제 없이 평신도가 교회를 이끌던 시기)에도 그랬습니다. 만인목사주의는 교직을 부정하기보다 민주주의 시대에 평신도 역할이 더 강조되어야 한다는 의미입니다. 또한 만인은 고립한 개인이 아닙니다. 진리와 사랑의 관계에서 개인은 공동체의 일원입니다. 공동체에 매몰되지 않는 개인, 개인을 존중하는 공동체를 그리스도는 가르쳤습니다. "우리(삼위일체)가 하나이듯이 그들도 하나가 되게 하소서"(요 17:22), 그렇게 다양과 일치를 가르쳤습니다. 그것이 주기도문과 민주주의 정신이고, 평민들이 산상수훈을 생활규칙으로 하는 하늘나라의 사회양식입니다. 만인사제는 개인을 동심원으로 가정, 일터, 마을, 국가 간 여러 공동체를 거쳐 세계 공동체로 확장합니다. 여기는 더 이상의 언급을 할 자리가 아니니까, 이만 줄이겠습니다.

역자는 중학교 재학 때, 야나이하라 다다오 교수가 내한하여 로마서 강의를 할 때 주변을 고려 않고 참석하였던 정태시 선생의 독서반 교재를 통해 김교신, 함석헌 선생 등 무교회 저서와 관련 인물들에 접하고, 성서를 보게 되어, 인생의 진로에 결정적 영향을 받았습니다. 야나이하라 다다오가 매달 내던 〈가신〉도 1961년 종간호까지 받아보았습니다. 굳이 사적인 이야기를 든 것은, 시공을 넘어 젊은 날에 정신을 뒤흔드는 사상, 인격과 만나는 것이 중요함을 말하고 싶기 때문입니다.

이 책은 앞서 말한 대로, 1940년에 《내가 존경하는 인물》이라는 제목으로 이와나미신서로 상권이 출판되었고, 종전 후 1949년 속편이 간행되었고, 1965년에 간행된 전집에 수록되었습니다. 한국어판은 《우리가 만나야 할 사람들》이란 제목으로 1982년에 종로서적에서 나와 청소년에게 권할 책으로 추천을 받기도 했습니다. 절판이 되었는데, 이번에 포이에마에서 출간을 추진하여, 다시 한 번 교정을 보고 우치무라 간조 편을 추가하여 내게 되었습니다. 추천사를 써주신 이만열, 양현혜, 박상익 교수님께, 그리고 책을 잘 꾸미고 다듬어주신 출판사 여러분에게 큰 고마움을 드립니다.

연보

야나이하라 다다오
矢內原忠雄, 1893-1961

1956년, 도쿄대학 입학식의 야나이하라 다다오

1893년   1월 27일, 일본 시코쿠 에히메현 이마바리시에서 출생. 아버지는 의사였고, 어머니는 아버지보다 스무 살이 어렸다. 3남 2녀 중 차남으로, 유복한 어린 시절을 보냈다.

1905년(12세)   교육열이 높았던 아버지의 영향으로, 간사이 지방의 명문이었던 고베중학교에 입학.

1910년(17세)   중학교를 수석 졸업하고 당시 일본 최고의 명문으로 꼽히던 도쿄의 제일고등학교에 교장 추천으로 무시험 입학. 교장이었던 니토베 이나조의 강의를 들으며 새로운 세계에 눈이 뜨임.

1911년(18세)   제일고등학교 2학년 재학 중, 선망하던 우치무라 간조 문하에 들어감. 그가 속한 가시와회柏會는 도쿄제일고등학교-동경제국대학 동문들로 구성된 무교회 엘리트 모임이었다. 여기서 〈우치무라 선생〉이라는 노트를 만들어 우치무라의 성서 강의를 꼼꼼하게 기록했다.

1912년(19세)   평소 심장이 좋지 않던 어머니가 40세를 일기로 사망. 어머니에게 기독교 복음을 전하지 못한 데다 임종마저 지키지 못한 것을 안타까워하며 슬픔에 잠긴 그에게 나타나 "울지 마라, 내가 여기 있다"고 말하는 예수님의 환상을 보고 위로를 얻었다고 함.

1913년(20세)   고등학교를 수석 졸업하고 도쿄대 법과대학 정치학과에 입학. 아버지가 61세를 일기로 사망. 예수를 믿지 않고 돌아간 아버지의 구원 문제를 두고 심각한 고민에 빠져 우치무라를 찾아가 해답을 얻고자 하였으나, 우치무라는 "나도 모른다"고 답변. 이 말에 역설적으로 위로를 받고, 자신의 눈이 다른 사람이 아닌 하나님을 직접 향해야 한다는 깨달음을 얻음.

1917년(24세) 대학 졸업. 조선에 가서 민간인 신분으로 기독교 복음을 전할 생각에 조선은행 취업을 결심하나, 가세가 기울어가는 상황에서 가족을 부양해야 할 책임 때문에 고향과 가까운 스미토모 광업소에 취업, 경리사원으로 근무. 5월, 선배이자 철저한 그리스도인이었던 후지이 다케시의 중매로 후지이의 처제 아이코와 결혼.

1918년(25세) 장남 이사쿠(구약성서의 '이삭'에서 따온 이름. 훗날 야나이하라 이사쿠는 철학자이자 비평가로 명성을 날리며 조각가 자코메티와 깊이 교유함) 출생. 스미토모 광업소의 기독인 모임에 참석. 아내, 여동생과 더불어 마쓰모토 목사에게 세례 받음. 야나이하라는 이후 이 세례 사건에 대해 침묵함.

1920년(27세) 국제연맹 사무국으로 간 니토베 이나조의 후임으로 도쿄제국대학 경제학부 조교수로 취임. 같은 해 가을, 문부성 해외연구원 자격으로 유학길에 올라, 영국, 독일, 미국 등지에서 공부함.

1923년(30세) 2월, 아내가 결핵에 걸려 위독하다는 소식을 듣고 급히 귀국했으나 아내는 다음달 24세의 나이로 사망함. 야나이하라 다다오는 슬픔에 빠진 이 시기를 '죽음의 어둔 골짜기'로 명명했는데, 아들 둘에게도 장성할 때까지 생모의 존재에 관해 언급한 일이 없다고 함. 도쿄제국대학 교수로 부임하여 식민정책 강의. 식민지의 자주와 자유를 인정하는 것이 식민지 문제 해결의 열쇠임을 역설함.

1924년(31세) 아이 둘을 홀로 키울 수 없어, 오사카 출신의 게이코와 재혼. 한국 방문 중 3 · 1 운동을 알게 되었고, 1926년에 낸 논문 〈조선 산미증식계획에 대하여〉와 〈식민정치의 신 기조〉에서 한국인의 자유와 이익을 옹호.

1930년(37세) 3월, 우치무라 간조 별세. 5월에 후지이 다케시의 발기로 우치무라 기념강연회를 열었으나, 두 달 뒤 후지이 다케시마저 별세. 쓰카모토 선생과 〈후지이 다케시 전집〉(12권) 편찬.

1932년(39세) 중국 방문. 만주에서 기차로 여행하던 중 비적匪賊을 만났으나 난리 통에서도 무사한 자신을 발견, 이 경험을 통해 하나님이 지켜주셨음을 실감함. 개인잡지 〈통신〉 창간.

1935년(42세) 《남양 군도 연구》출간.

1936년(43세)   2월, 소장파 장교들이 쿠데타를 일으켰으나 금세 진압되고 계엄령이 선포됨. 군국주의가 강성해지는 것에 대한 분노와 슬픔의 표시로 수염을 밂.

1937년(44세)   논문 〈국가의 이상〉을 발표하여 폭력과 전쟁이 아닌 정의와 평화의 국가 이상을 따를 것을 설파함. 이 글이 게재된 《중앙공론》 9월호는 판매 금지 처분을 받고, 야나이하라는 당국의 요주의 인물이 됨. 후지이 기념 강연회에서 '하나님의 나라'라는 제목으로 강연. 일본의 이상을 살리기 위해 먼저 이 나라를 장사 지내야 한다는 후지이의 글 〈망하라〉를 인용. 12월, 논문 〈국가의 이상〉과 〈통신〉 47호에 수록된 글 〈하나님의 나라〉가 빌미가 되어 사퇴 압박을 받아 대학에 사표를 냄. 도쿄제국대학 성서연구회도 해산됨. 《제국주의하의 대만》 출간.

1938년(45세)   〈통신〉을 〈가신〉으로 이름을 바꾸어 발간. 이후 당국의 탄압이 잇따랐고, 의협심 강한 이와나미서점의 주인이 금전적 도움을 줌.

1940년(47세)   중국 선교사 두걸드 크리스티의 《봉천에서 보낸 30년(Thirty Years in the Manchu Capital in and Around Moukden in Peace and War)》을 번역하고 《내가 존경하는 인물》을 써서 가계에 보탬. 8-9월, 김교신의 초청을 받아 방한하여 전국을 돌며 성서 강연.

1945년(52세)   8월 15일, 종전. 11월, 동료 교수의 호소에 따라 학교로 복직. 이후 사회과학연구소 초대 소장(1946), 경제학부장(1948), 교양학부장(1949) 역임.

1947년(54세)   경제학 박사 학위 취득. 학위논문은 《식민 및 식민 정책》.

1951년(58세)   도쿄대학 총장으로 선출, 1957년까지 연임. 경찰이 학내에서 스파이 활동을 하고 경찰과 대학이 전면적으로 대립하는 상황에서, 대학이 진리 탐구의 장으로서 제 기능을 하려면 자치와 학문적 자유가 보장되어야 함을 단호히 주장. 학생들의 파업에 대해서는 강경한 입장을 보여, '파업 불허, 파업 결의를 의제로 삼는 학생 대회 불허, 파업 결의를 긴급 의제로 삼는 것 불허'의 '야나이하라 3원칙'을 고수함. 총장 재임 중에도 〈가신〉은 계속 발간.

1958년(65세)   퇴임 후 명예교수로 지내면서도 활발한 강연 활동을 이어감.

1960년(67세)   위암으로 입원. 투병하는 한편, 자신의 죄와 격렬한 싸움을 벌임.

1961년(68세)   12월 25일, 위암으로 별세.

1965년   〈야나이하라 다다오 전집〉(전 29권)이 이와나미서점에서 간행됨.

| 참고문헌 | 야나이하라 이사쿠(矢內原伊作)의 《야나이하라 다다오 전》, 야나이하라 다다오
의 오쓰카 히사오(大塚久雄)의 대담록 《내가 걸어온 길》(1958).